I libri di Viella

440

Daniela Luigia Caglioti

Stranieri nemici

Nazionalismo e politiche di sicurezza in Italia durante la Prima guerra mondiale

viella

Prima edizione: gennaio 2023
ISBN 979-12-5469-195-3

Volume pubblicato con il contributo del Dipartimento di Studi umanistici dell'Università di Napoli Federico II

CAGLIOTI, Daniela Luigia
Stranieri nemici : nazionalismo e politiche di sicurezza in Italia durante la Prima guerra mondiale / Daniela Luigia Caglioti. - Roma : Viella, 2023. - 166 p. : tab. ; 21 cm. (I libri di Viella ; 440)
Indici dei nomi, delle ditte e delle società: p. [161]-[167]
ISBN 979-12-5469-195-3
1. Stranieri - Status giuridico [e] Controllo sociale - Guerra mondiale 1914-1918 2. Nazionalismo - Italia - Sec. 20.
940.31 (DDC 23.ed) Scheda bibliografica: Biblioteca Fondazione Bruno Kessler

viella
libreria editrice
via delle Alpi, 32
I-00198 ROMA
tel. 06 84 17 758
fax 06 85 35 39 60
www.viella.it

Indice

Stranieri nemici: una panoramica e una introduzione 7

1. Stranieri nemici: un'invenzione? 37

La preparazione alla guerra: lo spionaggio e la *Kultur* tedesca come temi di propaganda (p. 41). La presenza straniera in Italia: alcuni dati (p. 45). Dalla germanofilia alla germanofobia (p. 50). Le misure contro gli stranieri nemici (p. 59). Nel dopoguerra (p. 70).

2. Germanofobia e nazionalismo economico 73

Tedeschi e investimenti tedeschi in Italia (p. 75). L'entrata in guerra dell'Italia e le misure contro gli stranieri nemici (p. 79). La guerra economica (p. 84). Tedeschi nemici a Napoli (p. 88). La fine del conflitto e la continuazione della guerra economica (p. 98).

3. Nazionalismo economico e antigermanesimo 101

Antigermanesimo e germanofobia (p. 103). L'industria chimica e farmaceutica in Germania e in Italia (p. 105). Nazionalismo economico e autarchia: il dibattito sulle colonne de «Il medico italiano» (p. 111). Una voce fuori dal coro (p. 113). Documenti (p. 115).

4. Stranieri nemici e sudditi coloniali al confino e nei campi di concentramento 121

Amelie Posse-Brázdová: da straniera amica a straniera nemica (p. 121). Confinare e internare gli stranieri nemici (p. 125). Sfollamenti e confinamenti nei primi mesi di guerra (p. 130). Italiani e italofoni in Austria-Ungheria (p. 135). Il domicilio coatto: gestire l'emergenza con strumenti ordinari (p. 141). In Sardegna (p. 147). Da Caporetto alla fine della guerra (p. 154). Una storia incrociata e di genere (p. 157).

Indice dei nomi 161

Indice delle ditte e delle società 167

Abbreviazioni

ACS: Archivio Centrale dello Stato, Roma.
–, A5G-PGM: A5G, Prima guerra mondiale.
–, MI-DGPS: Ministero dell'interno, Direzione Generale PS.
–, MI-DGPS-DAGE: Ministero dell'interno, Direzione Generale di Pubblica Sicurezza, Divisione Affari Generali e Riservati.
–, MI-DGPS-UCI: Ministero dell'interno, Direzione Generale di Pubblica Sicurezza, Ufficio Centrale di Investigazioni.
–, MI-DGPS-DPGPAS-PI: Ministero dell'interno, Direzione generale di Pubblica sicurezza, Divisione polizia giudiziaria e polizia amministrativa e sociale. Categoria 12.100.1. Profughi e internati di guerra (1915-1920).
–, MIG-BSSN: Ministero dell'interno, Gab., Beni sequestrati sudditi nemici.
–, PCM-GE: Presidenza del Consiglio dei Ministri, Guerra Europea.

ADFEGN, CA-GDKN: Archivio della *Deutsche-französische evangelische Gemeinde in Neapel,* [Carl Aselmeyer], *Geschichte der deutschen Kolonie in Neapel.*

ASN, PNG: Archivio di Stato di Napoli, Prefettura di Napoli, Gabinetto.

API, CD: Atti del Parlamento italiano, Camera dei deputati.

BABL: Bundesarchiv, Berlin-Lichterfelde.

DL: Decreto Luogotenenziale.

GU: «Gazzetta Ufficiale del Regno d'Italia».

NARA: National Archive and Record Administration, College Park, RG-84, Records of Foreign Service Posts, Diplomatic Posts, Italy.

ÖStA-HHStA, AR: Österreichisches Staatsarchiv, Vienna, Haus- Hof- und Staatsarchiv, Administrative Registratur.

ÖStA, KA-KÜA: Österreiches Staatsarchiv, Kriegsarchiv, Kriegsübervachungsamt, Sonderreihe 1914-1918.

PAAAB: Politisches Archiv des Auswärtiges Amt, Berlino.

Stranieri nemici: una panoramica e una introduzione

La Prima guerra mondiale scoppiò al culmine di un'epoca di intensi flussi migratori. Milioni di persone si erano spostate nei decenni precedenti attraverso l'Atlantico e il Pacifico oltre che all'interno dell'Europa.[1] Così, quando la guerra ebbe inizio, nei paesi belligeranti e nelle loro colonie c'erano milioni di stranieri che vi risiedevano da molti anni o che si trovavano all'estero per le più svariate ragioni.[2] Il loro numero continuò ad aumentare con l'allargamento del conflitto. Man mano che altri paesi entravano in guerra cresceva anche il numero di coloro che avevano la cittadinanza di un paese belligerante.

Le preoccupazioni securitarie, la mobilitazione nazionalista e il dubbio che tra la popolazione si nascondessero spie e sabotatori trasformarono da un giorno all'altro gli stranieri, specie se di nazionalità nemica, in persone sospette la cui lealtà e affidabilità dovevano essere monitorate e messe alla prova, e la cui (presunta) pericolosità doveva essere contenuta attraverso specifiche politiche e misure restrittive. In pratica dal primo giorno di guerra, i civili di nazionalità nemica furono così sottoposti non solo a un attento esame e a una rigorosa sorveglianza ma anche a una serie di vessazioni e persecuzioni che in nome della sicurezza ne limitarono e/o conculcarono libertà e diritti, violando ripetutamente le norme del diritto internazionale.

La guerra cambiò quindi da un giorno all'altro e radicalmente la condizione dei tedeschi e dei sudditi dell'Impero austro-ungarico che si tro-

1. Klaus J. Bade, *Europa in Bewegung: Migration vom späten 18. Jahrhundert bis zur Gegenwart,* München, C. H. Beck, 2000; Dirk Hoerder, *Cultures in Contact: World Migrations in the Second Millennium,* Durham (NC)-London, Duke University Press, 2002; Adam McKeown, *Global Migration, 1846-1940*, in «Journal of World History», 15, 2 (2004), pp. 155-189.

2. La Prima guerra mondiale scoppiò durante l'estate, e in tanti erano all'estero per piacere o per lavoro stagionale.

vavano in Gran Bretagna o in una delle sue diverse colonie o *dominions*, in Francia e nell'Impero russo e, man a mano che la guerra si allargò coinvolgendo altre nazioni, in Giappone, Italia, Portogallo, Brasile, negli Stati Uniti. Allo stesso tempo colse di sorpresa e incise sulla situazione dei sudditi dell'Impero britannico, di quello russo o dei cittadini francesi, italiani e di altri paesi che risiedevano o erano di passaggio in territorio tedesco, austro-ungarico, bulgaro o ottomano. Tutti furono considerati potenziali spie, sabotatori, nemici accusati di voler attentare alla sicurezza nazionale, oltre che possibili forze fresche per gli eserciti nemici, e questo indipendentemente dalle loro storie personali, dalle loro idee, dai loro sentimenti, dal loro senso di appartenenza, dal fatto che parlassero o meno la lingua del posto, che avessero fatto domanda di naturalizzazione oppure no, che avessero sposato una suddita/cittadina dello stato in cui vivevano e che avessero figli nati e cresciuti nel paese di adozione e magari anche arruolatisi nell'esercito.

Il gruppo nazionale più consistente tra i civili di nazionalità nemica era quello riconducibile alla Germania. E questo per due ragioni: la sproporzione numerica dei fronti in guerra che vedeva un numero ampio e crescente di paesi schierati contro la Germania e la grande emigrazione tedesca nei decenni precedenti il conflitto.[3] Al momento dello scoppio della guerra, immigrati tedeschi o persone di origine tedesca si trovavano quasi dappertutto e in numero significativo. La statistica mondiale degli stranieri pubblicata nel 1936 dell'Ufficio Internazionale del Lavoro (ILO) indicava che, nel 1910, poco più di 317.000 persone di origine tedesca risiedevano in Gran Bretagna, Francia e Russia (i primi tre paesi a schierarsi a fianco della Serbia contro la Germania e l'Austria-Ungheria) e che ben due milioni e mezzo di individui di nazionalità tedesca erano registrati negli Stati Uniti d'America, che entrarono in guerra contro la Germania nell'aprile del 1917. I tedeschi erano numerosi anche in Canada (39.577), Sudafrica (12.799), Nuova Zelanda (4.015), e lo erano soprattutto in Australia dove il censimento del 1911 stimava in 33.000 i tedeschi lì residenti, mentre altre fonti indicavano in 100.000 gli australiani di origine tedesca.[4] Un numero

3. Stefan Manz, *Constructing a German Diaspora: The "Greater German Empire," 1871-1914*, New York, Routledge, 2014.

4. La statistica dell'ILO non fornisce il dato australiano per il 1910. I dati provengono da Gerhard Fischer, *Enemy Aliens: Internment and the Homefront Experience in Australia, 1914-1920,* Portland (OR), University of Queensland Press, 1989, p. 19.

minore era invece censito in Asia (4.153). D'altra parte, la stessa indagine indicava che, nello stesso periodo, 184.307 francesi, britannici e sudditi dell'Impero russo risiedevano in Germania e in Austria-Ungheria.[5]

Le statistiche in realtà forniscono solo un quadro approssimativo del fenomeno degli stranieri presenti nei paesi impegnati nel conflitto mondiale. Da un lato, esse sottostimavano il numero di migranti e di stranieri residenti. In un'epoca di scarsi controlli in entrata e in uscita era infatti molto difficile registrare con accuratezza tutti gli stranieri residenti, molti dei quali peraltro vivevano tra più paesi svolgendo lavori temporanei. Dall'altro non potevano tenere conto di tutti coloro che, a causa della loro origine, sarebbero poi stati percepiti o considerati, anche in termini legali, come nemici, nonostante in molti casi fossero in possesso della cittadinanza del paese in cui risiedevano. Inoltre, le statistiche non erano in grado di dar conto di tutti coloro che, in tempo di pace, avevano condiviso identità e fedeltà multiple; non distinguevano tra naturalizzati e cittadini per nascita;[6] infine, non mostravano le cifre delle donne che, sposando uno straniero, avevano acquisito una cittadinanza che poteva ora essere considerata nemica.[7] Tuttavia, le statistiche danno idea dell'ampiezza del fenomeno destinato a influenzare potentemente discorsi, narrazioni e pratiche durante il primo conflitto mondiale. Sin dai primi giorni di guerra, la percezione della pericolosità degli stranieri, soprattutto di quelli in possesso della cittadinanza di un paese nemico divenne così acuta che fu impossibile per loro nascondersi, vivere ai margini della società sottraendosi così a discriminazioni e persecuzioni di vario genere. Negli imperi multietnici, la stessa diffusa percezione di pericolosità colpì le minoranze, specie quelle che potevano essere identificate come nazionali e affini a un paese belligerante.

5. *World Statistics of Aliens. A Comparative Study of Census Returns 1910-1920-1930. International Labour Office. Studies and Reports*, Series O (Migration), No. 6, Geneva, P. S. King & Son Ltd., 1936.

6. Ad esempio, i cittadini statunitensi naturalizzati di origine tedesca erano non meno di otto milioni, secondo Jörg Nagler, *Nationale Minoritäten im Krieg: "Feindliche Ausländer" und die amerikanische Heimatfront während des Ersten Weltkriegs,* Hamburg, Hamburger Edition, 2000, p. 62. Eric Lohr quasi quadruplica le statistiche dell'ILO quando parla degli stranieri nemici nell'Impero russo. Eric Lohr, *Nationalizing the Russian Empire. The Campaign against Enemy Aliens during World War I,* Cambridge (MA), Harvard University Press, 2003, p. 123.

7. In tutti i paesi in guerra, sposando uno straniero, la donna perdeva la propria nazionalità e acquisiva quella del marito.

La Prima guerra mondiale fu il primo conflitto durante il quale governi ed eserciti si trovarono ad affrontare il problema degli stranieri nemici, ovvero dei civili di nazionalità nemica, su una scala non comparabile per dimensione e latitudine con quanto era avvenuto nelle precedenti guerre interstatali. In quasi tutti i paesi che vi presero parte, i governi emanarono decreti e applicarono misure contro gli stranieri in possesso di una nazionalità nemica che, allo scoppio della guerra, si trovavano sul loro territorio e, in accordo con le autorità militari su cui ricadeva la responsabilità della condotta della guerra, cercarono così di neutralizzare chiunque avesse, o fosse sospettato di avere, legami con uno stato nemico. Nel far questo quasi tutti si basarono sulla convinzione secondo cui gli stranieri residenti da lungo tempo in un paese ora in guerra dovessero, per forza di cose, essere più leali nei confronti del loro paese d'origine (ora diventato nemico) che verso quello d'adozione.[8]

Con la Prima guerra mondiale, dunque, esecutivi e parlamenti, in nome della sicurezza nazionale, ratificarono provvedimenti legislativi e adottarono misure di varia natura contro dei civili classificati – indipendentemente dalla loro volontà – sulla base di un unico requisito, quello della nazionalità, e accorpati in una categoria collettiva. A essere colpiti furono uomini e donne, giovani e anziani, ma furono soprattutto i maschi in età di reclutamento quelli che più di ogni altro patirono le conseguenze delle loro origini. La diffusione della coscrizione obbligatoria, infatti, fece degli uomini in età compresa tra i 17 e i 45-55 anni soggetti ancora più pericolosi, ai quali bisognava impedire di arruolarsi nell'esercito nemico.

In virtù dei pieni poteri assunti con l'assenso dei parlamenti, i governi dei paesi belligeranti rafforzarono le rispettive legislazioni sugli stranieri, non solo quelli di nazionalità nemica, alzando barriere in entrata e in uscita, e rendendo più difficili il movimento e le migrazioni sia interne che interstatali. La guerra ebbe infatti ripercussioni significative e non solo di tipo economico anche sui paesi neutrali, come studi recenti stanno largamente dimostrato.[9] La Prima guerra mondiale chiudeva così quella che è stata da

8. Del tema mi sono largamente occupata in Daniela Luigia Caglioti, *War and Citizenship. Enemy Aliens and National Belonging from the French Revolution to the First World War,* Cambridge, Cambridge University Press, 2021. Cfr. anche Bruna Bianchi, *Nella terra di nessuno: uomini e donne di nazionalità nemica nella Grande guerra,* Roma, Salerno editrice, 2017.

9. Cfr. per esempio i casi di Olanda, Spagna e Argentina rispettivamente in Maartje M. Abbenhuis, *The Art of Staying Neutral: The Netherlands in the First World War, 1914-1918,*

molti considerata la lunga era della libera circolazione delle persone, introducendo misure che non sarebbero di fatto state più smantellate (come l'imposizione del passaporto come documento di identità obbligatorio per poter attraversare i confini) e aprendo una nuova fase nelle politiche di controllo delle migrazioni.[10] Essa mise inoltre in discussione un concetto, affermatosi nel corso dell'Ottocento, secondo il quale, se si escludevano i diritti politici e alcuni obblighi come quello militare, gli stranieri dovevano essere trattati alla stessa stregua dei cittadini.[11] Le nuove norme riguardavano la possibilità per gli stranieri di entrare o di uscire dal paese del quale non possedevano la cittadinanza o di circolare al suo interno; introducevano l'obbligo di registrazione e il coprifuoco; imponevano agli stranieri di abbandonare le proprie case per spostarsi in aree considerate, come diremmo oggi, meno sensibili; stabilivano che gli stranieri non potessero possedere mezzi di trasporto e di comunicazione (dai telegrafi ai piccioni viaggiatori) di alcun genere, né tantomeno armi da fuoco.

Le misure adottate dai vari paesi belligeranti, e attuate con più o meno zelo dagli apparati amministrativi e dalle autorità militari, non si materializzarono dal nulla, ma avevano le loro radici in una serie di sviluppi politici, che erano in corso almeno dagli anni Ottanta del XIX secolo. Tra questi sviluppi vi era innanzitutto la "etnicizzazione" della nozione di cittadinanza, cioè una tendenza a rafforzare il principio della discendenza (*ius sanguinis*) rendendo al contempo più complicati e farraginosi i mec-

Amsterdam, Amsterdam University Press, 2006; Marcella Aglietti, *In nome della neutralità: storia politico-istituzionale della Spagna durante la Prima guerra mondiale,* Roma, Carocci, 2017; Carolina García Sanz e María Inés Tato, *Neutralist Crossroads: Spain and Argentina Facing the Great War, First World War Studies*, in «First World War Studies», 8, 2-3 (2017), pp. 115-132.

10. Sulla fase prebellica cfr. Kevin H. O'Rourke e Jeffrey G. Williamson, *Globalization and History: The Evolution of a Nineteenth-Century Atlantic Economy,* Cambridge (MA), MIT Press, 1999; John Torpey, *The Great War and the Birth of the Modern Passport System*, in *Documenting Individual Identity. The Devolopment of State Practices in the Modern World*, a cura di Jane Caplan e John Torpey, Princeton-Oxford, Princeton University Press, 2001, pp. 256-270. Sulle politiche di controllo delle frontiere e gli strumenti di identificazione postbellici cfr. John Torpey, *The Invention of the Passport. Surveillance, Citizenship and the State,* Cambridge, Cambridge University Press, 2000, cap. 5 in particolare; Mark B. Salter, *Rights of Passage: The Passport in International Relations,* Boulder (CO)-London, Lynne Rienner Publishers, 2003, in particolare il cap. 4.

11. Elihu Root, *The Basis of Protection to Citizens Residing Abroad*, in «The American Journal of International Law», 4, 3 (1910), pp. 517-528.

canismi per ottenere la cittadinanza mediante naturalizzazione e a regolare l'appartenenza sulla base delle origini invece che dell'adesione volontaria. Tale tendenza era evidente, ad esempio, nelle nuove leggi in materia di cittadinanza approvate nel 1912 -1913, rispettivamente in Italia e Germania.[12] Fin dagli anni Ottanta del secolo precedente si era poi già manifestata una propensione a un controllo più severo dei flussi migratori su entrambe le sponde dell'Atlantico,[13] così come era aumentato il ricorso allo strumento dell'espulsione di individui indesiderati in tempo di guerra come in tempo di pace.[14] Dando peraltro luogo a un fenomeno che aveva allarmato la comunità internazionale dei giuristi.[15] Gli stati, inoltre, avevano già introdotto alcuni strumenti legali per identificare le persone[16] e rimodellare la composizione etnico-nazionale la distribuzione della popolazione, come testimoniavano gli scambi di popolazione avvenuti tramite accordi interna-

12. Sull'etnicizzazione della cittadinanza che culmina con la guerra cfr. Daniela Luigia Caglioti, *Subjects, Citizens, and Aliens in a Time of Upheaval: Naturalizing and Denaturalizing in Europe during the First World War*, in «The Journal of Modern History», 89, 3 (2017), pp. 495-530 e Dieter Gosewinkel, *Struggles for Belonging: Citizenship in Europe, 1900-2020,* Oxford, Oxford University Press, 2021, in particolare i capitoli 1 e 2. Sulla legge italiana del 1912 si veda Guido Tintori, *Cittadinanza e politiche di emigrazione nell'Italia liberale e fascista. Un approfondimento storico*, in *Familismo legale: come (non) diventare italiani*, a cura di Giovanna Zincone, Roma-Bari, Laterza, 2006, pp. 52-106. Su quella tedesca del 1913 cfr. Dieter Gosewinkel, *Einbürgern und Ausschliessen: die Nationalisierung der Staatsangehörigkeit vom Deutschen Bund bis zur Bundesrepublik Deutschland,* Göttingen, Vandenhoeck & Ruprecht, 2001. Per un confronto tra le due leggi, si veda Vito Francesco Gironda, *Die Politik der Staatsbürgerschaft: Italien und Deutschland im Vergleich 1800-1914,* Göttingen, Vandenhoeck & Ruprecht, 2010.

13. *Migration Control in the North Atlantic World. The Evolution of State Practices in Europe and the United States from the French Revolution to the Inter-War Period*, a cura di Andreas Fahrmeir, Olivier Faron e Patrick Weil, New York-Oxford, Berghahn Books, 2003; Aristide R. Zolberg, *A Nation by Design: Immigration Policy in the Fashioning of America,* New York-Cambridge, Russell Sage Foundation-Harvard University Press, 2006.

14. Matthew P. Fitzpatrick, *Purging the Empire: Mass Expulsions in Germany, 1871-1914,* Cambridge, Cambridge University Press, 2014; Daniela Luigia Caglioti, *Waging War on Civilians: The Expulsion of Aliens in the Franco-Prussian War*, in «Past & Present», 221 (2013), pp. 161-95; Frank Caestecker, *The Transformation of Nineteenth-Century West European Expulsion Policy, 1880-1914*, in *Migration Control in the North Atlantic World*, pp. 120-138; Christiane Reinecke, *Grenzen der Freizügigkeit: Migrationskontrolle in Grossbritannien und Deutschland, 1880-1930,* München, R. Oldenbourg, 2010.

15. Caglioti, *War and Citizenship*, capitolo 3.

16. Sull'espansione delle pratiche di identificazione oltre ai saggi citati alla nota 10 cfr. *Documenting Individual Identity.*

zionali alla fine delle guerre balcaniche (1912-13).[17] Questi sviluppi erano il risultato dell'emergere e dell'imporsi tra Ottocento e Novecento del principio della territorialità e cioè dell'idea che ciascuno stato dovesse essere coerente e omogeneo all'interno di confini controllati e politicamente garantiti e sanciti internazionalmente.[18] In particolare, a crescere negli anni a cavallo del secolo fu anche la xenofobia: sia nei paesi europei colpiti dalla prima ondata di migrazione di massa che negli Stati Uniti dove si assistette alla crescita di movimenti nativisti e all'affermazione di politiche discriminatorie su base razziale. L'idea che gli stranieri costituissero una minaccia per la sicurezza, il benessere e l'integrità nazionale, e che esercitassero una concorrenza sleale nel mercato del lavoro accettando bassi salari portò all'emanazione di leggi basate sul principio delle origini nazionali.[19]

Nella seconda metà del XIX secolo si moltiplicarono inoltre i dibattiti su nazione e lealtà, declino demografico, paura della degenerazione come effetto di incroci matrimoniali incontrollati, razza ed eugenetica. In più, la migrazione di massa e i cambiamenti nel mercato del lavoro, da un lato, e l'aumento delle prestazioni assistenziali pubbliche, dall'altro, sollevavano la questione di chi avesse diritto ad accedere a quest'ultime. I governi europei, specie quelli dell'Europa centrale e occidentale si dibattevano tra l'adozione di politiche assimilazioniste e misure di controllo delle frontiere ed espulsione degli stranieri indesiderati.[20] Negli Stati Uniti si introduce-

17. Si veda ad esempio la Convenzione turco-bulgara del 1913, che formulò per la prima volta l'idea di uno scambio di popolazioni. Stephen P. Ladas, *The Exchange of Minorities: Bulgaria, Greece and Turkey,* New York, The Macmillan Company, 1932, pp. 18-20. Più in generale, Antonio Ferrara e Niccolò Pianciola, *L'età delle migrazioni forzate. Esodi e deportazioni in Europa, 1853-1953,* Bologna, il Mulino, 2012.

18. Sulla territorialità come concetto periodizzante della storia dell'Ottocento e del Novecento cfr. Charles S. Maier, *Consigning the Twentieth Century to History: Alternative Narratives for the Modern Era*, in «The American Historical Review», 105, 3 (2000), pp. 807-831 ed Eric D. Weitz, *From the Vienna to the Paris System: International Politics and the Entangled Histories of Human Rights, Forced Deportations, and Civilizing Missions*, ivi, 113, 5 (2008), pp. 1313-1343.

19. La letteratura sul tema è abbondantissima. Cfr. tra gli altri John Higham, *Strangers in the Land: Patterns of American Nativism, 1860-1925,* New Brunswick-London, Rutgers University Press, 1955; Roger Daniels, *Guarding the Golden Door: American immigration policy and immigrants since 1882,* New York, Hill and Wang, 2003; Mae M. Ngai, *Impossible Subjects: Illegal Aliens and the Making of Modern America,* Princeton (NJ), Princeton University Press, 2004.

20. Paul-André Rosental, *Migrations, souveraineté, droits sociaux. Protéger et expulser les étrangers en Europe du XIXe siècle à nos jours*, in «Annales. Histoire, Sciences So-

vano leggi che puntavano a un controllo più rigoroso e centralizzato degli arrivi e soprattutto dei meccanismi di concessione e perdita della cittadinanza.[21] Tutte misure che preludevano alle ulteriori restrizioni adottate dopo la guerra e che sfociarono nel Johnson-Reed Act.[22] Allo stesso tempo, l'introduzione del servizio militare obbligatorio come parte fondamentale dei processi di costruzione nazionale e imperiale, tanto degli stati più 'giovani' come l'Italia o la Germania, quanto di quelli che, come la Francia, si erano dati un nuovo regime dopo una drammatica sconfitta militare, o degli di imperi multietnici – come quello russo e ottomano – che dovevano fronteggiare il problema dell'integrazione di minoranze nazionali o religiose, spingeva i governi a interrogarsi sempre più sulla lealtà di specifici gruppi di popolazione.[23]

Una volta scoppiata la guerra, la concezione della cittadinanza basata sulla preminenza delle origini prese decisamente il sopravvento su una concezione civica e volontaristica dell'appartenenza nazionale.[24] La paura del nemico si diffuse a macchia d'olio e gli stranieri, specie se di nazionalità nemica, furono considerati sospetti, anche se, come si è detto, molti di loro vi avevano trascorso la maggior parte della loro vita, ne erano diventati in alcuni casi cittadini attraverso procedure di naturalizzazione, ne avevano adottato la lingua, e in molte circostanze non avevano mancato di dimostrare fedeltà e attaccamento nei confronti della patria adottiva.

ciales», 66, 2 (2011), pp. 335-373; David Feldman, *Migrants, Immigrants and Welfare from the Old Poor Law to the Welfare State*, in «Transactions of the Royal Historical Society», 13 (2003), pp. 79-104; Caestecker, *The Transformation.*

21. Cfr. Patrick Weil, *The Sovereign Citizen: Denaturalization and the Origins of the American Republic,* Philadelphia (PA), University of Pennsylvania Press, 2013; Katherine Benton-Cohen, *Inventing the Immigration Problem: The Dillingham Commission and its Legacy,* Cambridge (MA), Harvard University Press, 2018.

22. Zolberg, *A Nation by Design.*

23. Sulla costruzione e la riforma degli eserciti cfr. Joshua A. Sanborn, *Drafting the Russian Nation: Military Conscription, Total War, and Mass Politics, 1905-1925,* DeKalb (IL), Northern Illinois University Press, 2003; Annie Crépin, *Défendre la France: les Français, la guerre et le service militaire, de la guerre de Sept Ans à Verdun,* Rennes, Presses universitaires de Rennes, 2005; Jörn Leonhard, *Bellizismus und Nation: Kriegsdeutung und Nationsbestimmung in Europa und den Vereinigten Staaten, 1750-1914,* München, R. Oldenbourg, 2008; Mehmet Beşikçi, *The Ottoman Mobilization of Manpower in the First World War: Between Voluntarism and Resistance,* Leiden-Boston, Brill, 2012; Marco Rovinello, *Fra servitù e servizio: storia della leva in Italia dall'Unità alla Grande guerra,* Roma, Viella, 2020.

24. Caglioti, *Subjects*, *passim.*

Spinti anche dalle proteste popolari, dalla diffusione della "febbre" delle spie e dalla stampa nazionalista, i governi dei paesi belligeranti agirono molto in fretta. Ciascun paese individuò nella sua tradizione legale un termine per definire questa specifica categoria di persone, altri si limitarono a tradurre la locuzione inglese *enemy aliens* o *alien enemies*. In francese furono chiamati *sujet ennemis*, in italiano *sudditi nemici*, in tedesco, enfatizzando, come faceva il termine inglese e americano, sia lo status di nemico che quello di straniero, venne adoperata l'espressione *feindliche Ausländer*.[25] A un anno dall'inizio del conflitto sia i governi dell'Intesa che quelli degli Imperi centrali avevano quasi risolto lo spinoso problema dei civili di nazionalità nemica neutralizzandoli e rendendoli incapaci di nuocere. Migliaia di *enemy aliens*, soprattutto uomini in età militare, ma anche donne e bambini, erano stati internati in campi, baracche, strutture improvvisate o confinati in aree remote, lontane dai grandi centri e dal fronte. Migliaia erano stati rimpatriati o erano nel limbo di un campo di transito nel territorio di un paese neutrale, in attesa di essere rimpatriati o scambiati. Anche il sequestro dei loro beni si diffuse su larga scala.[26] I governi e gli eserciti dei paesi belligeranti ottennero quindi le loro prime vittorie contro il nemico, ripulendo le strade delle grandi città e le zone di confine dalla presenza dei suoi nazionali.

Tuttavia, queste misure non sempre bastarono a placare gli animi. La xenofobia si manifestò in forme diverse in tutto il continente europeo e, sebbene con intensità e gradi di violenza anche molto differenti, caratterizzò gli stati nazionali come gli imperi multietnici, le democrazie liberali come i regimi autoritari. Ricorrendo alla retorica e agli strumenti costituzionali dello stato di eccezione,[27] la maggior parte dei governi e dei parla-

25. In questo testo userò alternativamente sia l'espressione "civili di nazionalità nemica" che "stranieri nemici". Entrambe le locuzioni permettono di evitare le ambiguità insite nei termini "suddito" e "cittadino" e mettono l'accento sul fatto che i soggetti delle politiche di sicurezza sono non combattenti, e quindi civili, e al tempo stesso stranieri la cui nazionalità è quella di un paese nemico.

26. Daniela Luigia Caglioti, *Property Rights and Economic Nationalism*, in *1914-1918-online. International Encyclopedia of the First World War*, a cura di Ute Daniel et al., Berlin, Freie Universität Berlin, 2014, pp. DOI: 10.15463/ie1418.10361, https://encyclopedia.1914-1918-online.net/article/property_rights_and_economic_nationalism [ultima consultazione 09 luglio 2022].

27. Sullo stato di emergenza durante la Prima guerra mondiale resta fondamentale Clinton Rossiter, *Constitutional Dictatorship: Crisis Government in the Modern Democracies,* New York, Harcourt Brace & World, 1963. Per una genealogia del concetto di stato di eccezione, si veda Giorgio Agamben, *Stato d'eccezione,* Torino, Bollati Boringhieri, 2003.

menti stabilì distinzioni nette non solo tra cittadini e stranieri, ma si affidò all'origine etnico-nazionale, quindi non alla cittadinanza/nazionalità sul piano formale, come cartina di tornasole per determinare la lealtà e l'affidabilità di gruppi e individui o al contrario la loro pericolosità.

La xenofobia si presentava a ondate e veniva regolarmente riattivata ogni qual volta un nuovo paese entrava in guerra e a seconda dell'andamento del conflitto. Soprattutto, essa si rivolse ben oltre la categoria dei civili di nazionalità nemica. La rabbia per una guerra che si prolungava oltre l'atteso e l'immaginato, i sacrifici crescenti chiesti alle popolazioni mobilitate, la carenza di cibo e i razionamenti alimentari, fenomeni come la diserzione e la renitenza trasformarono presto in bersagli anche i sudditi o i cittadini di paesi alleati e neutrali. E così gli ebrei russi emigrati in Francia o in Gran Bretagna a cavallo del secolo per sfuggire ai pogrom e all'antisemitismo dell'Impero zarista, anche se tecnicamente *friendly aliens* (stranieri in possesso della nazionalità di un paese alleato), furono accusati di approfittare del loro particolare status di rifugiati per evitare l'arruolamento e, dopo la rivoluzione del 1917, di spargere i semi della propaganda bolscevica. Gli italiani (specie nel periodo della neutralità), gli spagnoli e i belgi emigrati in Francia o in Gran Bretagna furono incolpati di accaparrarsi i posti di lavoro dei cittadini-soldati; commercianti e imprenditori svizzeri vennero denunciati per concorrenza sleale o per essere tedeschi "mascherati". E lo stesso si disse degli americani.[28]

Fu però soprattutto negli imperi multietnici che sin dal suo inizio la guerra servì come catalizzatore di una violenza di ispirazione xenofoba che colpì in particolare individui e minoranze sospettati sulla base dell'origine, del credo religioso, della lingua o per una presunta affinità con il nemico. A contribuire a rendere il clima incandescente c'era quella che Mark von Hagen ha definito la militarizzazione e la mobilitazione dell'etnicità, ossia «the politicization of ethnic differences and the overlaying of an ethnic or national dimension to many otherwise non-national political, economic, and social conflicts».[29]

28. Cfr. Caglioti, *War and Citizenship*, *passim*.

29. Mark von Hagen, *The Great War and the Mobilization of Ethnicity in the Russian Empire*, in *Post-Soviet Political Order: Conflict and State Building*, a cura di Barnett R. Rubin e Jack L. Snyder, London, Routledge, 1998, pp. 34-57, citazione da p. 37 («la politicizzazione delle differenze etniche e l'attribuzione di una dimensione etnica o nazionale a molti conflitti politici, economici e sociali altrimenti non nazionali», trad. mia).

Man mano che la guerra proseguiva, le campagne e le misure pensate per i civili di nazionalità nemica tornarono utili per gestire gli stranieri in genere o per accanirsi contro gruppi di sudditi o cittadini la cui lealtà veniva considerata dubbia, come i naturalizzati, le mogli di origine straniera e soprattutto le minoranze interne: quelle con aspirazioni nazionali (armeni nell'Impero ottomano, polacchi, cechi, ucraini, italiani in quello austro-ungarico, ecc.); quelle resistenti all'assimilazione forzata (gli ebrei un po' dappertutto, i musulmani nell'Impero russo, i greci e i curdi in quello ottomano); e quelle che vivevano in regioni di confine e la cui lealtà era sospetta: alsaziani e lorenesi, tirolesi, trentini, ruteni, ecc.

La guerra divenne quindi un'opportunità per eliminare stranieri e nemici interni con l'obiettivo, non sempre riuscito in verità visto che la gran parte degli stati successori emersi dalla guerra continuò a essere caratterizzata dalla multietnicità, di semplificare le società rendendole più omogenee. Le misure d'emergenza assunte nei confronti dei civili di nazionalità nemica trovarono infatti ampio consenso e furono sollecitate e sostenute da movimenti nazionalisti, partiti radicali di destra, nonché da opinioni pubbliche xenofobe e antisemite favorevoli a provvedimenti ancora più radicali. Contro gli stranieri nemici si scatenarono in molti. Mentre la stampa nazionalista alimentava la xenofobia con articoli, vignette, pamphlets polemici,[30] delazioni, denunce, atti di vandalismo e saccheggi contro abitazioni e negozi di stranieri, e contro i consolati e le ambasciate dei paesi nemici, la caccia agli stranieri, specie se vicini a luoghi ritenuti strategici, e i linciaggi caratterizzarono il panorama delle città in guerra.

Il modo in cui i governi e le autorità militari trattarono i civili di nazionalità nemica e le minoranze durante la guerra, l'atteggiamento dell'opinione pubblica e le percezioni popolari nei confronti degli "stranieri" gettano luce su alcune questioni cruciali. Innanzitutto, evidenziano ulteriormente la forza mobilitante del nazionalismo e la sua capacità di occupare l'intera scena politica, emarginando qualsiasi discorso alternativo, riducendo al silenzio qualsiasi forma di opposizione e cancellando molti dei risultati ottenuti dall'in-

30. Cfr. Panikos Panayi, *The Enemy in Our Midst. Germans in Britain during the First World War,* Oxford, Berg, 1991; Susanne Terwey, *Moderner Antisemitismus in Grossbritannien, 1899-1919: Über die Funktion von Vorurteilen sowie Einwanderung und nationale Identität*, Würzburg, Königshausen & Neumann, 2006; Matthew Stibbe, *German Anglophobia and the Great War, 1914-1918*, Cambridge, Cambridge University Press, 2001; Angelo Ventrone, *La seduzione totalitaria. Guerra, modernità, violenza politica (1914-1918)*, Roma, Donzelli, 2003.

ternazionalismo e dalla globalizzazione economica nei decenni precedenti il conflitto. In secondo luogo, rendono possibile evidenziare il contributo della guerra e della rivoluzione ai cambiamenti nelle politiche di controllo delle migrazioni e in quelle rivolte all'ingegneria demografica e sociale.

Solo negli ultimi due-tre decenni gli studi storici sulla Prima guerra mondiale hanno iniziato a occuparsi dei civili, dei civili di nazionalità nemica e dell'impatto della guerra sulle minoranze come parte di una più generale ridefinizione dei temi di ricerca.[31] Questa attenzione per i non combattenti e i cosiddetti fronti interni e gli studi sulla violenza contro i civili e sulla sua radicalizzazione hanno grandemente arricchito la storiografia sul conflitto.[32] Sono emersi nuovi temi di ricerca come le occupazioni, la vita quotidiana nelle città, i rifugiati, le migrazioni forzate, le deportazioni, il lavoro forzato, i nemici interni, l'internamento dei civili, le donne, ecc. È soprattutto emerso un maggiore interesse per scenari a lungo rimasti ai margini di una storiografia concentrata sul fronte occidentale, come la guerra nell'Europa orientale e in quella sud-orientale, il conflitto in Asia, in Africa e in generale nei contesti coloniali. Si è consolidata inoltre una nuova periodizzazione del conflitto,[33] ed è emerso con nettezza che la Prima guerra mondiale è stata soprattutto, e prima di ogni altra cosa, una guerra tra imperi e non tra stati-nazione.[34] Questo rinnovamento ha avuto

31. Heather Jones, *As the Centenary Approaches: The Regeneration of First World War Historiography*, in «The Historical Journal», 56, 3 (2013), pp. 857-878, in particolare pp. 870-873; Alan Kramer, *Recent Historiography of the First World War. Part I*, in «Journal of Modern European History», 12, 1 (2014), pp. 5-27, in particolare pp. 16-22.

32. Tra i molti esempi cfr. Alan Kramer, *Dynamic of Destruction: Culture and Mass Killing in the First World War*, Oxford-New York, Oxford University Press, 2007 e Tammy Proctor, *Civilians in a World at War*, New York, New York University Press, 2010.

33. La periodizzazione della guerra è stata oggetto di discussione sin dalla fine degli anni Venti, quando lo storico Elie Halévy propose di retrodatare al 1905 l'inizio dell'era di conflitto che porto alla deflagrazione mondiale. Cfr. Élie Halévy, *L'ère des tyrannies. Études sur le socialisme et la guerre*, Paris, Gallimard, 1938. Più di recente hanno proposto una diversa periodizzazione Andrea Graziosi, *Guerra e rivoluzione in Europa, 1905-1956*, Bologna, il Mulino, 2001 e soprattutto Robert Gerwarth e Erez Manela, *The Great War as a Global War: Imperial Conflict and the Reconfiguration of World Order, 1911–1923*, in «Diplomatic History», 38, 4 (2014), pp. 786-800 e Jörn Leonhard, *Die Büchse der Pandora: Geschichte des Ersten Weltkriegs*, München, C.H. Beck, 2014.

34. *Empires at War: 1911-1923*, a cura di Robert Gerwarth e Erez Manela, Oxford-New York, Oxford University Press, 2014 e Gerwarth e Manela, *The Great War as a Global War*.

luogo anche grazie al diffondersi di approcci come la storia transnazionale e globale, la storia di genere o la storia culturale, che hanno tutti contribuito a stabilire nuove priorità nell'agenda dei lavori sulla Grande guerra. Dell'ampiezza del rinnovamento degli studi danno in maniera diversa testimonianza l'enciclopedia *online* 1914-1918 pubblicata a partire dal centenario[35] e la bibliografia pubblica gestita dalla *International Society for First World War Studies*, che a fine giugno 2022 contava 19.402 titoli.[36]

In particolare, la ricerca sui civili di nazionalità nemica e il loro trattamento, che si è andata intrecciando a quella sulle minoranze, ha registrato un'impennata negli ultimi due decenni,[37] anche se questi soggetti non sono ancora entrati a pieno titolo nelle più recenti grandi narrazioni della Prima guerra mondiale.[38] Nessun riferimento ai civili di nazionalità nemica si trova nelle varie enciclopedie pubblicate nell'ultimo decennio in Germania, Francia e Italia,[39] e il *Companion to WWI* di John Horne tocca il tema degli stranieri nemici molto brevemente, anche se dedica maggiore spazio alle minoranze,[40] che sono presenti anche in un capitolo specifico della *Cambridge History of the First World War* curata da Jay Winter.[41] Na-

35. http://www.1914-1918-online.net/03_encyclopedia/index.html [ultima consultazione 26 giugno 2022].

36. https://www.zotero.org/groups/55813/first_world_war_studies_bibliography [ultima consultazione 26 giugno 2022].

37. Si veda la letteratura citata nella seconda parte di questa introduzione.

38. Si veda, ad esempio, Leonhard, *Die Büchse der Pandora* che dedica solo alcune pagine agli stranieri nemici in Australia e negli Stati Uniti (cfr. pp. 514, 645, 695-699, 869-872); un rapidissimo riferimento in Maartje M. Abbenhuis e Ismee Tames, *Global War, Global Catastrophe: Neutrals, Belligerents and the Transformations of the First World War*, London-New York, Bloomsbury Academic, 2021, p. 94. Nessun riferimento in autori come David Stevenson, Hew Strachan, Martin Gilbert e neanche in lavori più recenti come quello sull'Italia di Marco Mondini, *La guerra italiana: partire, raccontare, tornare, 1914-18*, Bologna, il Mulino, 2014.

39. *Enzyklopädie Erster Weltkrieg*, a cura di Gerhard Hirschfeld, Gerd Krumeich e Irine Renz, Paderborn, Schöning, 2014; *Encyclopédie de la Grande Guerre, 1914-1918: histoire et culture*, a cura di Stéphane Audoin-Rouzeau e Jean Jacques Becker, Paris, Bayard, 2004; *Gli italiani in guerra: conflitti, identità, memorie dal Risorgimento ai nostri giorni*, a cura di Mario Isnenghi e Daniele Ceschin, vol. 3, *La Grande guerra*, 2 tomi, Torino, Utet, 2008.

40. *A Companion to World War I*, a cura di John Horne, Chichester, Wiley-Blackwell, 2010.

41. Si veda *The Cambridge History of the First World War. Volume 3. Civil Society*, a cura di Jay M. Winter, Cambridge, Cambridge University Press, 2014. Il capitolo sulle minoranze non casualmente è affidato a Panikos Panayi.

turalmente, a queste ultime si dedica spazio maggiore nei lavori incentrati sugli imperi multietnici. Il tema è stato affrontato in modo diverso nei vari paesi, ma in generale la letteratura sui civili di nazionalità nemica e sulle minoranze ha sofferto degli stessi limiti che affliggono la storiografia sulla Prima guerra mondiale: troppa attenzione al fronte occidentale e predominio di una prospettiva quasi esclusivamente nazionale,[42] un predominio che ha cominciato ad allentarsi solo di recente.

È perciò interessante provare a fare una rassegna di alcune fonti edite durante e nei decenni successivi al conflitto e delle principali ricerche storiche pubblicate a partire dall'ultimo quarto del XX secolo sul problema dei "nemici interni". Per comodità ho diviso questa rassegna in quattro blocchi. Il primo coincide con la guerra stessa, il secondo con il periodo tra le due guerre, il terzo con la Seconda guerra mondiale e il quarto con il periodo che va dall'ultimo quarto del XX secolo ai nostri giorni.

Il primo blocco di fonti, documenti e letteratura riguarda il periodo della guerra, inteso come il periodo tra il 1914 e il 1923, e comprende tre diversi tipi di pubblicazioni che oggi rappresentano delle fonti rilevanti per lo studio dei civili di nazionalità nemica. Innanzitutto, le pubblicazioni a carattere giuridico. Gli esperti di diritto internazionale furono infatti tra i primi a manifestare coscienza del problema anche perché spesso direttamente chiamati dai governi a fornire pareri, a legittimarne le scelte, e a dirimere le numerose controversie legali che discendevano dall'adozione di misure contro i civili di nazionalità nemica, e che riguardavano la protezione degli interessi degli stessi nazionali di paesi belligeranti, l'internamento dei civili e le espulsioni, la cittadinanza, le naturalizzazioni e le denaturalizzazioni nonché, soprattutto, il sequestro e la confisca dei beni degli stranieri nemici. Tra il 1914 e i primi anni Venti, riviste accademiche come *The American Journal of International Law*, il *Journal du droit international*, la *Revue générale de droit international publique* o la *Zeitschrift für Völkerrecht* pubblicarono articoli che riguardavano soprattutto le questioni di diritto privato sorte dalle misure prese dai diversi stati nei confronti dei civili di nazionalità nemica. Tra gli autori di saggi sul tema si distinsero Norman Bentwich, Edwin M. Borchard, René

42. Su questo secondo aspetto si veda Jay M. Winter e Antoine Prost, *The Great War in History: Debates and Controversies, 1914 to the Present,* Cambridge-New York, Cambridge University Press, 2005, p. 193 e ss. e Kramer, *Recent Historiography... Part I*, p. 9 in particolare.

Cassin, George Cohn, Edouard Clunet, James W. Garner, Amos S. Hershey, Hermann Klibanski, Josef Kohler, Boris Nolde, Ronald Roxburgh, Ernest M. Satow, Jean Signorel, Jules Valery. Alcuni come Amos S. Hershey avevano già affrontato i problemi relativi al trattamento degli stranieri nelle guerre che avevano preceduto il primo conflitto mondiale.[43] Altri, come Edwin M. Borchard, uno dei più attivi, si erano interessati al problema della protezione dei cittadini all'estero sin dalla tesi di dottorato, discussa nel 1913 presso la Columbia University e poi pubblicata nel 1915. Divenuto professore a Yale nel 1917, Borchard, che rimase un fiero sostenitore della neutralità americana anche nella Seconda guerra mondiale, cominciò a interessarsi più specificamente del problema via via più spinoso e controverso del sequestro e della liquidazione di beni privati nemici, un tema sul quale continuò a riflettere negli anni tra le due guerre e fino agli anni del secondo conflitto mondiale.[44]

Tra coloro che in presa diretta avviarono una disamina delle misure contro i civili di nazionalità nemica ci furono anche il giurista francese Jean Signorel e lo scienziato politico e giurista americano James W. Garner. Il primo pubblicò già nel 1916, quindi a meno di due anni dall'inizio del conflitto, un volume dedicato allo status giuridico degli stranieri nemici volto a legittimare dal punto di vista del diritto le politiche adottate dalla Francia.[45] Il secondo, un professore di scienza politica e diritto dell'Università di Illinois, pubblicò sull'«American Journal of International Law» con lo stesso titolo – *Some Questions of International Law in European War* – sedici articoli, tre dei quali specificamente dedicati al problema del

43. Amos S. Hershey, *The International Law and Diplomacy of the Russo-Japanese War,* New York, Macmillan, 1906; Id., *Treatment of Enemy Aliens*, in «The American Journal of International Law», 12, 1 (1918), pp. 156-162.

44. Edwin M. Borchard, *The Diplomatic Protection of Citizens Abroad,* New York, The Banks law publishing co., 1915; Id., *Enemy Private Property*, in «The American Journal of International Law», 18, 2 (1924), pp. 523-532; si veda anche la sua introduzione a James A. Gathings, *International Law and American Treatment of Alien Enemy Property,* Washington, D.C., American Council on Public Affairs, 1940. Per un breve profilo biografico di Borchard cfr. Michael S. Maier, *Borchard, Edward Montefiore (17 October 1884-22 July 1951)*, in *American National Biography*, https://doi.org/10.1093/anb/9780198606697.article.1100081 [ultima consultazione il 28 giugno 2022]. Su questo tema si veda ora Christopher A. Casey, *Nationals Abroad: Globalization, Individual Rights, and the Making of Modern International Law*, Cambridge, Cambridge University Press, 2020.

45. Jean Signorel, *Le statut des sujets ennemis. Le droit français pendant la guerre,* Paris, Berger-Levrault, 1916.

trattamento dei civili di nazionalità nemica.[46] I saggi di Garner, anche se affetti da vari limiti, sono tuttora indispensabili per coloro che desiderano iniziare una ricerca sul trattamento degli stranieri nemici in guerra, sia per la quantità di informazioni che forniscono sia per la prospettiva comparata adottata.

Un secondo tipo di pubblicazioni apparse durante la guerra e nel periodo immediatamente successivo furono le memorie: innanzitutto quelle scritte dai civili internati nei campi di concentramento, che offrono uno spaccato particolarmente significativo delle condizioni di vita nei campi o al confino; quindi quelle redatte da testimoni che subirono forme di discriminazione diverse dall'internamento per il solo fatto di avere una nazionalità nemica; e ancora quelle scritte dai diplomatici, per lo più di paesi neutrali, incaricati della rappresentanza degli interessi dei sudditi di paesi belligeranti e coinvolti nelle trattative per lo scambio di prigionieri, nel dirimere questioni di cittadinanza o nel preservare, laddove possibile, gli interessi economici degli *enemy aliens*. Tra le prime memorie di internamento spiccano in particolar modo quelle degli inglesi Geoffrey Pyke e Israel Cohen, e i ricordi dello storico belga Henri Pirenne.[47] Ma testimonianze altrettanto importanti sono anche le brevi memorie di P.A. Georgiadès, un avvocato greco internato in Romania, in Bulgaria e quindi nel campo di Holzminden in Germania,[48] o quelle dell'internamento in Bulgaria del medico ser-

46. James W. Garner, *Treatment of Enemy Aliens. Measures in Respect to Personal Liberty*, in «The American Journal of International Law», 12, 1 (1918), pp. 27-55; Id., *Treatment of Enemy Aliens. Measures in Respect to Property and Business*, in «The American Journal of International Law», 12, 4 (1918), pp. 744-779; Id., *Treatment of Enemy Aliens. Right of Access to the Courts*, in «The American Journal of International Law», 13, 1 (1919), pp. 22-59. I sedici articoli confluirono poi in un volume in due tomi: James W. Garner, *International Law and the World War,* London-New York, Longmans, Green and Co., 1920.

47. Geoffrey Pyke, *To Ruhleben, and Back: A Great Adventure in Three Phases,* Boston, Houghton Mifflin, 1916; Israel Cohen, *The Ruhleben Prison Camp. A Record of Nineteen Months' Internment,* London, Methuen & Co., 1917; Henri Pirenne, *Souvenirs de captivité en Allemagne (mars 1916=novembre 1918),* Bruxelles, M. Lamertin, 1920. I racconti di prigionia e di evasione sono numerosissimi e quelli quindi indicati costituiscono una piccolissima frazione.

48. P.A. Georgiadès, *Rapport-Mémoire de Me P.A. Georgiadès. Avocat helléne à Constantinople au sujet de son internement par les autorités allemandes d'occupation en Roumanie et de la situation, en général, des internés dans les camps de concentration en Bulgarie et dans celui de Holzminden en Allemagne. Mars 1917-Novembre 1918,* Paris, Imprimerie Librairie Lahure, 1919.

bo Kosta Konstantinović.[49] Testimonianze significative sono poi quelle di Evelyn Mary Stapleton-Bretherton sposata Blücher von Wahlstatt costretta con il marito a lasciare Londra per la Germania nei primi giorni di guerra e che dall'osservatorio "privilegiato" di una inglese sposata a un tedesco vive la doppia condizione di nemica in patria (e quindi espulsa) e di cittadina nella patria del marito.[50] O ancora le lettere della musicista australiana Ethel Cooper che rimase intrappolata a Lipsia durante la guerra e a cui non venne imposto l'internamento ma solo il confino.[51] Tra le memorie dei diplomatici spiccano i ricordi dell'ambasciatore statunitense a Berlino, James W. Gerard, che furono anche adattati per il cinema nel 1918, a quanto pare con grande successo,[52] e le memorie e i diari dell'ambasciatore statunitense nell'impero ottomano, Henry Morgenthau.[53] Gerard visitò i campi di concentramento in cui furono internati i civili britannici, in particolare il campo di Ruhleben, alla periferia nord-ovest di Berlino,[54] negoziò il rimpatrio e lo scambio degli internati, e fu attivo nella difesa degli interessi dei civili di nazionalità nemica che gli erano stati affidati – in particolare i sudditi britannici che si trovavano in Germania al momento dello scoppio del conflitto. Quando gli Stati Uniti entrarono in guerra, Gerard fu costretto a lasciare il suo posto in Germania e, una volta rientrato poté raccontare il trattamento inflitto dalle autorità tedesche ai civili di nazionalità nemica. I ricordi di Morgenthau, che documentano le deportazioni e i massacri degli armeni, riguardano anche i pochi stranieri nemici – francesi, britan-

49. Kosta Konstantinović, *Le traitement des prisonniers en Bulgarie. Récit de ma captivité,* Courbevoie (Seine), La Cootypographie, 1919.

50. Evelyn Mary Stapleton-Bretherton Blücher von Wahlstatt, *An English Wife in Berlin: A Private Memoir of Events, Politics, and Daily life in Germany throughout the War and the Social Revolution of 1918,* London, Constable and company ltd., 1920.

51. Caroline Ethel Cooper, *Behind the Lines. One Woman's War 1914-1918. The Letters of Caroline Ethel Cooper,* Sidney-London, Collins, 1982.

52. James W. Gerard, *My Four Years in Germany,* New York, George H. Doran Company, 1917.

53. Henry Morgenthau, *Ambassador Morgenthau's Story,* Garden City, NY, Doubleday Page, 1918; Henry Morgenthau, *United States Diplomacy on the Bosphorus: The Diaries of Ambassador Morgenthau, 1913-1916,* Princeton (NJ)-Reading, Gomidas Institute-Taderon Press, 2004.

54. Sul campo di Ruhleben si vedano John Davidson Ketchum, *Ruhleben: A Prison Camp Society,* Toronto, University of Toronto Press, 1965 e Matthew Stibbe, *British Civilian Internees in Germany: The Ruhleben Camp, 1914-1918,* Manchester-New York, Manchester University Press, 2008.

nici e italiani – che si trovavano ancora sul territorio dell'Impero ottomano allo scoppio della guerra, e i molti ebrei che vi erano recentemente emigrati dall'Impero russo in Palestina. Oltre a Morgenthau e Gerard, altri ambasciatori statunitensi – Walter Hines Page, Eric Fischer Wood, Lewis Einstein, Lee Meriwether, Charles J. Vopicka – furono impegnati durante il periodo di neutralità a proteggere i civili di nazionalità nemica che si trovavano in Gran Bretagna, in Francia o nei Balcani. Echi delle loro esperienze con i sudditi di nazionalità nemica della cui protezione erano stati chiamati ad occuparsi costellano le loro memorie. In esse si trovano vivide immagini delle file nei consolati e nelle ambasciate per ottenere un visto, un biglietto sull'ultimo treno o sull'ultimo traghetto, delle richieste di sussidi, delle denunce delle violenze e delle aggressioni subite dagli stranieri nemici e ovviamente anche spunti interessanti sull'internamento dei civili di nazionalità nemica, sulle trattative di scambio, sulla violenza e sui tentativi, per lo più falliti, di ottenere che governi ed eserciti rispettassero le regole dettate dalle convenzioni internazionali, sui sequestri di beni degli stranieri nemici.[55]

Un terzo tipo di pubblicazioni che prestò attenzione alla condizione dei civili, inclusi quelli di nazionalità nemica, furono le inchieste, i reportage giornalistici, i lavori sul campo. A questa categoria appartengono i rapporti nei campi di internamento dei rappresentanti del Comitato internazionale della Croce Rossa (CICR),[56] ma anche le inchieste indipendenti, come ad esempio quelle di Rodolph Archibald Reiss sulla guerra in Serbia,[57] di Gu-

55. *The Life and Letters of Walter H. Page*, a cura di Burton J. Hendrick, voll. I-III, Garden City-New York, Doubleday, Page & Company, 1922-1926; Eric Fisher Wood, *The Note-Book of an Attaché: Seven Months in the War Zone,* New York, The Century Company, 1915; Lewis Einstein, *Inside Constantinople: A Diplomatist's Diary during the Dardanelles Expedition, April-September, 1915,* London, J. Murray, 1917; Lee Meriwether, *The War Diary of a Diplomat,* New York, Dodd Mead and Company, 1919; Charles J. Vopicka, *Secrets of the Balkans,* Chicago, Rand McNally & Company, 1921.

56. Oltre al bollettino periodico pubblicato tra il 1914 e il 1918 dall'*Agence internationale des prisonniers de guerre* («Bulletin International des Sociétés de la Croix-Rouge»), sono numerosissimi, e quindi impossibili da elencare qui, i rapporti sui campi di prigionia per militari e di internamento per civili pubblicati dal Comitato internazionale della Croce Rossa.

57. Rodolph Archibald Reiss, *Report Upon the Atrocities Committed by the Austro-Hungarian Army during the First Invasion of Serbia,* London, Simpkin, Marshall, Hamilton, Kent & Co., Ltd., 1916; Id., *Comment les Austro-Hongrois ont fait la guerre en Serbie: observations directes d'un neutre,* Paris, A. Colin, 1916; Id., *Le traitement des prisonniers et des blessés par les Austro-Germano-Bulgares. Resultats de l'enquete executée sur le front de Salonique,* Paris, Librairie Bernard Grasset, 1919; Id., *Les Austro-Hongrois en*

stave Krafft sui campi di internamento in Austria-Ungheria,[58] di Adolf Lukas Vischer sulla psicologia degli internati,[59] di Daniel J. McCarthy sull'internamento in Germania[60] e di S. Ansky o An-Ski (pseudonimo di Shloyme Zanvl Rappoport) sulle atrocità commesse contro gli ebrei dagli eserciti che si contendevano le zone di confine tra Impero russo e Impero austro-ungarico.[61]

Memorie e inchieste, specie quelle scritte a ridosso degli avvenimenti, non solo enfatizzavano la crudeltà del nemico o il suo comportamento disumano, ma erano destinate a contribuire alla propaganda e alla mobilitazione di parlamenti, governi e opinione pubblica per sostenere la campagna contro gli stranieri o per costringere il nemico ad applicare agli internati civili gli articoli della Convenzione dell'Aja del 1907 dedicati ai prigionieri di guerra.

La seconda fase, ossia gli anni tra le due guerre, fu segnata dall'intensa attività di organizzazioni come il Comitato internazionale della Croce Rossa o la International Law Association che lavorarono alla stesura di due convenzioni sul trattamento dei civili nemici, tuttavia mai entrate in vigore.[62] Nel frattempo, si moltiplicava la memorialistica sull'internamento,[63] insieme ad

Serbie envahie; rapport présenté à M. le Président du Conseil des Ministres du Royaume de Serbie, Paris, Impr. «Yougoslavia», 1919.

58. Gustave Krafft, *En Autriche-Hongrie. Les camps de prisonniers et d'internés civils,* Lausanne, F. Rouge & C.ie, 1915.

59. Adolf Lukas Vischer, *La malattia del reticolato: contributo alla psicologia del prigioniero di guerra*, Napoli, R. Ricciardi, 1920 [ed. or: Zürich, Rascher & C.ie, 1918].

60. Daniel J. McCarthy, *The Prisoner of War in Germany. The Care and Treatment of the Prisoner of War with a History of the Development of the Principle of Neutral Inspection and Control,* New York, Moffat Yard, 1918.

61. S. Ansky, *The Enemy at His Pleasure: A Journey through the Jewish Pale of Settlement during World War I,* New York, Metropolitan Books/H. Holt and Co., 2003.

62. Il CICR fu in grado di presentare una bozza finale alla Conferenza di Tokyo del 1934, intitolata *International Convention on the Condition and Protection of Civilians of Enemy Nationality Who Are on Territory Belonging to or Occupied by a Belligerent*. Una bozza di *Convenzione per la protezione delle popolazioni civili in tempo di guerra* fu presentata nel 1937 dall'International Law Association. Sulle vicende che portarono a queste due bozze si veda Daniela Luigia Caglioti, *Proteggere i civili in tempo di guerra. Note sul (fallito) tentativo di scrivere una convenzione internazionale sui cittadini di nazionalità nemica (1921-1934)*, in *Nel mare aperto della storia. Studi in onore di Andrea Riccardi*, a cura di Jean-Dominique Durand et al., Roma-Bari, Laterza, 2021, pp. 145-158.

63. Tra gli altri, ad esempio, quelli di Maria Andina, *La mia prigionia in Austria: ottobre 1917-maggio 1918,* Como, Cavalleri, 1921; Rudolf Rocker, *Sindrome da filo spinato. Rapporto di un tedesco internato a Londra (1914-1918),* Santa Maria Capua Vetere, Edizioni Spartaco, 2006; Paul Cohen-Portheim, *Time Stood Still. My Internment*

articoli e libri di giuristi che analizzavano la sistematica violazione dei diritti degli stranieri, in particolare di quelli relativa alla proprietà,[64] o di personalità a vario titolo coinvolte in interventi di tipo umanitario.[65]

La terza fase di studi e testimonianze sul tema coincide con la Seconda guerra mondiale e gli anni dell'immediato dopoguerra. La Seconda guerra mondiale riaccese l' interesse, soprattutto da parte dei giuristi, che guardarono con taglio comparativo a quanto era avvenuto durante la Prima guerra mondiale sia in materia di internamento che di sequestro delle proprietà nemiche.[66] Il secondo conflitto, soprattutto in alcuni paesi come gli Stati Uniti, il Regno Unito e in genere negli stati aderenti al Commonwealth britannico, ripropose infatti questioni rimaste irrisolte dopo la Prima guerra mondiale come l'internamento dei civili di nazionalità nemica e dei cittadini di origine nemica, il sequestro e la confisca dei loro beni. La Seconda guerra mondiale fu però una guerra molto diversa dalla Prima. Se infatti il problema dei civili di nazionalità nemica si ripresentò nei paesi di forte immigrazione non sottoposti a occupazione in forme molto simili a quelle della Prima guerra mondiale, altrove, e cioè in larga parte dell'Europa, in Asia e in Africa, la guerra di occupazione e sterminio da una parte produsse nuove categorie collettive di nemici (gli ebrei prima di tutto) e dall'altra, a causa del suo carattere di guerra totale, rese priva di qualunque significato la distinzione tra cittadini e stranieri.[67] Furono altri quindi i temi che solle-

in England 1914-1918, New York, E.P. Dutton & Co. Inc., 1931; Aladár Kuncz, *Black Monastery,* New York, Harcourt Brace and company, 1934; Amelie Posse-Brázdová, *Interludio di Sardegna,* Sassari, Editoriale La Nuova Sardegna, 2004 [ed. or.: Stockholm, Natur o. kultur, 1931].

64. Per esempio: Jean Spiropulos, *Ausweisung und Internierung feindlicher Staatsangehöriger,* Leipzig, Roßberg'sche Verlagsbuchhandlung, 1922; Edwin M. Borchard, *Enemy Private Property*, in «The American Journal of International Law», 18, 2 (1924), pp. 523-532.

65. Tra gli altri: Elsa Brändström, *Among Prisoners of War in Russia & Siberia,* London, Hutchinson, 1929.

66. Si veda ad esempio, Gathings, *International Law*; Robert R. Wilson, *Treatment of Civilian Alien Enemies*, in «The American Journal of International Law», 37, 1 (1943), pp. 30-45; Id., *Recent Developments in the Treatment of Civilian Alien Enemies*, in «The American Journal of International Law», 38, 3 (1944), pp. 397-406.

67. Sull'internamento di civili nella Seconda guerra mondiale esiste una discreta letteratura sui giapponesi e i giapponesi-americani internati negli USA e in generale sui campi di internamento in Gran Bretagna, Canada, Australia. Cfr. Joan Beaumont, Ilma M. O'Brien e Mathew Trinca, *Under Suspicion: Citizenship and Internment in Australia during the Second World War*, Canberra, National Museum of Australia Press, 2008; Greg Robinson,

citarono l'interesse degli storici alla fine del secondo conflitto, il che spiega in parte il lungo silenzio della storiografia sulla questione.

La quarta fase inizia con l'ultimo quarto del XX. È infatti a partire dagli anni Settanta che si riscontra un interesse storiografico per l'argomento quando ai lavori pionieristici di Frederick Luebke sugli Stati Uniti e il Brasile,[68] di J.C. Bird sulla Gran Bretagna,[69] di Gerhard Fischer sull'Australia,[70] si affiancarono ricerche più corpose come quella di Panikos Panayi ancora sul Regno Unito,[71] di Jörg Nagler sugli Stati Uniti[72] e di Eric Lohr sull'Impero russo.[73] A eccezione del libro di Bird e di quello di Lohr, alla storia dei civili di nazionalità nemica si è arrivati a partire dagli studi sulle migrazioni e in particolare dalla storia della formazione di comunità etnico-nazionali nei luoghi di arrivo degli immigrati. È infatti soprattutto l'interesse per le sorti delle comunità tedescofone ad aver suscitato molte ricerche. Questo spiega anche perché disponiamo di studi su alcune aree e non su altre. La gran parte dei lavori ha infatti riguardato quei paesi come gli Stati Uniti, il Brasile, la Gran Bretagna, il Canada, l'Australia, la Nuova Zelanda, il Sudafrica e l'India in cui erano presenti folte comunità di lingua tedesca, rilevanti anche sul piano economico-commerciale.[74] Sono invece pochi i lavori sulla Germania,

A Tragedy of Democracy: Japanese Confinement in North America, New York, Columbia University Press, 2009; Rachel Pistol, *Internment during the Second World War: A Comparative Study of Great Britain and the USA,* London-New York, Bloomsbury Academic, 2017; Rondha L. Hinther e Jim Mochoruk, *Civilian Internment in Canada: Histories and Legacies*, Manitoba, University of Manitoba Press, 2020; John E. Schmitz, *Enemies among Us: The Relocation, Internment, and Repatriation of German, Italian, and Japanese Americans during the Second World War,* Lincoln, University of Nebraska Press, 2021.

68. Frederick C. Luebke, *Bonds of Loyalty: German-Americans and World War I,* DeKalb (IL), Northern Illinois University Press, 1974; Id., *Germans in Brazil: A Comparative History of Cultural Conflict During World War I,* Baton Rouge, Louisiana University Press, 1987.

69. J.C. [John Clement] Bird, *The Control of Enemy Alien Civilians in Great Britain, 1914-1918,* New York, Garland, 1986.

70. Fischer, *Enemy Aliens.*

71. Panayi, *The Enemy in Our Midst.*

72. Nagler, *Nationale Minoritäten im Krieg.*

73. Lohr, *Nationalizing the Russian Empire.*

74. Oltre a quelli già citati si vedano, in anni successivi, *Germans as Minorities during the First World War: A Global Comparative Perspective*, a cura di Panikos Panayi, Farnham, Ashgate, 2014; Stefan Manz, *Migranten und Internierte. Deutsche in Glasgow 1864-1918,* Stuttgart, Franz Steiner Verlag, 2003; Katja Wüstenbecker, *Deutsch-Amerikaner im Ersten Weltkrieg: US-Politik und nationale Identitäten im Mittleren Westen,* Stutt-

la Francia e l'Impero asburgico, peraltro in gran parte concentrati sul tema dell'internamento in tempo di guerra.[75] C'è poco anche sull'Italia, anche se si assiste negli ultimi anni a un'inversione di tendenza.[76] La storiografia italiana si è infatti occupata poco della questione per ovvie ragioni. L'esigua presenza straniera in un paese di emigrati ha infatti distolto l'attenzione da quelle campagne antitedesche e dalla caccia allo straniero che pure sono state ampiamente documentate da lavori come quello di Adriano Roccucci sul nazionalismo nella capitale,[77] di Angelo Ventrone sulla violenza politica sul

gart, Steiner, 2007; Andrew Francis, *'To Be truly British We Must Be anti-German': New Zealand, Enemy Aliens, and the Great War Experience, 1914-1919,* Oxford-New York, Peter Lang, 2012; Panikos Panayi, *The Germans in India: Elite European Migrants in the British Empire,* Manchester, Manchester University Press, 2017. Sul Canada, dove a essere maggiormenti colpiti furono gli ucraini sudditi austro-ungarici, si veda invece Bohdan S. Kordan, *No Free Man: Canada, the Great War, and the Enemy Alien Experience,* Montreal, McGill-Queens University Press, 2016.

75. Sulla Germania cfr. i saggi di Christoph Jahr, *Zivilisten als Kriegsgefangene. Die Internierung von ‚Feindstaaten-Ausländern' in Deutschland während des Ersten Weltkriegs am Beispiel des ‚Engländerlagers' Ruhleben*, in *In der Hand des Feindes. Kriegsgefangenschaft von der Antike bis zum Zweiten Weltkrieg*, a cura di Rüdiger Overmans, Köln, Böhlau Verlag, 1999, pp. 297-321; Christoph Jahr e Jens Thiel, *Adding Colour to the Silhouettes: The Internment and Treatment of Foreign Civilians in Germany during the First World War*, in *Internment during the First World War. A Mass Global Phenomenon*, a cura di Stefan Manz, Panikos Panayi e Matthew Stibbe, Milton Park-New York, Routledge, 2019, pp. 41-60; Stibbe, *German Anglophobia*; Id., *British Civilian Internees in Germany*. Sulla Francia: Jean-Claude Farcy, *Les camps de concentration français de la première guerre mondiale (1914-1920),* Paris, Anthropos, 1995. Per quanto riguarda l'Impero austro-ungarico, si veda Matthew Stibbe, *Enemy Aliens, Deportees, Refugees: Internment Practices in the Habsburg Empire, 1914-1918*, in «Journal of Modern European History», 12, 4 (2014), pp. 479-499.

76. Al fenomeno *enemy aliens* hanno dedicato alcune pagine Giovanna Procacci, Bruna Bianchi e Matteo Ermacora che si sono occupati soprattutto di internamento (per i riferimenti cfr. *infra* capitolo 4). Oltre ai miei lavori, tradotti in questo volume, si vedano poi soprattutto: Cristiano La Lumia, *«Un chiarore sinistro». I disordini antitedeschi di Milano del 26-29 maggio 1915*, in «Contemporanea, Rivista di storia dell'800 e del '900», 4 (2019), pp. 589-608; Id., *Giuristi all'attacco. La questione dei cittadini di nazionalità nemica nel dibattito giuridico italiano (1915-1918)*, in «Quaderni fiorentini per la storia del pensiero giuridico», XLVIII, 1 (2019), pp. 269-308; Id., *From Protection to Liquidation. The Case of the Milanese Jurists and Enemy Alien Property (1915-1920)*, in «European Review of History: Revue européenne d'histoire», 28, 2 (2021), pp. 199-219; Id., *Nemici di guerra in tempo di pace. Le proprietà tedesche nelle nuove province italiane dopo la Grande guerra (1918-1927*, in «Studi Storici», 66, 3 (2022), pp. 643-674.

77. Adriano Roccucci, *Roma capitale del nazionalismo (1908-1923),* Roma, Archivio Guido Izzi, 2001.

fronte interno,[78] di Alessandra Staderini su Roma nella Grande guerra.[79] Né ha destato particolare attenzione la sorte degli italiani in Germania, pure assai numerosi e destinatari di varie misure ancorché meno dure e persecutorie di quelle adottate nei confronti di sudditi francesi, britannici, russi e persino giapponesi.[80] Ha suscitato invece maggior interesse la sorte degli italofoni nell'Impero austro-ungarico e in generale il problema dei profughi dalle e nelle zone di occupazione.[81]

Benché quello del trattamento dei civili di nazionalità nemica sia un tema complesso e sfaccettato, alcune questioni come la prigionia e l'internamento sono stati meglio esplorati di altri. Oggi, oltre a disporre di una recente storia globale dell'internamento dei civili nella Prima guerra mondiale,[82] possiamo infatti contare su numerosi studi di casi particolari che illuminano aspetti diversi del fenomeno concentrazionario,[83] che ci de-

78. Ventrone, *La seduzione totalitaria.*

79. Alessandra Staderini, *Combattenti senza divisa. Roma nella Grande guerra,* Bologna, il Mulino, 1995.

80. Christoph Jahr, *Keine Feriengäste: "Feindstaatenausländer" im südlichen Bayern während des Ersten Weltkriegs*, in *Der Erste Weltkrieg im Alpenraum: Erfahrung, Deutung, Erinnerung / La Grande guerra nell'arco alpino: esperienze e memoria*, a cura di Hermann J. W. Kuprian e Oswald Überegger, Bolzano/Bozen, Athesia, 2006, pp. 231-245.

81. Elpidio Ellero, *Autorità militare italiana e popolazione civile*, in «Storia Contemporanea in Friuli», 29 (1998), pp. 9-107; Petra Svoljšak, *L'occupazione italiana dell'Isontino dal maggio 1915 all'ottobre 1917 e gli sloveni*, in «Qualestoria», 1/2 (1998), pp. 33-63; *Un esilio che non ha pari: 1914-1918, profughi, internati ed emigrati di Trieste, dell'Isontino e dell'Istria*, a cura di Franco Cecotti, Gorizia, LEG, 2001; Sara Milocco e Giorgio Milocco, *Fratelli d'Italia: gli internamenti degli italiani nelle "terre liberate" durante la Grande guerra,* Udine, P. Gaspari, 2002; Daniele Ceschin, *Gli esuli di Caporetto: I profughi in Italia durante la Grande guerra,* Roma-Bari, Laterza, 2006; Francesco Frizzera, *Cittadini dimezzati: i profughi trentini in Austria-Ungheria e in Italia (1914-1919),* Bologna, il Mulino, 2018.

82. Matthew Stibbe, *Civilian Internment during the First World War. An European and Global History, 1914-1920,* London, Palgrave Macmillan, 2019.

83. Oltre ai lavori citati alle note 75,76 e 82, cfr. Bohdan S. Kordan, *Enemy Aliens, Prisoner of War: Internment in Canada during the Great War,* Montreal & Kingston, McGill-Queen's University Press, 2002; Panikos Panayi, *Prisoners of Britain: German civilian and Combatant Internees during the First World War,* Manchester, Manchester University Press, 2012; Mahon Murphy, *Colonial Captivity during the First World War: Internment and the Fall of the German Empire, 1914-1919,* Cambridge-New York, Cambridge University Press, 2018; Iris Rachamimov, *Small Escapes. Gender, Class, and Material Culture in Great War Internment Camps*, in *Objects of War: The Material Culture of Conflict and Displacement*, a cura di Leora Auslander e Tara Zahra, Ithaca, Cornell University Press, 2018, pp. 164-188; *Internment during the First World War. A Mass Glo-*

scrivono la cattività in campi specifici come quelli di Ruhleben, Thalerhof e Katzenau,[84] o che si occupano di interventi umanitari e diplomazia.[85]

L'internamento, tuttavia, fu solo uno degli aspetti del complesso groviglio di disposizioni che riguardarono i civili di nazionalità nemica. Come si è già detto, per rispondere alla minaccia – non importa se reale o presunta – rappresentata dagli stranieri e dalle minoranze nemiche, quasi tutti gli Stati che parteciparono alla Prima guerra mondiale emanarono misure di emergenza che andarono dalla chiusura frettolosa dei confini statali, alla sospensione delle procedure di naturalizzazione (e in seguito all'introduzione di statuti di denaturalizzazione),[86] e subito dopo alla limitazione della

bal Phenomenon; Stefan Manz e Panikos Panayi, *Enemies in the Empire: Civilian Internment in the British Empire during the First World War,* Oxford, Oxford University Press, 2020; *Out of Lines, Out of Place. A Global and Local History of World War I Internments*, a cura di Rote Kowner e Iris Rachamimov, Ithaca, Cornell University Press, 2022.

84. Oltre ai lavori già citati nelle note precedenti sul campo di Ruhleben in Germania, cfr. *Thalerhof 1914-1936: die Geschichte eines vergessenen Lagers und seiner Opfer*, a cura di Georg Hoffmann, Nicole-Melanie Goll e Philipp Lesiak, Herne, Schäfer, 2010; Claudio Ambrosi, *Vite internate: Katzenau, 1915-1917,* Trento, Fondazione Museo storico del Trentino, 2008.

85. Matthew Stibbe, *The Internment of Civilians by Belligerent States during the First World War and the Response of the International Committee of the Red Cross*, in «Journal of Contemporary History», 41, 1 (2006), pp. 5-19; Id., *Elisabeth Rotten and the "Auskunfts- und Hilfsstelle für Deutsche im Ausland und Ausländer in Deutschland", 1914-1919*, in *The Women's Movement in Wartime: International Perspectives, 1914-19*, a cura di Alison S. Fell e Ingrid Sharp, Basingstoke, Palgrave Macmillan, 2007, pp. 194-210; Id., *Elsa Brändström and the Reintegration of Returning Prisoners of War and Their Families in post-War Germany and Austria*, in *Aftermaths of War: Women's Movements and Female Activists, 1918-1923*, a cura di Ingrid Sharp e Matthew Stibbe, Leiden-Boston, Brill, 2011, pp. 333-353; Kenneth Steuer, *Pursuit of an "Unparalleled Opportunity". The American YMCA and Prisoner of War Diplomacy among the Central Power Nations during World War I, 1914-1923,* New York, Gutenberg-e/Columbia University Press, 2008.

86. Sul tema delle naturalizzazioni e delle denaturalizzazioni e in generale dell'impatto della guerra sulla cittadinanza cfr. Caglioti, *Subjects*; Gosewinkel, *Struggles for Belonging*, cap. 2; Daniela Luigia Caglioti e Cristiano La Lumia, *Tra stato d'eccezione, ritorno alla normalità e strategie di sopravvivenza. Naturalizzazione, denaturalizzazione e apolidia in Europa durante e dopo la Prima guerra mondiale*, in *Citizenship under Pressure. Naturalisation Policies from the Late XIX Century until the Aftermath of the World War I*, a cura di Marcella Aglietti, Roma, Edizioni di storia e letteratura, 2021, pp. 3-20; Marcella Aglietti, *Naturalization Processes in the Kingdom of Spain and the Impact of the Great War*, ivi, pp. 87-115; Çiğdem Oğuz, *Practicing National Hegemony. The Anti-Enemy Alien Regime on the Ottoman Homefront during the First World War*, ivi, pp. 151-171; Dmitar Tasić, *Serbia and*

libertà personale, alla restrizione delle libertà civili e politiche. La restrizione della libertà, l'allontanamento, il trasferimento o l'internamento furono poi spesso premesse per attaccare anche i diritti di proprietà, un tema che solo da poco ha cominciato a interessare la storiografia.[87]

Di fronte a una guerra che ha visto la mobilitazione di milioni di persone, la morte di oltre 9 milioni e il ferimento di più di 21 milioni di soldati, la distruzione di intere regioni, l'occupazione di parti consistenti di territorio da parte di nemici che hanno imposto con la violenza la loro amministrazione, il dispiegarsi di nuove e feroci tecniche di combattimento, nonché una miriade di atrocità e violazioni del diritto internazionale, il trattamento dei civili di nazionalità nemica può apparire una questione secondaria. La Prima guerra mondiale si è però combattuta su più fronti e quello interno ha svolto un ruolo cruciale. Su quel fronte, infatti, non si sono fatti solo i conti con gli oppositori politici, ma anche

Changes in the Concept of Citizenship in the Era of the First World War, in «Studia Historica Slovenica», 21, 3 (2021), pp. 695-726; Dominique Kirchner Reill, Ivan Jeličić e Francesca Rolandi, *Redefining Citizenship after Empire: The Rights to Welfare, to Work, and to Remain in a post-Habsburg World*, in «The Journal of Modern History», 94, 2 (2022), pp. 326-362.

87. Sul tema dei sequestri e confische di beni si vedano Lohr, *Nationalizing the Russian Empire*; Uğur Ümit Üngör e Mehmet Polatel, *Confiscation and Destruction. The Young Turk Seizure of Armenian Property*, London, Continuum, 2011; Taner Akçam, *The Spirit of the Law: Following the Traces of Genocide in the Law of Abandoned Property*, in «International Criminal Law Review», 14, 2 (2014), pp. 377-395; Uğur Ümit Üngör e Eric Lohr, *Economic Nationalism, Confiscation, and Genocide: A Comparison of the Ottoman and Russian Empires during World War I*, in «Journal of Modern European History», 12, 4 (2014), pp. 500-522; Caglioti, *Property Rights and Economic Nationalism*; Daniela L. Caglioti, *Property Rights in Time of War: Sequestration and Liquidation of Enemy Aliens' Assets in Western Europe during the First World War*, in «Journal of Modern European History», 12, 4 (2014), pp. 523-545; Caglioti, *War and Citizenship*. Si veda ora anche il fascicolo monografico n. 2/2021 di «European Review of History» curato da me insieme a Catherine Brice sotto il titolo *Property Rights in Wartime – Sequestration, Confiscation and Restitution in Twentieth-century Europe* che, relativamente alla Prima guerra mondiale, contiene i saggi di Frank Caestecker, *Private Property or Enemy Property: How Parliament Confiscated the Property of the Stateless of German Origin in Belgium (1918-21)*, pp. 220-239; La Lumia, *From Protection to Liquidation*, pp. 199-219; Dmitar Tasić, *Between Occupation, Exile and Unification: Sequestered and 'Abandoned' Properties in Serbia and Yugoslavia during and after the First World War*, pp. 176-198. Sul tema della guerra economica contro i diritti di prorietà si vedano ora anche Nicholas Mulder, *The Trading with the Enemy Acts in the Age of Expropriation, 1914-49*, in «Journal of Global History», 15, 1 (2020), pp. 81-99 e Id., *"A Retrograde Tendency": The Expropriation of German Property in the Versailles Treaty*, in «Journal of the history of International Law», 2020, pp. 1-29.

con gli "alieni": gli stranieri, gli stranieri nemici, le minoranze nazionali e religiose, i nemici interni. Soprattutto, occuparsi dei civili di nazionalità nemica accende i riflettori su quel pensare degli stati per categorie collettive che tanti disastri ha provocato nella storia del Novecento, e non solo.

I modi in cui paesi in guerra trattarono civili di nazionalità nemica, minoranze, nemici interni e stranieri in genere ebbero effetti importanti innanzitutto sulla vita delle persone colpite dai provvedimenti che sperimentarono la perdita della libertà e l'internamento nei campi, la perdita dei beni, della casa, del lavoro, e in alcuni casi anche la perdita della cittadinanza e l'acquisizione dell'incerto e problematico status di apolidi. Questi sistemi lasciarono poi eredità durature, che andarono cioè al di là della guerra, nelle legislazioni di paesi vincitori e vinti e dei nuovi stati nazionali nati dalla scomparsa degli imperi multietnici, nelle istituzioni e nelle relazioni internazionali. Come lo studio delle vicende degli stranieri nemici dimostra, la Prima guerra mondiale fu uno spartiacque tra un'epoca di liberalismo e internazionalismo e una di politiche basate sulla nazionalizzazione, l'etnicizzazione della cittadinanza, l'affermazione e l'espansione dei poteri dello stato amministrativo, il nazionalismo e il protezionismo economico. Lo stato d'emergenza, proclamato dovunque per ragioni di sicurezza durante il conflitto, non fu interamente smantellato ma assunse nuove forme e nuove incarnazioni influenzando pesantemente le politiche migratorie, di welfare, il concetto e le pratiche della cittadinanza, le appartenenze legali e identitarie, nonché la relazione tra cittadinanza e diritti.

Nel corso delle ricerche confluite in volume pubblicato nel 2021,[88] il caso italiano ha costituito per me un filo rosso e un costante motivo di interesse. Per questo all'Italia ho finito per dedicare alcuni interventi specifici, pubblicati per lo più in inglese in varie sedi tra il 2010 e il 2018, che ho deciso di tradurre, rivedere e raccogliere in questo volume.

Presi nel loro insieme, i saggi, che elenco alla fine di queste pagine, si occupano delle diverse misure adottate dai governi italiani succedutisi durante la guerra nei confronti dei civili di nazionalità nemica e si concentrano sia sugli attori istituzionali che sui destinatari dei provvedimenti.

88. Caglioti, *War and Citizenship.*

Come in altri paesi che presero parte al primo conflitto mondiale, le misure assunte dai governi italiani puntarono a colpire e colpirono essenzialmente tre sfere: quella dei diritti civili, quella della libertà personale e quella dei diritti di proprietà. La battaglia contro queste tre sfere lanciata in nome della sicurezza si risolse in un attacco al sistema liberale che dalla guerra uscì fortemente indebolito, se non addirittura a pezzi.

Il primo capitolo offre una panoramica generale delle misure adottate, del clima in cui esse vennero assunte, dei soggetti colpiti dai provvedimenti, del contributo dell'opinione pubblica nazionalista alle scelte fatte dai governi italiani. Ne illustra le logiche, le ragioni e i discorsi che ne legittimarono l'adozione.

Il secondo e il terzo capitolo si soffermano invece su uno degli aspetti principali della campagna condotta in Italia contro i civili di nazionalità nemica e cioè il nazionalismo economico e, conseguentemente, le misure assunte contro i diritti di proprietà che fecero della Prima guerra mondiale un conflitto combattutto non solo per espandere i confini del paese e per consolidare il ruolo di media potenza ma anche in nome della sovranità e dell'indipendenza economica. Questo aspetto, lungamente sottovalutato non solo dalla storiografia italiana, è, a mio parere, forse quello più distintivo, ancorché non unico, della politica italiana sul tema. La lotta condotta sul fronte interno contro i civili di nazionalità nemica diventò presto un'occasione per accelerare l'italianizzazione di quei settori economici in cui erano presenti da tempo capitali e iniziative straniere. Anche su questo terreno l'Italia si allineò ad altri paesi impegnati con altrettanto zelo a usare la leva economica per arginare la concorrenza e fiaccare il nemico con il pretesto di impedire che gli stranieri nemici potessero utilizzare i proventi delle loro attività economiche per sostenere il loro paese. Gli strumenti di questa battaglia furono diversi e andarono dal boicottaggio di merci importate al sequestro di fabbriche e attività imprenditoriali che furono poste sotto amministrazione controllata, fino alla confisca, ratificata poi dai trattati di pace, di immobili, crediti, opere d'arte e oggetti personali. Sul nazionalismo economico, il protezionismo, l'italianizzazione di fabbriche e attività finanziarie e servizi si realizzò una considerevole convergenza tra governo e opinione pubblica nazionalista.

Dove invece questa convergenza fu più blanda fu sul tema dell'internamento a cui è dedicato il capitolo 4. In questo caso, i governi italiani non seguirono le richieste di internamento generalizzato che stampa e associazioni nazionaliste chiedevano a squarciagola. Essi anzi finirono per distinguersi dalla gran parte dei paesi belligeranti, alleati e non, mantenendo per tutta la guerra la scelta di non creare un sistema di campi di internamento per civili. Un ruolo importante in questa decisione lo giocarono senz'altro i numeri ridotti degli stranieri di nazionalità nemica sul territorio italiano, ma lo giocò anche e forse soprattutto anche la possibilità di ricorrere a uno strumento già presente nella legislazione italiana come il domicilio coatto. Un dispositivo amministrativo flessibile, che consentiva ampi margini di discrezionalità e adattabile a diverse circostanze. Ne furono vittime allo stesso tempo sudditi coloniali, stranieri nemici e italiani considerati pericolosi perché "disfattisti", pacifisti, socialisti e via di questo passo.

Da questi saggi emerge il tentativo dei governi italiani di non calpestare completamente le fondamenta liberali delle istituzioni nazionali, ma anche il loro grande attivismo in materia di civili di nazionalità nemica. Si trattò di un attivismo scarsamente giustificato dal numero di stranieri presente sul territorio nazionale al momento dello scoppio della guerra; ma spiegabile sia attraverso fattori interni che esterni. Tra quelli interni vanno annoverati da una parte soprattutto le preoccupazioni relative alla sicurezza, l'andamento della guerra, le dinamiche locali, i conflitti e la competizione tra le varie agenzie, militari e civili, che governavano il territorio; e dall'altra la necessità di non scontentare troppo l'opinione pubblica nazionalista nel momento in cui questa svolgeva un ruolo fondamentale ruoli nel sostenere la mobilitazione. Tra i fattori esterni contarono invece soprattutto la necessità di allineare l'Italia alle politiche degli alleati e di dimostrarsi alleati fedeli e affidabili per conquistare una posizione di primo piano nelle trattative di pace; nonché la reciprocità e la risposta alle politiche del nemico. L'Italia partecipò con zelo alla guerra economica, una guerra iniziata dal Regno Unito con strumenti come il blocco navale e le *blacklists* di aziende e ditte commerciali di proprietà nemica,[89] aderendo alle decisioni prese a Parigi nel giugno del 1916 e la trasformò in una guerra interna contro l'egemonia tedesca e per la sovranità italiana.

***

89. Sul blocco navale e la guerra economica si veda ora Nicholas Mulder, *The Economic Weapon: The Rise of Sanctions As a Tool of Modern War,* New Haven (CT), Yale University Press, 2022.

Questo volume comprende saggi che mi sono limitata a tradurre (cap. 1 e cap. 2), a riprodurre con qualche intervento (cap. 3) o che ho riscritto, mettendo insieme e aggiornando contributi apparsi in sedi diverse (cap. 4). Si tratta di testi concepiti in fasi diverse e che presentano inevitabilmente qualche sovrapposizione. In particolare, il capitolo 1 è la traduzione dell'articolo *Why and How Italy Invented an Enemy Aliens Problem in the First World War*, apparso in «War in History» (21, 2, 2014, pp. 142-169). Il capitolo 2 è la traduzione del saggio *Germanophobia and Economic Nationalism: Government Policies against Enemy Aliens in Italy during the First World War*, pubblicato nel volume collettaneo a cura di Panikos Panayi, *Germans as Minorities during the First World War: A Global Comparative Perspective* (Farnham, Ashgate, 2014, pp. 147-170). Il cap. 3 riproduce, con pochi aggiustamenti formali, un saggio apparso in italiano nella rivista «Contemporanea. Rivista di storia dell'800 e del '900» (XIII, 4, 2010, pp. 681-696) con il titolo *Nazionalismo economico e antigermanesimo. La campagna contro i farmaci tedeschi durante la Prima guerra mondiale in Italia*. Il cap. 4, infine, mette insieme, aggiornandoli, due saggi: il primo uscito in italiano come *Tra la Sardegna e Katzenau. Donne e uomini al confino e nei campi di concentramento*, in un volume collettaneo curato da Stefania Bartoloni dal titolo *La Grande guerra delle italiane: mobilitazioni, diritti, trasformazioni* (Roma, Viella, 2016, pp. 249-270); il secondo pubblicato invece in inglese come *Enemy Aliens and Colonial Subjects. Confinement and Internment in Italy, 1911-1919*, in *Internment during the First World War. A Mass Global Phenomenon*, un volume collettaneo a cura di Stefan Manz, Panikos Panayi e Matthew Stibbe (Milton Park-New York, Routledge, 2019, pp. 125-144).

Sono grata a Cristiano La Lumia e Marco Rovinello per l'attenzione e la generosità con cui hanno letto, commentato e suggerito miglioramenti che non sempre sono stata capace di seguire. A Flavio Fergonzi vanno i miei più sentiti ringraziament per avermi aiutato a identificare e poi a pubblicare l'immagine di copertina per cui devo molto anche a Paolo Baldacci. Andrea Graziosi come sempre mi ha aiutato a mettere fuoco le questioni più importanti. La responsabilità di quanto scritto rimane interamente mia.

1. Stranieri nemici: un'invenzione?

In quasi tutti i paesi – non importa se stati nazionali o imperi – che presero parte alla Prima guerra mondiale, governi e parlamenti idearono e attuarono misure dirette contro civili la cui unica colpa era quella di essere sudditi o cittadini di stati nemici. Queste persone divennero il bersaglio di politiche spesso presentate come misure di rappresaglia e giustificate dalla necessità di preservare l'integrità dello stato e garantirne la sicurezza. Queste politiche riducevano la libertà individuale, i diritti civili e patrimoniali; promuovevano una nozione più esclusiva di cittadinanza; favorivano (o rafforzavano) l'introduzione di controlli più severi sulla mobilità e la migrazione; ponevano gli stranieri nemici al di fuori della legge o ai suoi margini, attribuendo a tutti loro – donne, bambini, anziani e uomini, in particolare in età militare – il marchio di potenziali spie e di pericolosi nemici interni. Soprattutto, ma non solo, negli imperi multinazionali, le misure contro gli stranieri nemici furono presto estese agli stranieri in generale e furono usate per gestire i nemici interni, in specie le minoranze etniche e religiose.

Governi, parlamenti ed eserciti intervenivano così nella vita di cittadini e stranieri, non solo mettendo in pericolo i loro diritti e la loro libertà, ma anche accelerando il processo di nazionalizzazione e omogeneizzazione delle popolazioni e delle economie. Anche se la sospensione dell'*habeas corpus*, l'espulsione, il rimpatrio, la deportazione dei civili dai territori occupati, l'internamento, il sequestro e la liquidazione delle proprietà erano stati sperimentati in conflitti passati,[1] la scala e il numero

1. Per fornire solo alcuni esempi, civili britannici furono confinati in Francia durante le guerre napoleoniche; proprietà "nemiche" furono confiscate durante la guerra civile ame-

di persone colpite da questo tipo di misure nella Prima guerra mondiale furono senza precedenti.[2]

Il Regno Unito e l'impero britannico, la Francia, la Germania, l'Impero zarista e l'Impero austro-ungarico e, più tardi, anche gli Stati Uniti e il Brasile, adottarono politiche simili.[3] Almeno 450.000 stranieri nemici furono internati in Europa e circa 50.000-100.000 in paesi extraeuropei.[4] La Germania rinchiuse in campi di concentramento più di 100.000 civili nemici; la Francia e il Regno Unito circa 40.000 ciascuno; nell'Impero russo furono internati 50.000 stranieri nemici e più di 250.000 furono deportati.[5] Nel frattempo le economie, da quella dell'Impero zarista a quella degli Stati Uniti, diventarono più "nazionali" prima attraverso il sequestro, e poi con la confisca e la liquidazione di proprietà terriere, aziende e brevetti appartenuti a sudditi nemici.

ricana; sudditi prussiani, e di altri stati della confederazione tedesca furono espulsi da Parigi durante la guerra franco-prussiana; gli italiani furono espulsi dall'Impero ottomano durante la guerra turco-italiana del 1911-1912; i boeri furono internati in campi di concentramento durante la guerra anglo-boera e così via.

2. Osservatori coevi come il giurista e scienziato politico americano James Garner, che dedicò tre importanti articoli a questo problema, Frédéric Ferrière del Comitato internazionale della Croce Rossa nei suoi rapporti trimestrali sull'attività dell'Agenzia per i prigionieri di guerra, e l'avvocato greco Jean Spiropulos riconobbero chiaramente questa novità nel suo svolgimento. Cfr. gli articoli di James W. Garner citati sopra, alla nota 46 dell'Introduzione; *Agence internationale des prisonniers de guerre*, in «Bulletin International des Sociétés de la Croix-Rouge», 1914-1918, *passim*; Spiropulos, *Ausweisung und Internierung feindlicher Staatsangehöriger*.

3. La letteratura storiografica sul tema non è amplissima. Tra i lavori più significativi si veda il libro di Eric Lohr, *Nationalizing the Russian Empire*, che ha affrontato la questione nei suoi molteplici aspetti. Altri si sono invece concentrati su problemi specifici come per esempio l'internamento. Cfr. Per esempio Farcy, *Les camps de concentration français*; Annette Becker, *Oubliés de la grande guerre: humanitaire et culture de guerre, 1914-1918: populations occupées, déportés civils, prisonniers de guerre,* Paris, Noêsis, 1998, pp. 229-270; Stibbe, *British Civilian Internees in Germany*. Altri ancora hanno considerato il problema dei civili di nazionalità nemica dal punto di vista particolare delle vittime tedesche. Si veda, per esempio, Panayi, *The Enemy in Our Midst*; Luebke, *Bonds of Loyalty*; Nagler, *Nationale Minoritäten im Krieg*; Luebke, *Germans in Brazil*.

4. Richard B. Speed III, *Prisoners, Diplomats, and the Great War: A Study in the Diplomacy of Captivity,* New York, Greenwood Press, 1990, p. 141 and Matthew Stibbe, *Civilian Internment and Civilian Internees in Europe, 1914-20*, in «Immigrants & Minorities», 26, 1/2 (2008), pp. 49-81, in particolare p. 49.

5. Lohr, *Nationalizing the Russian Empire*, pp. 123 e 127.

Presentate ovunque come indispensabili atti di patriottismo e di autodifesa, queste misure non avevano però un solido fondamento nel diritto internazionale. Sebbene né la Convenzione dell'Aia né quella di Ginevra avessero previsto la questione dei civili di nazionalità nemica, allo scoppio della guerra la maggior parte dei giuristi era d'accordo sul fatto che i paesi belligeranti non avrebbero dovuto «detain enemy subjects, confiscate their property, or subject them to any disabilities, further than such as the protection of the national security and defense may require».[6] Tuttavia, questo consenso si dimostrò molto fragile: dopo le prime due settimane di guerra nessun paese sentì in obbligo di rispettarlo.

Il cambiamento di atteggiamento verso gli stranieri, e quelli di nazionalità nemica in particolare, venne sostenuto con entusiasmo da ampi segmenti della popolazione e dalla stampa. Quest'ultima lanciò in vari paesi campagne xenofobe che alla fine presero di mira gli stranieri in generale, compresi quelli di nazionalità "amica" (cioè alleata) o neutrali.

L'Italia apparentemente non fece eccezione. Le preoccupazioni per la sicurezza, lo spionaggio e il sabotaggio, la necessità di agire in accordo con gli alleati e il desiderio di ridurre e neutralizzare il ruolo preminente della Germania nell'economia italiana[7] incoraggiarono il governo ad affrontare immediatamente la questione degli stranieri nemici che vivevano e lavoravano all'interno dei confini italiani. Tuttavia, questi stranieri erano meno di ventimila, e la loro presenza nell'economia italiana era limitata. Eppure questo non scoraggiò la stampa e i movimenti nazionalisti dal lanciare, parallelamente alle politiche ufficiali, una campagna di odio e di violenza. Una volta messi a tacere Giovanni Giolitti e la vasta maggioranza neutralista, pacifista o indifferente del paese, il discorso pubblico venne dominato dai nazionalisti. In effetti, dopo il "maggio radioso" del 1915, le voci contrarie all'entrata in guerra furono sopraffatte da una rumorosa e multiforme minoranza (nazionalisti, soprattutto studenti, irredentisti, qualche socialista e sindacalista, industriali, ma anche cattoli-

6. Garner, *Treatment of Enemy Aliens. Measures in Respect to Personal Liberty*, p. 27 («detenere gli stranieri nemici, confiscare i loro beni o sottoporli ad altre discriminazioni che vanno al di là di quelle che la protezione della sicurezza e la difesa nazionale possono richiedere», trad. mia).

7. Sul ruolo del capitale economico tedesco in Italia prima della Grande guerra si veda Peter Hertner, *Il capitale tedesco in Italia dall'unità alla prima guerra mondiale. Banche miste e sviluppo economico italiano,* Bologna, il Mulino, 1984.

ci, ecc.),[8] che adottò un linguaggio radicale e metodi violenti,[9] e oppose il mito della nazione all'internazionalismo.[10] Come molti storici hanno sottolineato, la mobilitazione dall'alto promossa da questi gruppi ebbe successo.[11] Il neutralismo e i neutralisti, come Filippo Turati e il Partito socialista, i cattolici e i giolittiani, accusati tra l'altro di essere complici del capitale tedesco, e straniero in genere, furono (e rimasero per tutta la guerra) il principale bersaglio degli interventisti.

La germanofobia si affermò come uno dei motivi principali di una campagna che enfatizzava la brutalità e le atrocità tedesche e le spiegava anche in termini di differenze "razziali".[12] La narrazione che contrapponeva civiltà a barbarie dominò il discorso pubblico dallo scoppio della guerra, nell'estate del 1914, e i nazionalisti italiani dovettero solo aggiungervi alcuni ingredienti specifici come il mito di Roma o la superiorità di civiltà raggiunta attraverso l'imperialismo.[13] Tuttavia, mentre queste campagne contribuirono certamente a creare un terreno fertile per la legittimazione delle misure decise dal governo contro i civili di nazionalità nemica, e gli stranieri in generale, non furono direttamente responsabili della loro adozione e attuazione. Infatti, il governo agì in modo indipendente dall'opinione pubblica, e fece poche concessioni alle richieste della stampa interventista e nazionalista, censurandone le richieste più estremiste e in contrasto con gli indirizzi governativi.

La stampa nazionalista criticò quindi spesso le misure governative come troppo indulgenti, chiese un approccio più draconiano e alimentò

8. Sulla battaglia tra neutralisti e interventisti si veda Piero Melograni, *Storia politica della Grande guerra 1915-1918,* Roma-Bari, Laterza, 1977, che parla di una guerra civile che oppose i due fronti oltre a sottolineare il cambiamento di atteggiamento di una parte dei neutralisti a guerra dichiarata. Per un'analisi dettagliata delle varie posizioni nei due campi si veda Mario Isnenghi e Giorgio Rochat, *La Grande guerra, 1914-1918,* Milano, La Nuova Italia-RCS, 2000, pp. 85-134.

9. Sulla violenza e il linguaggio radicale e gli scontri tra interventisti e neutralisti si veda Ventrone, *La seduzione totalitaria.*

10. Emilio Gentile, *La grande Italia: ascesa e declino del mito della nazione nel ventesimo secolo,* Milano, Mondadori, 1997, p. 105 e ss.

11. Melograni, *Storia politica della Grande guerra*, p. 4; Gian Enrico Rusconi, *L'azzardo del 1915. Come l'Italia decide l'intervento nella Grande guerra*, in *L'entrata in guerra dell'Italia nel 1915*, a cura di Johannes Hürter e Gian Enrico Rusconi, Bologna, il Mulino, 2010, pp. 15-74, in particolare p. 19.

12. Ventrone, *La seduzione totalitaria*, p. 107 e ss.

13. Gentile, *La grande Italia.*

i sentimenti xenofobi con articoli i cui toni raggiunsero picchi particolarmente virulenti durante il periodo della neutralità, all'entrata in guerra dell'Italia nel maggio 1915 e ancora nel 1917-18, soprattutto dopo la sconfitta dell'esercito italiano a Caporetto. D'altra parte, contrariamente alle aspettative, nessuno dei movimenti, partiti politici e persone che si opponevano alla guerra protestò mai contro tali misure.

Nonostante l'ampia bibliografia sull'Italia nella Prima guerra mondiale, questi temi non hanno finora ricevuto alcuna attenzione.[14] Esaminando sia le politiche ufficiali che la retorica nazionalista, cercherò di colmare questa lacuna, e mi propongo di farlo analizzando il caso italiano nel più ampio quadro comparativo del trattamento dei civili di nazionalità nemica in tempo di guerra nel continente europeo, sottolineando differenze e similitudini. Ciò è particolarmente rilevante perché la questione degli stranieri nemici solleva questioni relative al diritto internazionale, ai diritti umani, all'umanitarismo, allo status degli stranieri e all'ambiguità tra cittadinanza e appartenenza etnica. Non può quindi essere compresa nel contesto di un singolo stato nazionale o imperiale. Il caso italiano affrontato in questo articolo vuole quindi essere un pezzo di un quadro più complesso.[15]

La preparazione alla guerra: lo spionaggio e la Kultur *tedesca come temi di propaganda*

L'Italia entrò in guerra contro l'Austria-Ungheria nel maggio 1915, e contro la Germania nell'agosto 1916. Ebbe quindi tutto il tempo per pianificare le sue politiche nei confronti degli stranieri nemici in modo da evitare gli errori commessi altrove. Tuttavia, la convinzione che la guerra sarebbe finita in pochi mesi,[16] la scarsità di civili di nazionalità nemica sul suo territorio e l'incertezza su quale fronte appoggiare, resero la questione meno

14. Tra gli studiosi che si sono occupati delle dinamiche della guerra sul fronte interno solo Angelo Ventrone (cfr. nota 10) ha prestato attenzione alla campagna nazionalista contro gli stranieri.

15. Per una breve panoramica della questione dei civili di nazionalità nemica si veda Daniela Luigia Caglioti, *Dealing with Enemy Aliens in WWI: Security versus Civil Liberties and Property Rights*, in «Italian Journal of Public Law», 2, 2 (2011), pp. 180-194.

16. Sulla decisione italiana di entrare in guerra si vedano Melograni, *Storia politica della Grande guerra* e Gian Enrico Rusconi, *L'azzardo del 1915: come l'Italia decide la sua guerra,* Bologna, il Mulino, 2009.

urgente e impedirono al governo di sviluppare iniziative diplomatiche volte a ridurre i disagi dei civili di nazionalità nemica residenti nella penisola e, contestualmente, degli italiani residenti nei paesi nemici. Così, allo scoppio della guerra, l'Italia ripeté quanto era stato fatto altrove: proclamò lo stato di emergenza, impose la legge marziale in alcune zone del paese,[17] sospese le libertà civili e trattò gli stranieri nemici come un gruppo pericoloso.

Oltre alle somiglianze, tuttavia, ci furono anche differenze significative. Queste non riguardarono l'atteggiamento verso i civili di nazionalità nemica, ma piuttosto la tempistica delle misure, il modo in cui furono attuate e il loro impatto sulle comunità straniere, così come la retorica che le accompagnò. L'Italia iniziò a prepararsi alla guerra con mesi di anticipo. Nel marzo 1915, la Camera dei Deputati approvò un disegno di legge contro lo spionaggio, mascherato sotto il titolo di *Provvedimenti per la difesa economica e militare dello Stato*.[18] Nel dibattito che precedette la sua approvazione, accanto alle critiche liberali che sottolineavano i pericoli che potevano derivare da una legge che concedeva troppi poteri all'esecutivo,[19] furono dispiegati gli argomenti propagandistici che il governo e la stampa nazionalista avrebbero usato durante la guerra per gestire i "sudditi nemici".[20] Gli stranieri furono equiparati a spie e sabotatori, e molti deputati sfogarono la loro ostilità contro la Germania, i tedeschi in generale e il controllo straniero sull'economia italiana, sottolineando il ruolo svolto da questi nella costruzione di una vasta rete di spionaggio.

Il disegno di legge, approvato, fu poi rafforzato da un decreto emanato il 2 maggio 1915, che impediva agli stranieri di entrare nel paese

17. Sulla proclamazione dello stato di emergenza allo scoppio della guerra in Europa, e sulle caratteristiche di questo dispositivo giuridico, si veda Rossiter, *Constitutional Dictatorship*, sulla Francia, la Gran Bretagna e gli Stati Uniti. Sullo stato d'emergenza in Austria-Ungheria si veda Josef Redlich, *Austrian War Government,* New Haven (CT), Yale University Press, 1929, sull'Impero russo si veda Lohr, *Nationalizing the Russian Empire*, p. 17; sull'Italia: Carlotta Latini, *Governare l'emergenza: delega legislativa e pieni poteri in Italia tra Otto e Novecento,* Milano, Giuffrè, 2005.

18. API, CD, Legislatura XXIV, Sessione 1913–1915, Documenti – Disegni di legge e relazioni, «Provvedimenti per la difesa economica e militare dello Stato,» n. 387-A, Seduta del 10 marzo 1915, Roma, Tipografia della Camera dei deputati, 1915.

19. Queste preoccupazioni furono sollevate durante il dibattito parlamentare dal deputato cattolico Filippo Meda e dal deputato socialista Arnaldo Lucci. API, CD, Legislatura XXIV, Sessione 1913-1915, *Discussioni*, Tornata del 13 marzo 1915, Roma, Tipografia della Camera dei deputati, 1915.

20. *Ibidem*, il discorso del deputato Ettore Ciccotti.

senza passaporto e visto; obbligava tutti questi, che fossero in transito o che risiedessero sul territorio italiano, a registrarsi; imponeva ai datori di lavoro di notificare l'assunzione di stranieri; ordinava ai proprietari terrieri di comunicare la vendita di proprietà urbane o rurali a persone prive della cittadinanza italiana; infine, dava istruzioni agli alberghi di dichiarare la presenza di stranieri.[21]

La legislazione d'emergenza si definì il 20 maggio, quando la Camera dei Deputati approvò a larga maggioranza (407 voti a 74) un disegno di legge composto da un solo articolo che trasferiva tutti i poteri legislativi ed esecutivi al governo, il quale era così autorizzato a fare ciò che riteneva necessario per garantire la sicurezza dello stato.[22] Dopo il voto, l'attività parlamentare fu interrotta per sei mesi. Riprese in dicembre, ma solo per confermare le decisioni dell'esecutivo e sostenere lo sforzo bellico. Lo stato di emergenza fu ulteriormente rafforzato da un decreto che sospendeva le libertà civili e concedeva ai prefetti poteri quasi illimitati.[23] Inoltre, l'art. 251 del codice penale militare diede all'autorità militare pieni poteri nelle regioni del fronte e nelle zone occupate. L'Italia si trovò così ben presto in una nuova situazione politica: come in altri momenti della sua breve vita,[24] la dinamica liberal-democratica fu sostituita da una doppia "dittatura" governo-esercito, i cui poli erano spesso in contrasto tra loro.

Il 24 maggio 1915, dopo che il governo si era assicurato la libertà di decidere e di agire in fretta senza ricorrere all'approvazione del parlamento, l'Italia entrò nel conflitto e cominciò a combattere non solo contro l'esercito austro-ungarico ma anche contro i sudditi austro-ungarici che si trovavano all'interno dei confini italiani. La guerra colpì immediatamente e radicalmente anche le persone che vivevano lungo i confini tra Italia e Austria-Ungheria, in particolare quelle dei sudditi austro-ungarici di nazionalità o lingua italiana e dei cittadini italiani (i cosiddetti regnicoli o *Reichsitalianer*) residenti nel territorio dell'Impero asburgico, che erano molto più numerosi de-

21. DL 634, 2 maggio 1915 in GU, 123 (19 maggio 1915), poi esteso per l'intera durata della guerra con il DL 1824, 23 dicembre 1915.

22. Legge 671, 22 maggio 1915, in GU, 126 (22 maggio 1915).

23. Regio decreto-legge 674, 23 maggio 1915 in GU, 127 (23 maggio 1915).

24. Sull'uso dello stato d'assedio per affrontare crisi interne e internazionali come il brigantaggio, la guerra del 1866, la crisi di fine secolo, il terremoto di Reggio Calabria e Messina del 1908, cfr. Luciano Violante, *La repressione del dissenso politico nell'Italia liberale: stati d'assedio e giustizia militare*, in «Rivista di Storia Contemporanea», 5, 4 (1976), pp. 481-524.

gli austro-ungarici e degli austriaci di lingua italiana.[25] Su entrambi i versanti del fronte, le persone vennero trasferite con la forza. Alcuni sperimentarono lo sfollamento, altri l'internamento.[26] Almeno 30.000 "italiani" (sia sudditi italiani che sudditi austro-ungarici italofoni) furono espulsi da Trieste, Gorizia e Gradisca,[27] mentre più di 12.000 finirono nei campi di internamento.[28]

Come in tutti i paesi belligeranti, le misure contro gli stranieri nemici furono giustificate come delle rappresaglie. Da parte sua, l'Austria-Ungheria adottò una politica molto più dura contro gli italiani e gli italofoni che contro i francesi e i britannici, e questo nonostante l'internamento dei sudditi austro-ungarici in questi due paesi.[29] Prendendo misure contro i sudditi della monarchia asburgica, e più tardi estendendole a quelli dell'Impero ottomano e infine ai tedeschi,[30] l'Italia aumentò la probabilità che si verificassero ritorsioni contro i tanti italiani che vivevano all'estero.[31] Il timore di possibili rappresaglie economiche guidò invece

25. Secondo il censimento del 1910, solo nelle contee di Gorizia e Gradisca c'erano 90.000 italiani etnici e circa 11.000 stranieri (principalmente sudditi italiani). Vedi i dati citati in Milocco e Milocco, *Fratelli d'Italia*, p. 17.

26. Sul fronte italiano cfr. Ellero, *Autorità militare italiana e popolazione civile*; sul fronte austriaco si veda Luciana Palla, *Il Trentino orientale e la Grande guerra: combattenti, internati, profughi di Valsugana, Primerio e Tesino, 1914-1920,* Trento, Museo del Risorgimento e della lotta per la libertà, 1994 e Franco Cecotti, *Emigranti e marinai. I cittadini del Litorale trattenuti all'estero*, in *Un esilio che non ha pari: 1914-1918*, pp. 27-47.

27. Garner, *Treatment of Enemy Aliens. Measures in Respect to Personal Liberty*, p. 52.

28. Questa la stima proposta da Paolo Malni, *Profughi e internati della Grande guerra*, in *Friuli e Venezia Giulia: storia del '900*, a cura di Istituto regionale per la storia del movimento di liberazione del Friuli-Venezia Giulia, Gorizia, LEG, 1997, pp. 119-134, in particolare p. 129. Il più importante campo per italofoni e italiani fu quello di Katzenau vicino a Linz, sul quale si vedano Ambrosi, *Vite internate: Katzenau*, e le testimonianze coeve di alcuni internati: Romano Joris, *Katzenau. Impressioni e memorie di un internato,* Trento, A. Scotoni, 1929; Andina, *La mia prigionia in Austria*, si veda anche la testimonianza di Dante Randi in una lettera al Ministro degli esteri Sidney Sonnino in ACS, PCM-GE, b. 132, fasc. 19.11.5/281.

29. Garner, *Treatment of Enemy Aliens. Measures in Respect to Personal Liberty*, p. 52; Stibbe, *Civilian Internment and Civilian Internees in Europe*, p. 58.

30. Molte delle misure destinate all'Austria-Ungheria furono estese ai suoi alleati anche se questi non erano ancora formalmente in guerra con l'Italia. Vedi il DL 864, 18 luglio 1916 in GU, 170 (20 luglio 1916).

31. Una delle conseguenze immediate per i lavoratori stagionali italiani fu la sospensione del pagamento delle pensioni, su cui si veda il dibattito alla Camera dei Deputati: API, CD, Legislatura XXIV, I Sessione, *Discussioni*, Tornata del 12 Marzo 1917, Roma, Tipografia della Camera dei deputati, 1917), p. 12870. Tuttavia, gli italiani non furono internati

la scelta del governo italiano di non estendere le misure ai bulgari . Come fece notare il sottosegretario Rosario Pasqualino-Vassallo in un discorso alla Camera dei Deputati – mostrando maggiore preoccupazione per gli interessi economici dell'Italia che per il benessere dei suoi sudditi all'estero – i bulgari in Italia erano troppo pochi, e gli interessi italiani in Bulgaria molto più rilevanti.[32]

Anche l'opinione pubblica nazionalista, che premeva per misure più severe contro i pochi stranieri nemici che vivevano nel paese, si dimostrò indifferente alla sorte degli italiani all'estero,[33] la cui protezione era affidata quasi esclusivamente alle organizzazioni umanitarie come la Croce Rossa o la Young Men's Christian Association (YMCA), o a quei paesi neutrali a cui l'Italia aveva affidato la rappresentanza dei suoi interessi diplomatici.[34] La scarsa preoccupazione per i propri prigionieri di guerra che caratterizzò l'atteggiamento del governo italiano[35] sembra quindi aver segnato anche il suo atteggiamento verso i prigionieri civili all'estero (anche se questo argomento necessiterebbe di ulteriori approfondimenti).

La presenza straniera in Italia: alcuni dati

Gli stranieri in Italia erano molto pochi, e quelli di nazionalità nemica ancora meno. Questi piccoli e sparsi gruppi di stranieri non potevano chia-

sistematicamente in Germania. Infatti, da parte tedesca c'era l'interesse sia di continuare a utilizzare i molti italiani che lavoravano nel paese sia di evitare ritorsioni economiche: Jahr, *Keine Feriengäste*, in particolare p. 237.

32. API, CD, Legislatura XXIV, I Sessione, *Discussioni*, Tornata del 20 febbraio 1918, Roma, Tipografia della Camera dei deputati, 1918, p. 15895.

33. Gli articoli di giornale sugli stranieri nemici in Italia erano molto più numerosi di quelli sul trattamento degli italiani bloccati nei paesi nemici.

34. Gli interessi diplomatici italiani in Austria-Ungheria furono affidati agli Stati Uniti d'America fino all'aprile 1917 e alla Spagna quando gli Stati Uniti entrarono in guerra. La corrispondenza delle sedi diplomatiche e consolari americane, disponibile presso i National Archives and Records Administration (NARA), College Park, Maryland, rivela che gran parte dell'attività di ambasciatori e consoli fu dedicata alla questione dei civili intrappolati in un paese nemico.

35. Di scarso interesse da parte del governo italiano per i prigionieri ha parlato Giovanna Procacci, *Soldati e prigionieri italiani nella Grande guerra. Con una raccolta di lettere inedite,* Torino, Bollati Boringhieri, 2000. Per una diversa interpretazione si veda Alan Kramer, *Italienische Kriegsgefangene im Ersten Weltkrieg*, in *Der Erste Weltkrieg im Alpenraum*, pp. 231-245.

ramente intaccare l'omogeneità etnico-nazionale di un paese che aveva sperimentato un'emigrazione dei suoi cittadini ininterrotta a partire dagli anni Settanta del XIX secolo. A differenza di Gran Bretagna, Germania o Francia, l'Italia non era "minacciata" da immigrati provenienti dal sud e dall'est dell'Europa, né da nuovi arrivati che ne potessero alterare l'equilibrio "razziale" come accadeva in Canada o negli Stati Uniti. Né l'Italia ospitava minoranze che alimentavano "questioni nazionali" come negli imperi russo, ottomano o austro-ungarico.

I nazionalisti, tuttavia, usarono la stampa per insultare, minacciare e diffondere sospetto e paura come se gli stranieri nemici fossero presenti in gran numero dappertutto nel paese. Alcuni articoli descrivevano la fuga degli austriaci e dei tedeschi da Firenze, Milano o Napoli come un "esodo ininterrotto", e sollecitavano la sorveglianza sugli stranieri provenienti da paesi neutrali (per esempio americani e svizzeri);[36] altri proponevano numeri improbabili (spesso rettificati qualche giorno dopo) per mantenere alta la tensione.

Secondo il censimento del 1911, gli stranieri in Italia erano 79.756 (lo 0,22 per cento della popolazione totale del paese).[37] Circa il 46 per cento di loro era concentrato in sette città: Milano, Roma, Torino, Napoli, Firenze, Genova e Venezia. La comunità più numerosa era quella francese con 15.006 individui, seguita da quelle austro-ungarica (11.911), svizzera (11.121) e tedesca (10.715). I nazionali dei quattro paesi contro cui l'Italia combatté dopo il maggio 1915 e l'agosto 1916 rappresentavano quindi solo una frazione dell'intera popolazione straniera (23.894 persone, il 30 per cento del totale). Questo numero diminuì sicuramente dopo lo scoppio della guerra nell'estate del 1914 perché molti dei maschi tedeschi, austro-ungarici e, più tardi, ottomani e bulgari dai 18 ai 45/55 anni lasciarono il paese per arruolarsi nei rispettivi eserciti.[38] La neutralità impedì all'Italia di sigillare le sue frontiere, e si ritrovò così con

36. «L'Idea Nazionale», 10, 11, 12 e 21 maggio 1915; 9 giugno 1915.

37. Ministero di agricoltura, industria e commercio, Direzione generale della statistica e del lavoro, Ufficio del censimento, *Censimento della popolazione del Regno d'Italia al 10 giugno 1911*, voll. 1-7, Roma, Tipografia Nazionale G. Bertero, 1914-16. Il censimento trascurava i molti turisti, artisti e intellettuali che viaggiavano in Italia o che avevano scelto l'Italia come loro nuova patria.

38. Vittorio Cian in «L'Idea Nazionale», 20 febbraio 1915 parlò di 70.000 riservisti tedeschi che avevano lasciato l'Italia in gran fretta. La cifra era chiaramente una montatura.

una popolazione di presunti stranieri nemici composta da circa 15.000 donne, bambini e anziani.[39] Il demografo Francesco Coletti, che usò i dati del censimento per contestare le false informazioni diffuse da «Il Popolo d'Italia» sul numero di stranieri nemici residenti in Italia, giustificò i sequestri e le confische come misure necessarie sottolineando che il problema non era tanto la quantità degli stranieri bensì la loro qualità. A suo parere, infatti, c'erano ancora troppi stranieri nemici che possedevano grandi patrimoni.[40]

Prima della guerra, la presenza di stranieri nei centri urbani era passata quasi inosservata. Anche se tra loro c'era una percentuale di protestanti ed ebrei maggiore che nell'intera popolazione,[41] ciò non aveva provocato conflitti etnici o religiosi. Le città italiane non erano segregate, non c'erano aree designate dove vivevano gli stranieri né gli stranieri erano concentrati in settori o attività specifiche. Nel commercio e nell'industria gli stranieri erano in competizione, ma spesso anche in società con gli italiani nelle imprese locali in città come Milano, Torino o Genova. In altre parti d'Italia, come Napoli, gli stranieri, soprattutto quelli protestanti di origine tedesca e svizzera, vivevano in un mondo a parte, una sorta di società parallela che non si integrava mai, ma che allo stesso tempo non si scontrava nemmeno con la popolazione locale. Gli stranieri, soprattutto quelli che vivevano in Italia da molti decenni, non erano completamente assimilati, ma erano comunque accettati e integrati.[42]

39. Non è purtroppo possibile stabilire il numero di maschi stranieri in età militare. Secondo il già citato censimento del 1911, gli uomini di origine straniera nemica ammontavano a 12.285 e i bambini sotto i 15 anni a 1.374.

40. In un articolo pubblicato ne «Il Popolo d'Italia», 2 gennaio 1918, contestò l'affermazione secondo cui in Italia ci sarebbero stati 400.000 stranieri nemici. Il giornale finì per scusarsi, dicendo che la cifra di 400.000 era un errore di stampa per 4.000.

41. Al momento del censimento del 1911, il 95 per cento della popolazione italiana era cattolica, i protestanti rappresentavano solo lo 0,35 e gli ebrei erano appena 35.000 (0,09 per cento). Tra gli stranieri, i protestanti rappresentavano il 21,15 per cento e gli ebrei l'1,9.

42. Sulla presenza straniera in Italia prima della guerra si vedano Cinzia Martignone, *Imprenditori protestanti a Milano 1850-1900,* Milano, FrancoAngeli, 2001; Daniela Luigia Caglioti, *Vite parallele. Una minoranza protestante nell'Italia dell'Ottocento,* Bologna, il Mulino, 2006; Ivan Balbo, *Torino oltre la crisi. Una "business community" tra Otto e Novecento,* Bologna, il Mulino, 2007; Daniela Luigia Caglioti, *Elite Migrations in Modern Italy: Patterns of Settlement, Integration and Identity Negotiation,* in «Journal of Modern Italian Studies», 13, 2 (2008), pp. 141-151.

I matrimoni, le collaborazioni commerciali e industriali, la socialità e lo svago e anche la politica, sia a livello locale che nazionale, contribuirono in vario modo a questo processo, che si concretizzò molto raramente con la naturalizzazione dal momento che molti stranieri non ritennero utile avere un passaporto italiano, e allo stesso tempo poiché l'acquisizione della cittadinanza italiana era una procedura estremamente complessa e difficile stando al codice civile e poi alla legge sulla cittadinanza del 1912.[43] Accanto a uomini d'affari, piccoli imprenditori e banchieri, le città italiane accoglievano anche intellettuali, artisti e *rentiers*, che visitavano le principali stazioni del *grand tour*, e che, affascinati dalla bellezza, dalle antichità, dal decadentismo, e alla ricerca di esotismo e natura selvaggia, spesso sceglievano di stabilirvisi.[44] Ma i rapporti tra questi stranieri e gli italiani erano ancora più rari. Le molte differenze di mentalità, di atteggiamento e di modi tra gli italiani e gli artisti e intellettuali stranieri, provenienti soprattutto dal nord Europa, facevano vivere questi ultimi in un mondo a parte in cui gli italiani erano considerati «picturesque components in a dream landscape».[45]

La guerra cambiò tutto, sia per gli stranieri nemici che per quelli "amici". Nel clima di isteria alimentato dalla guerra, tutto ciò che suonava o appariva diverso – dall'accento, all'abbigliamento, e financo alle maniere – divenne sospetto. L'ignoranza e l'incomprensione portarono talvolta ad arresti, imprigionamenti, espulsioni e confische di beni che colpirono sudditi o cittadini di paesi amici o neutrali. Cittadini americani con cognomi che suonavano tedeschi furono denunciati e arrestati, mentre le guardie svizzere del Vaticano e altre congregazioni religiose furono indagate dopo essere state accusate di nascondere ufficiali tedeschi.[46]

43. Secondo Carlo Bersani, *Cittadinanze ed esclusioni*, in *Storia d'Italia. Annali 22. Il Risorgimento*, a cura di Alberto Mario Banti e Paul Ginsborg, Torino, Einaudi, 2007, pp. 607-634, in particolare p. 622, nei primi quarant'anni dopo l'unità d'Italia, è possibile contare solo undici procedure riguardanti tredici individui.

44. C'è una vasta letteratura su questo argomento. Per una panoramica generale si veda Jeremy Black, *Italy and the Grand Tour,* New Haven, Yale University Press, 2003 and Attilio Brilli, *Il viaggio in Italia: storia di una grande tradizione culturale,* Bologna, il Mulino, 2006.

45. Su queste differenze si veda Bernd Roeck, *Florence 1900: The Quest for Arcadia,* New Haven-London, Yale University Press, 2009, p. 100 («elementi pittoreschi in un paesaggio da sogno», trad. mia).

46. A titolo d'esempio, in risposta a una dichiarazione di Augusto von Harz, impiegato di una compagnia petrolifera, in «L'Idea Nazionale», 9 giugno 1915, scrisse che un «tedesco americanizzato [è] cioè due volte tedesco». Le vessazioni subite dagli svizzeri furono

L'origine spesso aveva la meglio sulla cittadinanza. Un buon esempio di questo clima è fornito dal dibattito parlamentare aperto dall'interrogazione presentata dal deputato Giovanni Antonio Colonna di Cesarò il 9 dicembre 1915. Preoccupato per il possibile uso strumentale della cittadinanza svizzera per camuffare sudditi tedeschi e austriaci, Colonna di Cesarò chiese al governo italiano se non fosse pericoloso riconoscere e dare credito ai cittadini di questo paese.[47] Qualche mese dopo, il deputato Brandolino Brandolini andò oltre, affermando che

> tutti i tedeschi che abbiamo fra noi sono svizzeri, approfittando della famosa legge del 1903 la quale autorizza chiunque ne faccia domanda ad assumere la cittadinanza svizzera senza nemmeno domandare l'espatrio dal paese di origine e la prova di aver adempiuto all'obbligo del servizio militare nel paese di origine, senza nemmeno richiedere il soggiorno in Svizzera, il che pare fatto apposta per gli spioni e per, tutti coloro che vogliono un alibi alla loro nazionalità.[48]

Benché le leggi sulla cittadinanza svizzera e tedesca non fossero molto diverse da quella italiana,[49] furono additate, insieme alla penetrazione

troppo numerose per poter essere elencate nello spazio di una nota. Un caso esemplare fu quello di Max von Orelli, uno dei soci svizzeri dei Cotonifici Riuniti di Salerno, sul quale si veda il suo *Kriegserlebnisse 1918*, Privatdrück, 1921. Sulle guardie svizzere in Vaticano si veda Staderini, *Combattenti senza divisa*, p. 115.

47. API, CD, Legislatura XXIV, Sessione 1913-1915, *Discussioni*, Tornata del 9 dicembre 1915, vol. VIII, Roma, Tipografia della Camera dei deputati, 1916. L'allarme era già stato lanciato dall'articolo *Tedeschi che chiedono la cittadinanza svizzera. Il dovere dell'Italia di tenere aperti gli occhi sui naturalizzati*, in «L'Idea Nazionale», 11 maggio 1915.

48. API, CD, Legislatura XXIV, I Sessione, *Discussioni*, 2a Tornata del 14 aprile 1916, Roma, Tipografia della Camera dei Deputati, 1916, IX, pp. 10356. Brandolini interpretava in maniera molto estensiva la legge del 1903, che non aveva affatto introdotto il principio dello *ius soli*.

49. Sulla cittadinanza svizzera e il dibattitto che portò alla legge del 1903 cfr. Regula Argast, *Staatsbürgerschaft und Nation: Ausschliessung und Integration in der Schweiz 1848-1933,* Göttingen, Vandenhoeck & Ruprecht, 2007. Sulla legge di cittadinanza tedesca del 1913 cfr. Gosewinkel, *Einbürgern und Ausschliessen*, cap. VI. La legge sulla cittadinanza italiana approvata nel 1912 affermava il principio dello *ius sanguinis* e rafforzava l'importanza dei legami di parentela. Per una discussione delle caratteristiche e delle conseguenze di questa legge si veda Ferruccio Pastore, *A Community out of Balance: Nationality Law and Migration Politics in the History of Post-Unification Italy*, in «Journal of Modern Italian Studies», 9, 1 (2004), pp. 27-48. Sull'idea di nazione come comunità di discendenza si veda Alberto Mario Banti, *La nazione del risorgimento: parentela, santità e onore alle*

economica, come le armi segrete escogitate dalla Germania per superare le linee nemiche, vincere la guerra e stabilire per sempre la sua egemonia.

Dalla germanofilia alla germanofobia

Il nazionalismo culturale ed economico entrò nel discorso pubblico in Italia ben prima dello scoppio della guerra. Il primato dell'Italia e la difesa dell'italianità contro tutto ciò che era diverso erano stati al centro del discorso della stampa e delle associazioni nazionaliste da almeno un decennio, con campagne di stampa contro l'uso delle parole straniere sulle insegne dei negozi, l'assunzione di tate svizzere o l'"occupazione tedesca" della regione del lago di Garda.[50] Quando la guerra scoppiò in Europa, l'Italia rimase neutrale, ma la battaglia politica tra neutralisti e interventisti raggiunse presto il culmine, mentre la paura delle spie e la germanofobia si diffondevano nel paese.[51] Almeno dal gennaio 1915, giornali come «L'Idea Nazionale» pubblicarono trafiletti e brevi articoli su individui sospetti, potenziali spie, arresti ed espulsioni di tedeschi.[52] A marzo, poi, iniziò il boicottaggio delle merci straniere.[53]

Il disegno di legge sullo spionaggio, approvato dal Parlamento in marzo, fu la prima risposta a questa isteria diffusa, e allo stesso tempo confermò tutte le apprensioni e i timori dell'opinione pubblica. Dopo il 24 maggio, gli argomenti nazionalistici alimentarono la crociata contro gli stranieri di origine nemica e divennero il principale puntello della politica contro i civili nemici.

Mentre le misure ufficiali si concentrarono sugli austro-ungarici e, dopo ottobre, anche sui sudditi dell'Impero ottomano, l'attenzione della stampa si

origini dell'Italia unita, Torino, Einaudi, 2000 e Id., *Sublime madre nostra: la nazione italiana dal Risorgimento al fascismo,* Roma-Bari, Laterza, 2011.

50. Roccucci, *Roma capitale del nazionalismo.* Per un esempio di campagna antitedesca dell'epoca cfr. Giulio De Frenzi (Luigi Federzoni), *Per l'italianità del «Gardasee»,* Napoli, Ricciardi, 1909.

51. Esempi di campagne contro la Germania e i tedeschi si trovano in Staderini, *Combattenti senza divisa.*

52. Si guardino come esempio gli articoli apparsi in «L'Idea Nazionale» del 3, 5, 12, 20, 24 e 25 gennaio, 6, 11 e 20 febbraio, e praticamente in tutti i numeri pubblicati dopo il 1° maggio 1915.

53. A partire dal 3 marzo 1915, nel piè di pagina de «L'Idea Nazionale» compariva lo slogan «Scegli prodotti italiani».

concentrò principalmente sui tedeschi. Malgrado la guerra fosse stata inizialmente dichiarata solo contro l'Austria-Ungheria e combattuta lungo le sue frontiere, i tedeschi e la Germania furono considerati fin dall'inizio i veri e per certi versi principali nemici. La questione del confine orientale e dell'irredentismo giocò naturalmente un ruolo centrale nel dibattito politico, nella decisione finale sull'entrata in guerra, così come nella scelta degli alleati.[54] Tuttavia, paradossalmente il nemico austriaco non occupò un posto così rilevante nel discorso nazionalista e interventista. Per esempio, le tre opzioni previste dal *Manifesto* pubblicato da «Lacerba», una delle riviste letterarie che parteciparono alla campagna interventista, erano le seguenti: «1. – O la guerra ai tedeschi o la guerra civile. 2. – O la guerra ai tedeschi o rivoluzione. 3. – O la guerra ai tedeschi o la repubblica».[55]

Di fatto, nella percezione collettiva italiana, gli austriaci appartenevano allo stesso tipo umano e alla stessa categoria dei tedeschi:[56] il cuore dell'Impero asburgico era considerato tedesco a causa della dinastia, dell'élite, degli alti gradi dell'esercito. E i nazionalisti concepivano così l'Impero asburgico come la longa manus della dominazione tedesca.[57]

Molto prima che l'Italia dichiarasse ufficialmente guerra alla Germania nell'agosto 1916, i principali nemici erano e rimasero durante il conflitto la Germania e i tedeschi. La parola "tedesco" divenne rapidamente una sineddoche per nemici di ogni tipo e un sinonimo di "nemico". I sospetti, le presunte spie, gli stranieri che per caso venivano visti vicino a obiettivi sensibili – stazioni ferroviarie, porti, tram o monumenti storici e artistici – erano tutti considerati tedeschi. I nemici erano etnicamente e non nazionalmente definiti: la stampa e i nazionalisti non distinguevano tra tedeschi e austriaci, o tra tedeschi e svizzeri di lingua tedesca, che pure erano neutrali.

Come molti suggerirono all'epoca, la Germania rappresentava il lato oscuro, sconosciuto e anonimo della modernità; ma soprattutto la Germania costituiva una minaccia per la sua potenza, efficienza e capacità organizzativa.[58] Quello che nel decennio precedente la guerra era stato un modello da

54. Marina Cattaruzza, *L'Italia e il confine orientale: 1866-2006,* Bologna, il Mulino, 2007.

55. Citato da Mario Isnenghi, *Il mito della Grande guerra,* Bologna, il Mulino, 1989, p. 105.

56. Ivi, p. 119.

57. Cattaruzza, *L'Italia e il confine orientale*, p. 106.

58. Piero Jahier, uno scrittore e poeta molto letto dell'epoca, espresse chiaramente l'idea dello scontro di civiltà nella poesia *Wir müssen*. Cfr. Isnenghi, *Il mito*, p. 119.

imitare, veniva ora disprezzato. Sul fronte interno, la guerra fu presentata fin dall'inizio come uno scontro di civiltà, una battaglia contro la *Kultur* tedesca e l'egemonia economica perseguita dalla Germania sui mercati finanziari, nell'industria, nel commercio e nei servizi di pubblica utilità come l'elettricità o i trasporti, per ottenere il controllo totale del mondo, come scrissero molti commentatori.[59] Questa visione era ampiamente condivisa da industriali come i fratelli Perrone dell'Ansaldo, che promossero attivamente l'italianizzazione del sistema bancario, fondando nel 1914 la Banca italiana di sconto (BIS), un istituto che giocò un ruolo cruciale nel portare in mani italiane le banche e la grande industria durante la guerra.[60] Essi videro il conflitto come un'opportunità per aiutare l'Italia a raggiungere l'indipendenza economica, e la presenza economica tedesca in Italia come il principale ostacolo alla liberazione del paese dall'egemonia esercitata dalla Germania sulla cultura – l'accademia italiana era percepita come una "colonia tedesca"[61] – così come sui capitali, sulle capacità imprenditoriali e organizzative, e persino sulla salute.[62]

La lotta contro l'influenza dei tedeschi, e della Germania, sull'economia italiana divenne così ben presto un tratto distintivo del discorso italiano contro gli stranieri nemici: per molti interventisti, combattere contro l'impero guglielmino significava combattere contro un gigante economico che sfruttava e soffocava il paese. Il principale bersaglio dell'odio nazionalistico, e degli industriali e banchieri interventisti, fu la Banca commerciale italiana (BCI). Questa era, insieme al Credito Italiano, la più grande impresa finanziaria in Italia ed era stata fondata nel 1894 grazie a capitali tedeschi. Nel 1915, tuttavia, la BCI non era più in mani tedesche, anche se era ancora gestita da un management di origine tedesca e formatosi in

59. Lo scontro tra *civilisation* e *Kultur* fu uno dei temi principali del dibattito in tutto il mondo. Su questo si vedano, per esempio, Kramer, *Dynamic of Destruction* e Jörg Nagler, *From Culture to Kultur: American Perceptions of Imperial Germany, 1871-1914*, in *Transatlantic Images and Perceptions: Germany and America since 1776*, a cura di David E. Barclay e Elisabeth Glaser-Schmidt, New York-Cambridge, Cambridge University Press, 1997, pp. 131-154.

60. Anna Maria Falchero, *La Banca italiana di sconto, 1914-1921: sette anni di guerra,* Milano, FrancoAngeli, 1990.

61. Sulla "germanizzazione" della cultura italiana si vedano tra gli altri Guglielmo Ferrero, *La guerra europea, studi e discorsi,* Milano, Ravà & c., 1915, in particolare p. 214.

62. Sulla battaglia contro l'industria chimica e farmaceutica tedesca cfr. *infra*, capitolo 3.

ambiente tedesco.[63] Questo non scoraggiò giornalisti e intellettuali, come Giovanni Preziosi o Maffeo Pantaleoni, dallo scrivere articoli che presentavano la Germania come un'enorme piovra che estendeva i suoi tentacoli in tutte le parti vitali dell'economia e della società italiana, dopo essere penetrata con successo in Belgio o in Brasile.[64]

Persino alcuni liberali come Francesco Saverio Nitti si lamentavano nel 1915 della lunga presenza di capitali e risorse umane straniere nell'economia italiana, e in particolare della dipendenza del paese da tali capitali. Industriali, commentatori e politici pensavano che la guerra fosse un'ottima occasione per nazionalizzare l'intera economia, portando le società di servizi, le assicurazioni e soprattutto le banche in mano italiana. In una lettera indirizzata a Vittorio Emanuele Orlando, Giuseppe Canepa, ministro dell'Industria e del Commercio, proponeva di approfittare della guerra per fare una mossa audace verso l'italianizzazione e la municipalizzazione di tutte le società di servizi di proprietà straniera. Tali argomenti erano naturalmente molto popolari anche tra i socialisti di tutta Europa, che vedevano la nazionalizzazione delle economie come un passo avanti nella costruzione del socialismo.[65]

Come nel caso della Banca commerciale, l'allarme sul capitale tedesco nell'economia italiana era spesso basato su miti e false notizie. Il discorso sul predominio tedesco nell'economia italiana venne gonfiato a dismisura come parte di una strategia propagandistica volta a sconfiggere il fronte neutralista, e in particolare l'ex primo ministro Giovanni Giolitti, che rimase a lungo il principale nemico dei nazionalisti. Di fatto, e secondo i dati pubblicati da Francesco Saverio Nitti nel 1915, gli investimenti stranieri in Italia erano molto inferiori a quelli dell'ultimo quarto dell'Ottocento. Con 19 milioni di lire, l'Impero austro-ungarico aveva una presenza molto ridotta nell'econo-

63. Sulla campagna contro la Banca commerciale e sul ritiro del capitale tedesco cfr. Hertner, *Il capitale tedesco in Italia* pp. 64-66. e p. 98 e ss. Nel 1914 le azioni in mano tedesca e austro-ungarica erano solo 7.411 su 309.974: ivi, p. 274.

64. Giovanni Preziosi, *La Germania alla conquista dell'Italia,* Firenze, Libreria della Voce, 1915, pp. 20-21. Il libro fu pubblicato per la prima volta nel 1915 con un'introduzione di Giovanni Antonio Colonna di Cesarò. Una nuova edizione, questa volta con una lunga introduzione di Maffeo Pantaleoni, apparve nel 1916. L'opuscolo, che incorporava un testo precedentemente pubblicato sulla Banca commerciale, fu anche tradotto in francese nel 1916.

65. ACS, MIG-BSSN, b. 1, fasc. 7, lettera del 27 settembre 1916. Sulla posizione dei partiti socialisti sulla questione delle nazionalizzazioni si veda Graziosi, *Guerra e rivoluzione in Europa*, pp. 181-182.

mia italiana, mentre gli investimenti tedeschi ammontavano a 40 milioni, molto meno di quelli diretti di belgi e francesi.[66] Le importazioni e gli investimenti diretti da parte di società tedesche e svizzere erano prevalentemente concentrati nel settore elettrico e nell'industria chimica.[67]

Ciononostante, il discorso antitedesco creò alleanze inaspettate: il nazionalista Giovanni Preziosi, che sarebbe diventato uno dei principali scrittori antisemiti italiani durante il fascismo; l'ex economista liberale Maffeo Pantaleoni, anch'egli passato all'antisemitismo, il socialista e storico indipendente Ettore Ciccotti, il poeta-scrittore valdese e "populista" Piero Jahier, nonché il latinista Ettore Romagnoli,[68] si trovarono ad usare lo stesso linguaggio, a condividere gli stessi pensieri, ad attaccare gli stessi bersagli.

Tra il 1914 e il 1919 furono pubblicati più di cento opuscoli il cui tema principale era l'antigermanesimo.[69] I loro titoli parlano da soli: *L'infezione germanica*, *L'invasione tedesca in Italia*, *L'artiglio tedesco*, *Guerra senza sangue*, *Il germanesimo senza maschera*, *La Germania alla conquista dell'Italia*, e così via.[70] Giornali e riviste come «Il Popolo d'Italia», «L'Idea Nazionale», «Il Fronte Interno» o «La Domenica del Corriere» conducevano una campagna incessante, che riprendeva i temi delle campagne contro gli stranieri nemici nel mondo.

66. Francesco Saverio Nitti, *Il capitale straniero in Italia,* Bari, Laterza, 1915, pp. 48-50.

67. Secondo Hertner, *Il capitale tedesco in Italia*, alla vigilia della guerra, il capitale tedesco nell'industria elettrica ammontava al 16,5-18,27 per cento. Luciano Segreto, *Imprenditori e finanzieri*, in *Storia dell'industria elettrica in Italia. 1. Le origini, 1882-1914*, a cura di Giorgio Mori, Roma-Bari, Laterza, 1992, pp. 249-337, in particolare p. 332 ha confermato questi dati. Aggiungendo i capitali svizzeri, francesi e belgi, la presenza straniera raggiungeva il 29,77 per cento.

68. Oltre all'introduzione al libro di Preziosi, si veda anche Maffeo Pantaleoni, *Note in margine della guerra,* Bari, Laterza, 1917 e Maffeo Pantaleoni, *Tra le incognite: problemi suggeriti dalla guerra,* Bari, Laterza, 1917. Di Ciccotti si veda soprattutto il discorso citato nelle pagine successive di questo capitolo. Il latinista Romagnoli scrisse nel 1915 una serie di articoli per la rivista «Avvenimenti». I saggi vennero successivamente raccolti in un volume intitolato *Minerva e lo scimmione*, Bologna, Zanichelli, 1917, nel quale criticava gli intellettuali italiani per essersi "intedescati", deridendo le loro abitudini, i loro vestiti e i loro atteggiamenti.

69. Ho contato i titoli che contengono i lemmi "Germania", "tedesco/a/tedeschi", o "germanesimo", pubblicati tra il 1914 e il 1919 e presenti in Opac SBN (www.sbn.it).

70. Autori di questi pamphlet erano Salvatore Ernesto Arbocò, Ezio M. Gray, Baccio Bacci, di nuovo Ezio M. Gray, Ariel/F. Steno (pseudonimi di Amelia Osta Cottini), Giovanni Preziosi. Alcuni di questi autori, in particolare Preziosi e Gray, sarebbero poi diventate figure di spicco durante il fascismo.

Il discorso pronunciato dal deputato Ettore Ciccotti, socialista indipendente, alla Camera dei Deputati il 13 marzo 1915, durante la discussione del disegno di legge *Provvedimenti per la difesa economica e militare del paese*, rappresenta una buona sintesi dei sentimenti e della percezione antitedesca. Ciccotti appoggiò il progetto di legge, ma era preoccupato soprattutto della sua efficacia e applicazione. L'Italia – disse – era stata per decenni sottoposta alla penetrazione di stranieri attratti dalla crescita italiana. Erano ovunque e avevano una profonda conoscenza del territorio italiano. I Baedeker, le famose guide di viaggio, e i libri del geografo Theobald Fischer fornivano, secondo Ciccotti, una prova inconfutabile della profonda conoscenza della penisola da parte dei tedeschi, che ora potevano usare queste informazioni per costruire una rete di spionaggio. Con forte *pathos*, Ciccotti denunciava il fatto che il capitale straniero (e quello tedesco in particolare) dominava il sistema economico italiano, i suoi risparmi, le fabbriche, le industrie militari e le compagnie navali, influenzando profondamente la stampa, la politica e la vita morale.

Oltre all'irredentismo, al completamento dell'unificazione del paese e al maggior peso dell'Italia tra le potenze europee, la presenza economica straniera divenne così uno dei motivi principali della campagna per l'entrata in guerra del paese. Per la sua capacità di toccare le corde emotive più profonde, rimase uno degli argomenti cardine usati dai nazionalisti per alimentare il patriottismo in un paese ancora almeno parzialmente riluttante a impegnarsi nel conflitto mondiale.[71] I giornali esortavano i loro lettori a stare all'erta e a segnalare alla polizia qualsiasi comportamento sospetto. Il 26 maggio 1915 il giornale «L'Idea Nazionale» lanciò una rubrica intitolata *Contro lo spionaggio*, che incitava alla delazione. Per quasi un mese, i giornali pubblicarono quotidianamente rapporti e voci riguardanti socialisti, neutralisti e naturalmente stranieri – non solo nemici. I lettori de «L'Idea Nazionale» erano ossessionati da tutto ciò che era straniero. Proponevano, per esempio, il boicottaggio della birra straniera, o della musica tedesca suonata nelle chiese, e suggerivano l'italianizzazione dei cognomi dei cittadini italiani che ne avevano uno straniero. Vedevano spie ovunque, anche travestite da monaci, preti o suore.[72] Il genere non giocava alcun

71. Sull'impegno nella guerra degli italiani comuni si veda Antonio Gibelli, *La grande guerra degli italiani, 1915-1918,* Milano, Sansoni, 1998.

72. «L'Idea Nazionale», 5 giugno 1915; ivi, 6 giugno 1915; ivi, 27 giugno 1915. Quasi ogni numero del giornale conteneva notizie su presunte spie individuate o catturate (e poi quasi sempre rilasciate).

ruolo: le donne erano considerate pericolose quanto gli uomini. Ci furono campagne contro le "mogli tedesche";[73] i giornali ricevettero un flusso costante di informazioni su tate e governanti sospettate di pianificare atti di sabotaggio,[74] mentre i lettori scoprivano attività potenzialmente sovversive in innocue insegne di negozi come "Coiffeur des dames".[75] L'antigermanesimo era anche una delle caratteristiche principali dei periodici e delle associazioni femminili.[76] Lo spionaggio era naturalmente anche la preoccupazione del governo e della polizia, che riceveva lettere anonime, raccoglieva informazioni e creava dossier su centinaia di cittadini e stranieri.[77]

La guerra distrusse così l'alleanza politica e le durature relazioni di amicizia, cooperazione, ammirazione e i trasferimenti culturali tra i due paesi. I rapporti speciali, e talvolta controversi, che legavano gli intellettuali italiani a quelli tedeschi furono interrotti, e molti intellettuali, politici e giornalisti italiani passarono rapidamente dalla germanofilia alla germanofobia.[78]

Tuttavia, la guerra non riuscì a bloccare gli scambi intellettuali tra i due paesi. La loro stessa intensità rese difficile cancellare tutto ciò che era tedesco dalla cultura italiana. Numerosi studenti italiani avevano frequentato corsi nelle università in Germania, promuovendo un *Wissenstransfer* che portò in Italia i progressi tedeschi nelle scienze sociali, nei classici, nel diritto romano, nella biologia, e in vari altri ambiti. Gli studi storici furono largamente influenzati dagli studiosi e dalla metodologia dei colleghi tedeschi, la letteratura e la filosofia tedesca furono accolte

73. *Le mogli straniere degli ufficiali italiani*, in «Il Popolo d'Italia», 24 settembre 1916. Contro queste vociferazioni, si veda l'intervento polemico di Benedetto Croce, *Metodi polemici del nazionalismo italiano,* in «Italia nostra», II, 1 (3 gennaio 1915).

74. V. Delle Crianzelle, *Tedesche in Italia*, in «Il Fronte Interno», 140 (25-26 settembre 1917).

75. «L'Idea Nazionale», 30 maggio 1915.

76. Laura Guidi, *Un nazionalismo declinato al femminile, 1914-1918*, in *Vivere la guerra: percorsi biografici e ruoli di genere tra Risorgimento e primo conflitto mondiale*, a cura di Laura Guidi, Napoli, Clio Press, 2007, pp. 93-118.

77. Vedi per esempio i vari rapporti degli informatori in ACS, PCM-GE, b. 123, fasc. 19.3.8 e in ACS, MI-DGPS, Categoria A4, Spionaggio, oppure in ACS, MI-DGPS-UCI.

78. Giacomo Rattazzi, *La dignità di stampa,* in «Italia nostra», I (13 dicembre 1914) parla della «germanofobia inverosimile» che aveva colpito gli italiani.

con interesse, e la Germania aveva effettivamente fornito un modello per la formazione del sistema scolastico e universitario italiano.[79]

In realtà, solo una parte dell'élite intellettuale italiana si rivoltò contro la Germania e la sua cultura, ma ogni tentativo di difesa fu stroncato. Il 6 dicembre 1914 l'associazione Pro Italia Nostra pubblicò il primo dei 24 numeri del settimanale «Italia Nostra», un periodico che difendeva la neutralità italiana, sostenendo che, per perseguire i propri interessi, l'Italia non doveva rompere l'alleanza con Germania e Austria-Ungheria. I collaboratori del settimanale erano soprattutto accademici e germanofili – Benedetto Croce, Cesare De Lollis, Domenico Gnoli, Arturo Carlo Jemolo, Luigi Salvatorelli, Giorgio Pasquali, Mario Vinciguerra e altri – che sottolineavano la loro ammirazione per la civiltà tedesca;[80] lodavano la superiorità della disciplina, dell'ordine, della comunità e della nazione sul liberalismo;[81] difendevano la Triplice Alleanza;[82] mostravano forti sentimenti antifrancesi e antibritannici,[83] e deridevano la campagna antitedesca e la febbre delle spie in particolare.[84]

L'atteggiamento filotedesco dei neutralisti, e di parte dell'élite intellettuale italiana, venne facilmente sopravanzato dalla più rumorosa campagna condotta dai nazionalisti. Gli studenti universitari furono tra i più attivi combattenti contro la *Kultur* tedesca e, come altrove, l'aggressione si estese alla musica tedesca. Il più importante direttore d'orchestra italiano, Arturo Toscanini, fu interrotto mentre eseguiva Wagner, e i giornali chie-

79. Francesco Marin, *Die "deutsche Minerva" in Italien: die Rezeption eines Universitäts- und Wissenschaftsmodells 1861-1923,* Köln, SH-Verlag, 2010; Roeck, *Florence 1900*, p. 104.

80. Benedetto Croce, *Coltura tedesca e politica italiana*, in «Italia Nostra», I, 4 (27 dicembre 1914).

81. Arturo Carlo Jemolo, *Voci del gran coro. I tradizionalisti*, in «Italia nostra», II, 6 (7 febbraio 1915).

82. Si vedano per esempio gli articoli di Domenico Gnoli in «Italia nostra», I, 1 (6 dicembre 1914).

83. Si veda Alberico Bacciarello, *La loro guerra e la loro fede. Note di un ex nazionalista*, in «Italia nostra», I, 3 (20 dicembre 1914); Mario Missiroli, *Il senso del mondo*, in «Italia nostra», I, 2 (13 dicembre 1914); Giacomo Rattazzi, *La dignità della stampa*, in «Italia nostra», I, 2 (13 dicembre 1914); Tito Morino, *Egemonia germanica ed egemonia inglese*, in «Italia nostra», I, 4 (27 dicembre 1914).

84. *Spionaggio*, in «Italia nostra», II, 2 (10 gennaio 1915); Cesare de Lollis, *Regno d'Italia o repubblica cisalpina?*, in «Italia nostra», II, 2 (10 gennaio 1915); m.v., *Fraterna insipienza accademica*, in «Italia nostra», II, 22 (30 maggio 1915) sulla campagna contro la musica di Richard Wagner promossa dal compositore francese Camille Saint-Saëns.

sero che i programmi dei concerti fossero epurati dalla musica “nemica”.[85] Anche l’antisemitismo fece la sua comparsa nella campagna.[86]

Nonostante i toni aggressivi e minacciosi, il nazionalismo italiano non riuscì a mobilitare la popolazione. La veemenza verbale cedette solo raramente il passo a disordini, tumulti o spargimenti di sangue. E nulla di paragonabile alle rivolte di Londra, o a quelle di Mosca, ebbe mai luogo.[87] In città come Milano, Roma, Venezia e Genova, ma anche in piccoli paesi come Molfetta o Massa Carrara, nel maggio del 1915 si spaccarono vetrine, si saccheggiarono le case di presunti stranieri nemici, si tentò di assaltare consolati tedeschi o austro-ungarici, strappandone le insegne e picchiando presunti tedeschi.[88] Ma questi episodi indussero il governo a rafforzare il controllo. Il 10 maggio 1915, una lettera ai prefetti chiedeva loro di monitorare la situazione per evitare manifestazioni e brutalità contro gli stranieri che vivevano in Italia.[89]

85. Su questo episodio si veda Staderini, *Combattenti senza divisa*, p. 159. Sugli attacchi contro la musica tedesca in altri paesi belligeranti si veda John E. Vacha, *When Wagner was Verboten: The Campaign against German Music in World War I*, in «New York History», 64, 2 (1983), pp. 171-188; Glenn Watkins, *Proof through the Night: Music and the Great War*, Berkeley-London, University of California Press, 2003.

86. Articoli apparsi ne «Il Fronte interno», per esempio, attaccarono «il branchetto israelitico-germanofilo», «la strana infiltrazione israelitica» e «i precedenti rapporti personali di alcune di queste persone con interessi germanici». Cfr. G. Del Vecchio, *Antisemitismo in potenza*, II, 44 (7 giugno 1917); Ponilio, *Antisemitismo in potenza*, II, 46 (14 giugno 1917).

87. Dimostrazioni contro gli stranieri nemici esplosero in molti paesi come reazione all’affondamento del Lusitania nel maggio 1915. Cfr. Panikos Panayi, *Anti-German Riots in Britain during the First World War*, in *Racial Violence in Britain, 1840-1950*, a cura di Panikos Panayi, Leicester-London, Leicester University Press, 1993, pp. 65-91; Nicoletta Gullace, *Friends, Aliens, and Enemies: Fictive Communities and the Lusitania Riots of 1915*, in «Journal of Social History», 40, 4 (2005), pp. 345-368; Eric Lohr, *Patriotic Violence and the State: The Moscow Riots of May 1915*, in «Kritika: Explorations in Russian & Eurasian History», 4, 3 (2003), pp. 607-626.

88. Giornali come «L’Idea Nazionale» davano quotidianamente notizie delle violenze contro istituzioni, attività e sudditi nemici: il 10 maggio 1915 a Firenze due tedeschi che inneggiavano al Kaiser erano stati picchiati con una mazza e ridotti al silenzio; il 13 maggio 1915 ci fu una manifestazione contro il consolato tedesco a Milano; il 15 maggio la libreria Loescher a Roma fu completamente distrutta; il 21 maggio il vescovo tedesco della cittadina di Sutri fu vittima di violenza, ecc. Sulle violenze e i danni inflitti alle proprietà degli stranieri si veda anche ACS, A5G-PGM, b. 72/148/2.

89. Come riportato ne «L’Idea Nazionale», 10 maggio 1915.

Le misure contro gli stranieri nemici

Tra il maggio 1915 e il dicembre 1918, il governo emanò più di trenta decreti che riguardavano la vita degli stranieri nemici. Questi provvedimenti trattavano questioni come la cittadinanza, il diritto di risiedere e muoversi in Italia, l'internamento, la proprietà intellettuale, il diritto di commerciare, di fare affari, di possedere, vendere e acquistare proprietà, di portare cause in tribunale, di riunirsi, parlare, ricevere posta, ecc. Come in tutti i paesi belligeranti, le misure colpirono così contemporaneamente la libertà personale, le libertà civili e i diritti patrimoniali.

Misure restrittive come quelle sulla proprietà e sul commercio erano indirizzate solo contro gli stranieri nemici; altre, come l'internamento, finirono per essere applicate a tutti i soggetti "pericolosi"; altre ancora – come le disposizioni sulla cittadinanza,[90] quelle sulla registrazione obbligatoria e su insegnanti e professori universitari – si rivolgevano agli stranieri in generale,[91] indipendentemente dalla loro nazionalità.

Nell'affrontare il problema degli stranieri nemici, il governo italiano adottò comportamenti molto simili a quelli degli altri belligeranti. E lo fece seguendo una duplice pressione. La prima era quella, di origine interna, esercitata dai nazionalisti. La seconda invece arrivava dall'esterno ed era esercitata sia dagli alleati che dai nemici. L'Italia si conformò al comportamento degli alleati su questioni come il commercio con il nemico, lo spionaggio o il blocco navale e tutto ciò che riguardava la guerra economica. E questa spinta divenne ancora più forte dopo la Conferenza Economica di Parigi del giugno 1916. D'altra parte, l'Italia assunse un atteggiamento reattivo rispondendo alle iniziative che i nemici assunsero su questioni analoghe: molte misure potevano quindi essere prese, e giustificate, come ritorsioni e rappresaglie.[92]

90. Il DL 1144, 23 luglio 1915 (GU, 190, 31 luglio 1915) sospese tutte le concessioni di cittadinanza riguardanti persone che avevano acquisito il diritto di richiederla dopo 10 anni di residenza in Italia. Il DL 36, 18 gennaio 1918 (GU, 20, 24 gennaio 1918) introdusse la possibilità di revocare le cittadinanze concesse nei dieci anni precedenti (art. 4). Nell'ultimo anno di guerra furono previste deroghe al DL 1144 per coloro che erano "disponibili" a essere immediatamente arruolati (DL 1029, 14 luglio 1918 in GU, 180, 31 luglio 1918).

91. Il DL 1961, 25 novembre 1917 (GU, 295, 15 dicembre 1917) e il DL 570, 14 aprile 1918 (GU, 107, 6 maggio 1918) stabilirono la possibilità di sospendere e rimuovere professori universitari e liberi docenti di nazionalità straniera.

92. Si veda la giustificazione all'introduzione delle misure adottate contro i sudditi ottomani (DL 108, 30 gennaio 1916, in GU, 36, 14 febbraio 1916), o le disposizioni eco-

Nonostante queste pressioni, all'inizio della guerra l'Italia tentò un approccio diverso. Il 21 maggio 1915, tre giorni prima di entrare in guerra contro l'Impero asburgico, il governo firmò con la Germania l'accordo Bollati-Jagow di reciproca garanzia sul «trattamento dei rispettivi sudditi durante lo stato di guerra».[93] Il patto testimoniava le speciali relazioni esistenti tra i due paesi. Li obbligava a rispettare le persone e le proprietà dei sudditi delle due nazioni sul territorio dell'altra. Riconosceva anche il diritto a lasciare il paese, ma permetteva ai nazionali dei due stati di mantenere la propria residenza senza problemi. L'accordo prevedeva anche la possibilità di imporre agli stranieri nemici di risiedere in località designate, ma in generale metteva i cittadini dei due paesi sullo stesso piano di quelli dei paesi neutrali. Mentre molti maschi tedeschi continuarono a lasciare l'Italia per arruolarsi nell'esercito, molti altri tedeschi, soprattutto donne e anziani, scelsero di restare, fiduciosi che non potesse accadere loro nulla, o perché non avevano altro posto dove andare.

Non essendo stato firmato alcun trattato simile con l'Austria-Ungheria, all'inizio della guerra l'Italia adottò misure severe contro i sudditi dell'Impero asburgico. Il 24 maggio il governo proibì il commercio tra i due paesi. Un mese dopo, un altro decreto impedì ai sudditi austro-ungarici di vendere beni immobili posseduti in Italia.[94] Nel novembre 1915 e nel gennaio 1916 questi decreti furono estesi ai sudditi dell'Impero ottomano, ma solo a quelli di nazionalità turca.[95] Il decreto non chiariva quali minoranze ottomane fossero esentate, ma chiaramente tra queste figuravano gli ebrei, i cristiani e tutti coloro che simpatizzavano per l'Intesa.[96] Le disposizioni furono poi applicate a quei sudditi turchi che vivevano o possedevano proprietà in Libia, la colonia recentemente acquisita dall'Italia.[97]

nomiche introdotte contro gli stranieri nemici con il DL 451, 16 aprile 1916 (GU, 101, 29 aprile 1916), o il DL 861 18 luglio 1916 (GU, 170, 20 luglio 1916).

93. Il testo dell'accordo è in Ministero degli affari esteri, *I documenti diplomatici italiani, quinta serie: 1914-1918,* III (3 marzo-24 maggio 1915), Roma, Istituto Poligrafico e Zecca dello Stato, 1985, documenti 724, 736 e 746.

94. DL 697, 24 maggio 1915 (GU, 130, 25 maggio 1915); DL 902, 24 giugno 1915 (GU, 158, 24 giugno 1915).

95. DL 1755, 25 novembre 1915 (GU, 309, 20 dicembre 1915) e 103, 30 gennaio 1916 (GU, 36, 14 febbraio 1916); DL 320, 12 marzo 1916 (GU, 69, 23 marzo 1916).

96. ACS, MIG-BSSN, b. 1, fasc. 3, lettera del Ministro degli interni alle prefetture.

97. DL 492, 13 aprile 1916 (GU, 108, 8 maggio 1916).

Per quanto riguarda i tedeschi, in teoria avrebbero goduto della protezione garantita dalla convenzione Bollati-Jagow, ma l'accordo divenne ben presto carta straccia.[98] Secondo alcuni studiosi di diritto internazionale e il foro di Milano,[99] la Germania aveva ignorato l'accordo e applicato agli italiani residenti nel suo territorio (anche in aree occupate come il Belgio) le stesse misure restrittive adottate all'inizio della guerra contro i sudditi britannici, francesi e russi, anche se gli italiani non erano ancora tecnicamente nemici (visto che tra i due paesi non era stata ancora dichiarata guerra). Inoltre, le banche tedesche si rifiutarono di effettuare pagamenti ai creditori italiani, e l'amministrazione tedesca si rifiutò di pagare le pensioni dovute agli italiani che ne avevano diritto, violando così l'accordo bilaterale del 1913.

Di conseguenza, l'Italia decise di equiparare i tedeschi agli austro-ungarici. Per quanto riguarda gli stranieri nemici e il commercio, la guerra con la Germania iniziò quindi ben prima della sua dichiarazione ufficiale (28 agosto 1916). Nel gennaio 1916 ebbe inizio l'allontanamento dei tedeschi dai paesi e dalle città vicini alle coste o alla zona di guerra. In febbraio, il governo estese il divieto di importazione dall'Austria-Ungheria a tutti i manufatti del Secondo Reich. Il 18 luglio 1916 un altro decreto invalidò tutte le vendite, cessioni e trasferimenti di beni, tenute, azioni e proprietà che coinvolgevano i soggetti nemici e i loro alleati. Il decreto stabiliva anche il divieto di intentare cause nei tribunali italiani, sospendendo tutti i processi in corso. Questo provvedimento completava quelli già presi contro gli austro-ungarici nel maggio 1915. Lo stato di emergenza veniva così rafforzato neutralizzando la magistratura. Le decisioni prese dal governo o dall'esercito non potevano essere messe in discussione dal potere indipendente dei tribunali anche quando queste decisioni erano in palese violazione dei diritti individuali o del diritto internazionale.[100]

Per quanto riguarda le libertà personali, il governo e le autorità militari ricorsero, almeno fino al gennaio 1918, alle disposizioni già contenute nella legislazione dell'Italia liberale – rimpatrio obbligatorio e

98. Garner, *Treatment of Enemy Aliens. Measures in Respect to Personal Liberty*, p. 54.

99. Commenti su questo accordo si trovano anche in Jules Valéry, *De la condition des Allemands en Italie postérieurement à la déclaration de guerre de l'Autriche*, in «Journal du Droit International», V-VIII, 43 (1916), pp. 405-415.

100. DL 93, 4 febbraio 1916 (GU, 33, 10 febbraio 1916); DL 902, 24 giugno 1915 (GU, 158, 24 giugno 1915); DL 864, 18 luglio 1916 (GU, 170, 20 luglio 1916).

domicilio coatto – che conferivano agli ufficiali militari e di polizia un ampio potere discrezionale nel decidere chi vi dovesse essere sottoposto.[101] L'art. 16 del D. L. 634 del 2 maggio 1915 rafforzava il potere dei prefetti di allontanare gli stranieri (non solo nemici) dalle città e dai siti considerati di interesse strategico per la difesa dello Stato. Stranieri e nemici, in particolare quelli provenienti dai territori occupati dell'Impero austro-ungarico, insieme a centinaia di italiani (soprattutto anarchici, socialisti, "austriacanti") furono costretti a risiedere in villaggi o città designati, principalmente nell'Italia centrale e meridionale, e in alcune isole, soprattutto in Sardegna.

Gli italiani considerati pericolosi e gli stranieri che non erano in grado di ottenere un permesso di rimpatrio o un'esenzione per se stessi e le loro famiglie, furono così confinati e sottoposti al controllo della polizia da un lato, e alla sorveglianza informale delle associazioni nazionaliste dall'altro.[102] Gli internati erano liberi di muoversi nelle zone designate, e di trovare un alloggio adeguato se avevano mezzi sufficienti. Altrimenti dipendevano dai sussidi statali e da alloggi di fortuna (scuole, caserme, ecc.).

L'esercito e le autorità politiche italiane non crearono un sistema di campi di concentramento paragonabile a quello dei paesi alleati.[103] Questo, da un lato, rese impossibile al Comitato internazionale della Croce Rossa, e all'agenzia per gli internati civili guidata da Frédéric Ferrière, di riferire regolarmente sul trattamento degli internati civili in Italia;[104] dall'altro, conferma la convinzione, già diffusa tra i testimoni e gli studiosi coevi, che il sistema fosse ben più mite rispetto a quello di altri paesi belligeranti. Ad esempio,

101. Cfr. Giovanna Procacci, *L'internamento di civili in Italia durante la prima guerra mondiale. Normativa e conflitti di competenza*, in «Dep. Deportate, esuli, profughe. Rivista telematica di studi sulla memoria femminile», 5/6 (2006), pp. 33-66, p. 34 e ss.

102. Vedi per esempio la petizione del Comitato delle associazioni politiche e patriottiche di Firenze, Assemblea generale, 20 luglio 1917 in ACS, PCM-GE, b. 124, fasc. 19.8.5/50.

103. Per una panoramica generale sull'internamento dei civili si veda Stibbe, *Civilian Internment and Civilian Internees in Europe*.

104. Secondo la Convenzione di Ginevra del 1906, la Croce Rossa aveva il diritto di visitare i campi di concentramento per i prigionieri di guerra. Anche se non era previsto dalla Convenzione, il Comitato internazionale della Croce Rossa chiese ripetutamente che le disposizioni della Convenzione fossero estese agli internati civili. Oltre alle regole sulla corrispondenza, il cibo, il lavoro, e via discorrendo, la Convenzione di Ginevra autorizzava visite indipendenti nei campi per controllare le condizioni in cui erano tenuti i prigionieri.

l'avvocato greco Jean Spiropulos, che nel 1922 pubblicò uno dei primi studi comparativi sull'argomento, scrisse che l'Italia «non ha agito con la stessa forza che ha usato la Francia, lasciando liberi molti sudditi tedeschi».[105]

La sconfitta di Caporetto segnò un grande cambiamento nel modo in cui il governo italiano gestì la guerra, e nella politica di internamento. Anche se il governo non dichiarò l'internamento in massa degli stranieri nemici, il decreto emanato il 18 gennaio 1918 chiarì che gli stranieri nemici potevano risiedere solo nelle zone designate dalla polizia (art. 1); ridusse poi le possibili esenzioni (artt. 2-3); minacciò la sospensione della validità della cittadinanza per coloro che avessero acquisito la nazionalità italiana nei dieci anni precedenti (art. 4) ed estese a tutti gli stranieri nemici il divieto di adire le corti.

Dopo il fallimento dell'accordo italo-tedesco, ma in particolare dopo la Conferenza economica di Parigi del giugno 1916, l'Italia abbandonò quindi la sua politica inizialmente cauta, e imitò sia gli alleati che i nemici nell'emanare leggi e atti che autorizzavano un più stretto controllo sugli stranieri nemici e si occupavano in particolare delle loro attività commerciali ed economiche.

La maggior parte delle misure adottate nel 1916, seguite nel 1917 da quelle sulla proprietà intellettuale[106] e dagli ulteriori provvedimenti assunti nel gennaio 1918, erano destinate a regolare i rapporti economici con gli stranieri nemici durante la guerra. Come nella maggior parte dei paesi belligeranti, due decreti dell'agosto 1916 stabilirono che le ditte, le industrie, i negozi e ogni azienda in cui vi fosse un interesse straniero nemico dovevano essere poste sotto sindacato (ossia una forma di controllo amministrativo da parte delle autorità) o sotto sequestro ed eventualmente anche liquidate. I decreti limitarono anche i diritti di commerciare, di fare affari, di possedere proprietà, azioni, o di portare cause in tribunale. Queste misure, che divennero sempre più severe con il passare del tempo,[107] furono applicate in modo disomogeneo, dato che le autorità locali furono a volte molto zelanti nella caccia agli stranieri nemici, e a volte indifferenti

105. Spiropulos, *Ausweisung und Internierung*, pp. 91-92. Anche James Garner spese poche parole sull'Italia e nessuna sull'internamento: Garner, *Treatment of Enemy Aliens. Measures in Respect to Personal Liberty*, pp. 53-54.

106. DL 533, 22 marzo 1917 (GU, 84, 10 aprile 1917) e DL 725, 29 aprile 1917 (GU, 120, 23 maggio 1917).

107. DL 960 e 961, 8 agosto 1916 (GU, 188, 10 agosto 1916). DL 36, 18 gennaio 1918 (GU, 20, 24 gennaio 1918), art. 5 in particolare. Una sintesi di tutte le disposizioni si trova nel DL 1829, 28 novembre 1918 (GU, 288, 7 dicembre 1918).

e distratte. Tuttavia, esse contribuirono alla crescita dell'intervento statale nell'economia e alla creazione di una burocrazia *ad hoc* impegnata nell'attuazione dei vari decreti.[108]

La stampa nazionalista e l'opinione pubblica criticarono costantemente queste misure come troppo poche e tardive. La politica di internamento, per esempio, provocò numerose critiche. I nazionalisti premevano per l'imprigionamento, l'internamento generalizzato e infine l'espulsione degli stranieri nemici.[109] Denunciarono il sistema del domicilio coatto come un sistema di privilegio invece che di punizione[110] e chiesero l'epurazione delle società di volontariato, delle accademie e delle società di cultura, l'italianizzazione degli alberghi e la revisione delle naturalizzazioni.[111]

La politica del governo sulle questioni economiche scatenò la rabbia e la disapprovazione più forti. La stampa e le molte associazioni create per sostenere lo sforzo bellico condannarono la timidezza del governo nel perseguire il sequestro dei beni del nemico.[112] I decreti sui brevetti industriali,

108. Nel settembre 1916 il Ministro dell'Industria, del Commercio e del Lavoro emise un decreto che istituiva un nuovo Comitato per il coordinamento di tutte le attività derivanti dall'applicazione dei DL 960 e 961 (GU, 217, 14 settembre 1916).

109. Tra le centinaia di articoli che potrebbero essere citati cfr. *Per l'internamento dei nemici*, in «Il Fronte Interno», 20-21 settembre 1917; *Sudditi nemici*, in «Il Popolo d'Italia», 2 dicembre 1917 o *L'organizzazione nemica ai danni dell'Italia*, in «L'Idea Nazionale», 3 gennaio 1918, o *Non internare: isolare*, in «L'Idea Nazionale», 4 gennaio 1918.

110. Cfr. per esempio i seguenti articoli: *Contro i sudditi nemici. 1500 internati e 300 espulsi*, in «Il Messaggero», 5 gennaio 1918 e *Beni e sudditi nemici. Si fa sul serio? Oltre 1800 internati in Italia,* in «Il Popolo d'Italia», 6 gennaio 1918 sull'internamento dello storico romano Julius Beloch a Siena. Vedi anche la petizione al Presidente del Consiglio da parte senato accademico dell'Università di Siena che chiedeva che fosse «risparmiata a Siena l'onta di essere designata sede di villeggiatura degli internati nemici» (ACS, PCM-GE, b. 132, fasc. 19.11.5/275).

111. *Epurazione necessaria,* in «L'Idea Nazionale», 1° ottobre 1916; *Accademia di san Luca,* in «Il Fronte Interno», 6 maggio 1917; *Per l'italianità degli alberghi. Occorre intervenire*, in «L'Idea Nazionale», 3 novembre 1916; *Sudditi nemici*, in «Il Popolo d'Italia», 2 dicembre 1917.

112. Cfr. per esempio i seguenti articoli: *I primi sequestri a Milano di aziende austro-tedesche*, in «L'Idea Nazionale», 9 settembre 1916; *Per il sequestro delle officine e dei trams elettrici genovesi*, in «Il Popolo d'Italia», 9 settembre 1916; *Pel sequestro di beni stranieri*, in «Il Sole», 1 ottobre 1916; *Per italianizzare le aziende nemiche*, in «L'Idea Nazionale», 4 ottobre 1916; *I loro potenti amici di Milano*, in «L'Idea Nazionale», 9 novembre

per esempio, sollevarono il sospetto, sia a destra che a sinistra dello spettro politico, che il governo non volesse ridurre la presa tedesca sull'economia italiana e che il discorso antitedesco fosse solo un espediente retorico.[113] Il comportamento del governo e delle autorità militari fu il bersaglio di infinite lamentele al secondo congresso per l'azione antitedesca tenutosi a Milano nel maggio 1918.[114]

Nonostante queste critiche, il governo, la burocrazia locale e i comandi militari lavorarono intensamente fin dall'inizio della guerra (e anche prima del suo scoppio ufficiale) in varie direzioni. Prima di tutto l'esercito decise l'evacuazione di interi villaggi nelle zone vicine al fronte e lo spostamento di decine di migliaia di persone.[115] Poi promosse l'allontanamento di austro-ungarici e tedeschi dalle zone di guerra e occupate. Mentre l'esercito operava nella zona di guerra e dietro le linee, il governo gestiva la politica di internamento nel resto del paese. Nel giugno 1915 decise di inviare tutti i maschi austro-ungarici di età compresa tra i 18 e i 50 anni in Sardegna, come ritorsione contro una misura simile attuata dal governo austro-ungarico.[116]

Il governo, i prefetti e i funzionari militari adottarono una politica discrezionale e flessibile sulla questione dell'internamento che permise loro di includere non solo stranieri nemici ma anche quelli di nazionalità "amica" o neutrale e soprattutto "nemici interni". Sebbene i numeri siano estremamente difficili da accertare, in molti furono costretti a lasciare le loro case a causa di una voce o di un vago sospetto. L'internamento in Italia significava l'allontanamento dei civili dalle loro case e il domicilio coatto o in una zona designata dalla polizia o dall'esercito, se dipendenti dal sostegno finanziario dello Stato, o in un luogo a "scelta" se l'internato aveva mezzi sufficienti per provvedere ai suoi bisogni personali e a quelli della sua famiglia.[117]

1916; *La grande assemblea per l'incameramento dei beni tedeschi*, in «Il Popolo d'Italia», 18 aprile 1917. Cfr. anche *infra*, capitolo 4.

113. *I brevetti industriali e la guerra*, in «L'Avanti», 25 gennaio 1917 e Luigi Bissoli, *Per le industrie nuove – Un decreto interessante*, in «Il Sole», 12 maggio 1917.

114. ACS, MIG-BSSN, b. 4, *Provvedimenti adottati e provvedimenti invocati contro le persone e i beni nemici.*

115. Ellero, *Autorità militare italiana e popolazione civile.*

116. Si veda il telegramma del 20 giugno 1915 inviato dal Ministro dell'Interno alla Direzione generale di P.S. in ACS, PCM-GE, b. 123, fasc. 19.8.3/1. Mentre gli austro-ungarici furono trattati come categoria "collettiva", i tedeschi, protetti dall'accordo Bollati-Jagow, furono "internati" solo su base individuale. Vedi il telegramma del 16 giugno 1915, *ibidem.*

117. Sulle caratteristiche dell'internamento si veda Procacci, *L'internamento di civili.*

In un lungo e famoso discorso alla Camera dei Deputati pronunciato il 6 giugno 1916, Filippo Turati, segretario del partito socialista, fece un appassionato appello per la liberazione e il ritorno alle loro case degli internati.[118] Raccontava varie storie che dimostravano come l'internamento fosse stato usato non come misura di difesa, ma per regolare i conti con socialisti, anarchici, pacifisti, o per motivi molto banali come punire persone colpevoli solo di avere un atteggiamento esuberante, amici tedeschi, un cognome dal suono tedesco, anche per omonimia, di essere nato per caso in un paese nemico, o di esserne tornato da poco – cosa che accadeva a molti emigranti stagionali ma anche a molti irredentisti che fuggivano dall'Impero per arruolarsi nell'esercito italiano – o anche di aver dato uno schiaffo al figlio del sindaco del paese. Avere un figlio nell'esercito si rivelò una garanzia inutile, come sottolineò Turati citando l'esempio di un padre con tre figli arruolati. Nel caso di stranieri nemici, un figlio o più di un figlio nell'esercito non riduceva i sospetti come dimostra ad esempio il caso di Erwin Suckert, il padre di Curzio Malaparte, che fu internato a Benevento anche se due dei suoi sette figli si erano arruolati come volontari nell'esercito italiano.[119] Nondimeno, Turati, che invocava lo stato di diritto e il rispetto dei diritti e delle libertà civili, non disse una sola parola sulla questione degli stranieri nemici e sul loro trattamento come categoria collettiva.

Al 5 agosto 1915, secondo una lettera confidenziale, il Comando Militare Supremo aveva già rivisto 3000 procedimenti di internamento.[120] E il numero era salito a 3270 nel maggio 1916, secondo quanto dichiarato da Antonio Salandra, Presidente del Consiglio e ministro dell'Interno, nella sua risposta alla denuncia di Turati alla Camera dei Deputati.[121] Sara e Giorgio Milocco, che hanno studiato l'internamento di persone provenienti dai territori non redenti, parlano di 5000 internamenti, mentre Petra Svoljšak, che si è concentrata sugli austro-ungarici internati in Sardegna, dà le seguenti cifre: 1172 nel 1915, salite a 1773 nel maggio 1917 e quindi a 2226 alla fine dello stesso anno.[122] Tedeschi e austro-ungarici erano spar-

118. API, CD, Legislatura XXIV, I Sessione, *Discussioni*, Tornata del 6 giugno 1916, Roma, Tipografia della Camera dei deputati, 1916, p. 10525 e ss.

119. http://www.malaparte.it/2.1.htm [ultima consultazione: 24 novembre 2011].

120. ACS, PCM-GE, b. 123, fasc. 19.8.3/1.

121. API, CD, Legislatura XXIV, I Sessione, *Discussioni*, Tornata del 7 giugno 1916, Roma, Tipografia della Camera dei deputati, 1916, p. 10601 e ss.

122. Milocco e Milocco, *Fratelli d'Italia*, p. 70; Svoljšak, *L'occupazione italiana dell'Isontino*, p. 59.

si però in tutta la penisola, da Firenze o Siena a Benevento o Avellino.[123] Lo mostrava chiaramente quel che accadde ad esempio a 42 tedeschi che vivevano e lavoravano a Napoli e che appartenevano alla locale *Deutsche-französische evangelische Gemeinde*: tutti internati a Benevento dopo la sconfitta di Caporetto.[124]

L'italianizzazione dell'economia, e in particolare delle banche e dell'industria, rappresentò la principale preoccupazione sia del governo che dei nazionalisti. Questa italianizzazione fu realizzata in due modi diversi. Il primo colpì la grande industria e le società di servizi, dove gli investimenti diretti tedeschi e in generale stranieri erano notevoli. Il secondo colpì le piccole e medie imprese, i negozi e gli alberghi principalmente a conduzione familiare, di proprietà di tedeschi, austriaci e persino svizzeri, spesso stabilitisi in Italia da molti decenni.

A causa della pressione esercitata sulle imprese industriali dalle banche, e della politica aggressiva di nuovi istituti come la BIS, fondata con l'apporto determinante di capitali francesi, ci fu una generale fuga dei capitali stranieri. Le azioni e i beni dell'industria elettrica passarono in mani italiane.[125] Lo stesso accadde ad altre grandi imprese operanti nel tessile (i Cotonifici Riuniti di Salerno),[126] nell'industria metalmeccanica (la Esslingen Machinen Fabrik-Officine di Saronno)[127] e nella produzione di acciaio (la Tubi Mannesmann di Dalmine).[128]

123. Si veda il resoconto del «Berliner Tageblatt», 6 gennaio 1916 cit. in Spiropulos, *Ausweisung und Internierung*, p. 91. Secondo il «Berliner Tageblatt» c'erano già 1500 tedeschi e austro-ungarici internati nelle città di Firenze, L'Aquila, Benevento, Avellino e Cosenza. Il giornale riportava anche che 150 famiglie tedesche erano state allontanate da Roma. Vedi anche il rapporto del 23 marzo 1918 inviato dal console svizzero, John Meuricoffre, al Ministero degli esteri tedesco in BABL, R901/83520.

124. Sull'internamento dei tedeschi residenti a Napoli cfr. Archiv der deutsche-französische evangelischen Gemeinde, Neapel, f. 35, *Carl Aselmeyer, Einige Angaben zur Beschreibung der deutschen Kolonie in Neapel, 1938,* pp. 24-25.

125. Segreto, *Imprenditori e finanzieri.*

126. Augusto De Benedetti, *La Campania industriale. Intervento pubblico e organizzazione produttiva tra età giolittiana e fascismo,* Napoli, Athena, 1990, p. 187 e ss.

127. Hertner, *Il capitale tedesco in Italia*, p. 268 nota 328.

128. Peter Hertner, *Deutsches Kapital in Italien: Die Società Tubi Mannesmann in Dalmine bei Bergamo, 1906-1916* (2. Teil), in «Zeitschrift für Unternehmensgeschichte / Journal of Business History», 23, 1 (1978), pp. 54-76.

Le varie misure analizzate nei paragrafi precedenti avevano anche lo scopo di bloccare le attività commerciali degli stranieri nemici che vivevano e lavoravano in Italia. Prefetti e funzionari locali condussero indagini sollecitati dalle numerose lettere anonime che informavano su attività spionistiche e illegali di imprese e privati, e indagarono su quelle che ritenevano potessero essere simulazioni di vendita di imprese, finti o temporanei trasferimenti di attività commerciali o industriali da tedeschi a svizzeri o italiani, contrabbando e trasferimenti illegali di denaro.

Il sequestro di beni e ditte divenne più intenso dopo l'emissione dei due decreti già menzionati, nell'estate del 1916. Nel settembre 1917, 327 aziende erano state temporaneamente trasferite ad amministratori italiani, che le gestivano sotto il controllo dello Stato (sindacato), mentre altre 32 erano state poste sotto sequestro. La maggior parte delle aziende sequestrate erano a Milano, Roma, Napoli e Genova, ma anche in città più piccole come Bologna, Firenze o Catania. Solo pochissime di queste appartenevano a soggetti austriaci o ungheresi, essendo principalmente di proprietà di individui di nazionalità tedesca, spesso nati in Italia e appartenenti alla seconda o terza generazione di un'ondata di migranti d'élite arrivati nella prima metà del XIX secolo dall'Europa centrale. Imprese di ogni tipo furono soggette alla vasta campagna xenofoba, indipendentemente dalle loro dimensioni e dal loro patrimonio. Questa campagna in alcuni casi coinvolse anche cittadini di paesi neutrali, come gli svizzeri, che soffrivano perché il loro nome suonava tedesco, per la loro lingua, o perché erano soci di imprenditori tedeschi. Piccoli negozi, pensioni, grandi alberghi, aziende di import/export, società di servizi e industrie manifatturiere subirono tutti la stessa sorte.

Sequestri/confische e liquidazioni riguardarono anche le proprietà private di istituzioni culturali e religiose (la scuola tedesca a Roma, l'Istituto Storico Austriaco, l'Istituto Storico Ungherese a Roma, ecc.), le proprietà di ambasciate (Palazzo Caffarelli e Palazzo Venezia a Roma), o residenze private (ad esempio, la villa sul lago di Garda dello storico dell'arte tedesco Henry Thode, oggi Vittoriale degli Italiani, residenza di Gabriele D'Annunzio nel dopoguerra).

Non tutte le proprietà e gli affari degli stranieri nemici furono però posti sotto sequestro. Infatti, la percentuale dei beni sequestrati era relativamente piccola. Il "Comitato pel commercio coi sudditi nemici" creato presso il Ministero dell'industria, del commercio e del lavoro, condusse un censimento di tutte le proprietà degli stranieri nemici in Italia. Secondo questa rilevazione,[129] in Italia c'erano 4201 proprietari tedeschi, 1503 austro-ungarici, 30 turchi e 22 bulgari. Il valore delle loro proprietà ammontava a 476.780.00 lire. Il sequestro e la confisca dipendevano in gran parte dallo zelo dei funzionari locali e dei funzionari di polizia.

Gli stranieri nemici cercavano naturalmente di salvare i loro beni trasferendoli ad amici, parenti o soggetti neutrali. Organizzavano vendite fittizie o cercavano raccomandazioni per evitare la confisca; scrivevano lettere in cui dichiaravano la loro lealtà all'Italia ed esprimevano la loro volontà di diventare italiani naturalizzandosi e rinunciando alla loro nazionalità. [130]

Sicurezza, omogeneità etnica e nazionalismo politico ed economico furono i fattori che influenzarono la gestione della questione degli stranieri nemici in tutti i paesi in guerra. Sebbene i fattori fossero gli stessi, la loro combinazione differiva, dando origine in ciascuno dei paesi belligeranti a discorsi, misure e conseguenze specifiche. Ogni paese sperimentò un diverso livello di coinvolgimento e violenza. Alcuni adottarono misure coerenti con il diritto internazionale e il liberalismo, altri approfittarono dello stato di eccezione creato dalla guerra per aggirare lo stato di diritto, rafforzare il ruolo dei governi e allo stesso tempo indebolire quello dei parlamenti.[131]

Ciò nonostante, è possibile trovare un modello comune basato su misure e disposizioni analoghe oltre che su un discorso simile. Le argomentazioni contro gli stranieri nemici, tedeschi o britannici, francesi, russi o austriaci, si basavano sui medesimi argomenti, schemi e idee, confermando la forza del discorso nazionalista saldamente radicato negli usi ottocenteschi. I "barbari" si trovavano da entrambe le parti, e lo scontro di civiltà era una metafora forte usata contro il nemico in Russia, come in Germania, Gran Bretagna, Austria o Italia.

L'Italia entrò in guerra più tardi, ma si unì ai suoi alleati e nemici sia in battaglia che sul fronte interno, condividendone idee e comportamenti. Nonostante, a causa della scarsità di stranieri e della mancanza di conflitti etnici, l'urgenza di affrontare la questione degli stranieri nemici non fosse particolarmente acuta, anche in Italia gli stranieri nemici – indipen-

129. Una bozza del censimento, datata 20 marzo 1917, si trova in ACS, PCM-GE. b. 130.

130. Si veda il caso molto intricato dei fratelli Martiny in ACS, MIG-BSSN, b. 4. Un esempio particolarmente interessante è la petizione presentata dal tedesco Carl Aselmeyer che nel 1922 dichiarò di essere cittadino italiano per ottenere il rilascio dei suoi beni sequestrati: ACS, PCM-GE, b. 130.

131. Su questa categoria cfr. Agamben, *Stato d'eccezione*.

dentemente dalle ragioni della loro presenza nel paese e dalla durata del loro soggiorno – furono vittima di provvedimenti volti a impedire loro di spiare, diffondere false informazioni, inviare denaro in patria, continuare le loro attività commerciali, ecc. oltre che della condanna e del disprezzo popolare. L'intensità e la violenza della campagna di stampa furono simili a quelle di altri paesi belligeranti. L'Italia confinò molti civili, ma non istituì un sistema di campi di concentramento paragonabile a quello più duro creato qualche anno prima per trattare i prigionieri di guerra durante la guerra di Libia,[132] né a quelli dei suoi alleati;[133] mentre le misure adottate dal governo furono applicate in modo molto diseguale, permettendo ad alcuni civili nemici di rimanere nel paese quasi indisturbati, e ad alcuni stranieri neutrali o amici di sperimentare le vessazioni e la durezza di disposizioni non destinate a loro.

Ma anche l'Italia ebbe le sue peculiarità: il nazionalismo culturale, e soprattutto economico, fu di gran lunga la questione più importante in gioco. Sicurezza e indipendenza economica divennero alla fine i due principali argomenti evocati per sostenere e giustificare le misure e per compiacere l'opinione pubblica nazionalista e gli alleati dell'Italia; e furono spesso applicati con scarsa convinzione ed energia. Vessazioni, violazioni e riduzioni delle libertà civili facevano parte della quotidianità del paese in guerra, ma rispetto ad altri belligeranti, lo stesso linguaggio e le stesse politiche portarono a conseguenze meno gravi per gli stranieri nemici e gli stranieri in generale. Le politiche ufficiali e le campagne dell'opinione pubblica, anche se spesso in contrasto, condividevano l'obiettivo dell'italianizzazione tanto dell'economia quanto della cultura, essendo queste, agli occhi di molti, importanti prerequisiti per fissare saldamente l'Italia tra le principali potenze mondiali.

Nel dopoguerra

Dopo la firma dei trattati di Saint Germain (10 settembre 1919) e Rapallo (12 novembre 1920), molti tedeschi e austriaci tornarono in Italia

132. Sulla guerra di Libia cfr. Angelo Del Boca, *Gli italiani in Libia. Tripoli bel suol d'amore 1860-1922,* Roma-Bari, Laterza, 1986 e Id., *Italiani, brava gente? Un mito duro a morire*, Vicenza, Neri Pozza, 2005.

133. Stibbe, *Civilian Internment and Civilian Internees in Europe.*

nella speranza di recuperare alcuni dei loro beni. Per molti di loro il ritorno non ebbe successo, tuttavia, e lasciarono nuovamente l'Italia, a volte per nuove destinazioni.[134]

Questi trattati stabilirono anche nuovi confini. In particolare, l'annessione all'Italia delle province nord-orientali portò nel paese nuovi territori e popoli, complicando per la prima volta la struttura etno-linguistica della popolazione italiana. Nei vecchi territori, invece, il processo di omogeneizzazione fece un altro passo avanti: secondo il censimento del 1921, vi abitavano solo 52.791 stranieri, un terzo in meno rispetto al 1911.[135] I gruppi nazionali più colpiti furono naturalmente quelli appartenenti alle ex nazioni nemiche. Rispetto al 1911, il 65 per cento dei tedeschi e il 50 per cento dei turchi erano spariti.[136] Gli austriaci seguirono un modello diverso: quasi scomparvero nelle vecchie province italiane, diminuendo quasi dell'80 per cento; probabilmente, però, molti si trasferirono nelle nuove province acquisite dall'Italia, unendosi così ai loro connazionali (46.000 persone, composte principalmente da ex sudditi asburgici). Gli svizzeri, nonostante le numerose aggressioni e vessazioni subite durante la guerra per essere stati scambiati per tedeschi, diminuirono "solo" del 23 per cento.

Nelle nuove province annesse l'Italia aveva ora a che fare con una popolazione di ex stranieri nemici del crollato Impero asburgico trasformati dall'oggi al domani in sudditi italiani dai due trattati di Saint Germain e Rapallo, e poi dal decreto sulle opzioni di cittadinanza del 30 dicembre 1920. Come grande potenza l'Italia era esentata dalla tutela internazionale delle minoranze.[137] Invece di riconoscere loro almeno i diritti di minoranza culturale, le autorità locali prima e il governo centrale poi attuarono una

134. Vedi per esempio i casi di Carl Aselmeyer e di sua nuora Lila Netto in ASN, PNG, II versamento, f. 684/4 and f. 631/7.

135. Ministero dell'economia nazionale, Direzione generale della Statistica, Ufficio del censimento, *Censimento della Popolazione del Regno d'Italia al 1° dicembre 1921*, vol. XIX. Relazione Generale, Roma Stabilimento poligrafico per l'Amministrazione dello Stato, 1928.

136. Nelle vecchie province, il censimento registrò 3.720 tedeschi, 528 turchi, 89 bulgari e 2.562 ex austro-ungarici (per ottenere questo numero ho sommato austriaci, cechi, ungheresi, polacchi, jugoslavi e gente di Fiume (oggi Rjeka).

137. Sul sistema di protezione delle minoranze cfr. C. A. (Carlile Aylmer) Macartney, *National States and National Minorities,* London, Royal Institute of International Affairs, 1934 e Carole Fink, *Defending the Rights of the Others: The Great Powers, The Jews, and International Minority Protection, 1878-1938,* Cambridge, Cambridge University Press, 2004.

politica di integrazione forzata e rapida. 200.000 nuovi cittadini di lingua tedesca in Alto Adige, 400.000 sloveni e 100.000 croati[138] subirono subito dopo la guerra, e in modo crescente durante il fascismo, un processo di denazionalizzazione violenta e italianizzazione forzata.[139] Gli esiti di questo processo furono incoerenti e controproducenti, ma le politiche erano in sintonia con la nuova tendenza generale europea fortemente accelerata dalla guerra, che legava le dinamiche di inclusione ed esclusione all'opposizione schmittiana tra amico e nemico.

138. Cattaruzza, *L'Italia e il confine orientale*, pp. 117 e 162. Lavo Cermelji, criticando la parzialità delle statistiche italiane, ha stimato che solo nella Marca Giuliana c'erano non meno di 620.000 persone di origine slovena e croata. Cfr. Lavo Cermelj, *Life-and-Death Struggle of a National Minority: The Jugoslavs in Italy,* Ljubljana, Tiskarna Ljudske pravice, 1945, p. 5 e ss.

139. Dennison I. Rusinow, *Italy's Austrian Heritage, 1919-1946,* Oxford, Clarendon Press, 1969; Cattaruzza, *L'Italia e il confine orientale*, p. 168 e ss.

2. Germanofobia e nazionalismo economico

Come in molti altri paesi belligeranti (sebbene con tempi e intensità diversi), anche in Italia i civili di nazionalità nemica, tedeschi in particolare, furono sottoposti durante la Prima guerra mondiale a restrizioni della libertà personale, al sequestro dei beni e, in alcuni casi, alla violenza fisica e verbale. Questo capitolo ricostruisce il trattamento riservato dallo Stato italiano ai "sudditi nemici", e lo fa concentrandosi sull'emanazione e l'attuazione di misure economiche nei loro confronti. La prima parte si occupa del contesto nazionale e internazionale all'interno del quale si svilupparono le politiche italiane nei confronti degli stranieri nemici. La seconda parte, dedicata al caso di Napoli, cerca di determinare l'impatto di queste politiche sulla vita dei civili di nazionalità nemica e le loro conseguenze nel breve e medio termine.[1]

Le mie ipotesi interpretative nascono dal confronto tra il caso italiano e quelli più noti di altri paesi belligeranti.[2] Entrata tardivamente in guerra, l'Italia sottopose gli stranieri nemici a misure analoghe – anche se spesso più blande – a quelle introdotte nelle prime settimane di guerra sia dall'Intesa che dagli Imperi centrali. Lo fece principalmente dietro pressione degli alleati, soprattutto dopo la Conferenza economica di Parigi del giugno 1916 e sulla scorta di disposizioni simili emanate dall'Impero austro-ungarico nei confronti dei suoi cittadini. Imitando al-

1. Sono grata ad Andrea Graziosi e Peter Hertner per i loro commenti su una prima bozza di questo saggio e al Zentrum für Zeithistorische Forschung, Potsdam, per avermi garantito le condizioni ambientali migliori per terminarlo. Sul caso italiano si veda anche *infra*, capitolo 1.

2. Lohr, *Nationalizing the Russian Empire*; Panayi, *The Enemy in Our Midst*; Nagler, *Nationale Minoritäten im Krieg*; Proctor, *Civilians in a World at War*.

tri paesi belligeranti, l'Italia, il suo governo e le sue autorità militari, ma anche l'opinione pubblica nazionalista, in un certo senso, si "inventarono" l'esistenza di un problema sudditi nemici. L'esiguo numero di civili di nazionalità nemica sul territorio italiano – un numero ulteriormente ridotto dall'entrata tardiva dell'Italia in guerra e quindi dalla partenza dei maschi tedeschi e austro-ungarici in età di leva – non era infatti sufficiente a giustificare la vasta gamma di misure adottate né l'aggressività dell'opinione pubblica nazionalista. Tuttavia, alcune delle misure prese dal governo italiano non solo piacquero ai nazionalisti, ma sortirono l'effetto di abbassare anche i toni virulenti delle loro campagne di stampa, che ottennero l'emanazione di provvedimenti con conseguenze trascurabili. Tali misure, soprattutto quelle che limitavano la libertà personale degli stranieri nemici, sembrano essere state prese dal governo italiano con lentezza e scarsa convinzione. La scelta di confinare gli stranieri nemici anziché internarli in campi di concentramento costituisce la principale differenza tra la politica italiana e quella di altri paesi belligeranti sia alleati (Gran Bretagna e Francia) che nemici (Germania, Austria-Ungheria e Bulgaria). Anche in Italia, però, l'emanazione e l'applicazione delle misure subì un'escalation che può essere messa in diretta relazione con la durata della guerra e la sua crescente brutalizzazione. Infine, il tratto più distintivo della guerra italiana contro gli stranieri nemici, oltre alla mitezza dei provvedimenti nei confronti della libertà personale, fu la sua natura economica. Il governo e l'opinione pubblica videro nella guerra economica contro gli stranieri nemici e gli investimenti stranieri un'opportunità per italianizzare l'economia. Data la consistente presenza di interessi economici tedeschi in Italia, i principali obiettivi di queste politiche ostili furono dunque i sudditi tedeschi, piuttosto che gli austro-ungarici. Benché non fosse l'unico, la guerra economica contro gli stranieri nemici fu un tratto che l'Italia condivise con altri paesi belligeranti, in primo luogo gli imperi russo e ottomano, ma anche, dopo l'aprile 1917, gli Stati Uniti.[3] Scala e conseguenze furono però diverse.

3. Vedi Lohr, *Nationalizing the Russian Empire*, capitoli 3 e 4, in particolare, e Uğur Ümit Üngör e Polatel, *Confiscation and Destruction*. Per gli Stati Uniti si veda *Alien Property Custodian Report. A Detailed Report by the Alien Property Custodian of All Proceedings Had by Him under the Trading with the Enemy Act during the Calendar Year 1918 and to the Close of Business on February 15, 1919,* Washington, Government Printing Office, 1919.

Tedeschi e investimenti tedeschi in Italia

Allo scoppio della Grande guerra c'erano pochissimi stranieri in Italia, e ancora meno civili di nazionalità nemica. L'Italia era infatti un paese di emigrazione. Tra il 1870 e il 1914 erano emigrati ben 4,5 milioni di italiani,[4] mentre solo piccoli gruppi di stranieri provenienti dall'Europa centrale e settentrionale e dal Nord America, appartenenti a diversi gruppi sociali e professionali, vi si erano trasferiti perlopiù nel corso del XIX secolo. Gli stati italiani preunitari, per esempio, avevano attratto truppe di mercenari e soldati (come i mercenari svizzeri nel Regno delle due Sicilie, nella Repubblica di Genova, o nello Stato Pontificio e poi nello Stato Vaticano), volontari che si erano trasferiti per combattere a fianco delle truppe regolari nelle guerre risorgimentali, e intellettuali, artisti e *rentiers*, che compivano il *grand tour*. Soprattutto, le principali città italiane erano state mete intermedie o finali di giovani maschi attivi come commercianti, banchieri, imprenditori, tecnici, negozianti o artigiani in cerca di migliori opportunità di lavoro o di una vita diversa.

I numeri erano assai piccoli. Secondo i censimenti postunitari, c'erano 59.956 stranieri nel 1881 (che rappresentavano lo 0,20 per cento dell'intera popolazione), 61.606 nel 1901 (0,18 per cento) e 79.756 nel 1911 (0,22 per cento). Naturalmente i censimenti non possono essere considerati del tutto affidabili, e probabilmente lo erano ancora meno per quanto riguarda gli stranieri: passaporti e carte d'identità non erano ancora diffusi, e le persone potevano facilmente passare da un'identità nazionale all'altra secondo i loro interessi e desideri. Ma pur tenendo conto che queste cifre sono solo approssimative, danno un'idea sufficientemente chiara della limitata presenza straniera in Italia.[5]

Dei 79.756 stranieri registrati nel 1911, i sudditi degli stati nemici o che lo sarebbero diventati nel corso della guerra erano solo 23.894: 11.911 austro-ungarici, 10.715 tedeschi, 1.187 sudditi dell'Impero ottomano e 81 bulgari. Poco più della metà erano uomini (12.285), mentre 1.374 erano bambini sotto i 15 anni. Un terzo degli occupati lavorava nell'industria, nel

4. Antonio Golini e Flavia Amato, *Uno sguardo a un secolo e mezzo di emigrazione italiana*, in *Storia dell'emigrazione italiana. I, Partenze*, a cura di Piero Bevilacqua, Andreina De Clementi e Emilio Franzina, Roma, Donzelli, 2001, p. 47.

5. Per una breve panoramica generale della presenza straniera in Italia prima della Grande guerra si veda Daniela Luigia Caglioti, *Introduction* a *Elite Migrations in Modern Italy*.

commercio e nel settore bancario e assicurativo. Il 32 per cento dei sudditi di stati nemici viveva in una delle tre maggiori città italiane: Milano, Roma e Napoli. Sempre secondo il censimento, risiedevano in Italia anche 11.121 svizzeri. Erano cittadini di un paese neutrale e quindi "sudditi amici". Tuttavia, poiché venivano per lo più dalle regioni di lingua tedesca della Confederazione svizzera e a causa delle strette relazioni economiche che intrattenevano con i sudditi tedeschi, avrebbero finito per subire molestie spesso paragonabili a quelle inflitte ai sudditi di nazionalità nemica.

I quasi nove mesi di neutralità impedirono all'Italia di chiudere le frontiere. Così, a partire dal luglio 1914, molti stranieri – soprattutto maschi tra i 17 e i 50 anni – lasciarono l'Italia per arruolarsi (spesso volontariamente) nei rispettivi eserciti, riducendo così ulteriormente il numero di potenziali stranieri nemici presenti sul territorio. Poi, a partire dal 1915, quando l'entrata in guerra dell'Italia divenne sempre più probabile con il passare dei giorni, intere famiglie di stranieri si affrettarono ad abbandonare il paese, sollecitate a farlo anche dal Ministero degli esteri tedesco.[6] Le esplosioni di violenza contro gli stranieri nel maggio 1915 – le manifestazioni contro i consolati tedesco e austro-ungarico, le sassaiole e gli incendi indiscriminati di negozi e attività commerciali di proprietà straniera – furono però immediatamente represse dal governo italiano, ma questi episodi e la crescente asprezza della campagna nazionalistica contro i tedeschi contribuirono certamente a convincere molti a partire.[7]

In breve, alla fine del maggio 1915, la presenza straniera in Italia, e soprattutto quella di coloro che avevano una nazionalità nemica, si era probabilmente ridotta a poche migliaia di persone, per lo più donne, anziani e bambini. I tedeschi in particolare continuarono a lasciare l'Italia nei mesi successivi. Secondo un rapporto dell'ambasciata svizzera, alla fine di agosto 1916, quando l'Italia entrò in guerra con la Germania, rimanevano solo 4.180 tedeschi (2.546 donne e 1.634 uomini).[8]

6. PAAAB, R 20339.

7. Sulle violenze e i danni subiti dagli stranieri nemici si veda ACS, A5G-PGM, b. 72/148/2. Sul tentativo del governo di porre fine alle violente manifestazioni si veda «L'Idea Nazionale», 10 maggio 1915. Due anni dopo le manifestazioni, una commissione istituita dal ministro dell'Interno e dal ministro degli Esteri assegnò un risarcimento a ditte svizzere e inglesi per i danni subiti nelle manifestazioni del maggio 1915: ACS, MI-DGPS-DAGE, Cat. Massime, b. 25, *Relazione finale della Commissione centrale per la liquidazione dei danni occasionati a sudditi esteri dai moti di Maggio 1915*, 5 giugno 1917.

8. PAAAB, R 20346, *Protection des intérêts étrangers*, Berna, 4 agosto 1917.

Tuttavia, la dimensione degli investimenti diretti stranieri nell'economia italiana era notevole. Alla fine del 1914, secondo i calcoli di Francesco Saverio Nitti,[9] 292 società per azioni straniere operavano in Italia: 17 di esse erano austro-ungariche, 37 tedesche e 26 svizzere. Tuttavia, per ammissione dello stesso Nitti, in società italiane erano investiti anche capitali tedeschi e svizzeri, che non erano inclusi nella sua stima. L'esponente liberale, quindi, sottostimava la presenza di investimenti stranieri, e tedeschi in particolare, e forse lo faceva per ragioni politiche. Pubblicò il suo pamphlet nel 1915, al culmine del dibattito sull'entrata in guerra dell'Italia, e quindi era probabilmente restio a soffiare sul fuoco della campagna nazionalista e interventista, malgrado simpatizzasse per l'Intesa. Secondo Peter Hertner, il capitale tedesco nelle società per azioni italiane ammontava a quasi 151 milioni di lire (contro i 28 milioni calcolati da Nitti) ed era pari al 21,75 per cento del capitale straniero investito tra il 1883 e il 1911.[10] Sebbene Hertner abbia basato il suo calcolo solo sui dati del «Bollettino delle società commerciali», che non comprendeva immobili, beni mobili e proprietà private, la sua è una cifra che si avvicina di molto a quella stimata nel corso del conflitto dal Ministero dell'industria e del commercio, che ammontava a 128 milioni di lire per industria, commercio, banche e assicurazioni (vedi tabella 1).

Gli investimenti tedeschi erano particolarmente significativi nei servizi municipali (acqua, gas, illuminazione stradale, tram) e nell'industria elettrica, ma quelli tedeschi e svizzeri lo erano anche nel settore tessile. Erano stati anche particolarmente consistenti, nel decennio precedente la guerra, nel settore bancario, ma si erano progressivamente ridotti in ragione dell'aumento di quelli italiani. Il capitale tedesco nella Banca commerciale italiana (BCI), per esempio, era diminuito dal 74 per cento nel 1895 al 10 per cento nel 1901, e poi al 2,4 per cento nel 1914, mentre le partecipazioni svizzere (20,5 per cento) e francesi (14,0 per cento) rimanevano cospicue.[11]

Nonostante la loro importanza, queste cifre indicano che allo scoppio della Prima guerra mondiale l'economia italiana non dipendeva affatto da-

9. Nitti, *Il capitale straniero in Italia*, ora anche in *Scritti di economia e finanza*, vol. 7/2, Bari, Laterza, 1966, Appendice.

10. Peter Hertner, *Il capitale straniero in Italia (1883-1914)*, in «Studi Storici», 22, 4 (1981), pp. 767-795, specialmente Tabella 2, p. 793.

11. Peter Hertner e Francesca Pino, *Unternehmensstrategien und Managementstrukturen einer großen italienischen Bank: die Banca Commerciale Italiana (1894-1945)*, in «Zeitschrift für Unternehmensgeschichte», 45, 2 (2000), pp. 167-204, in part. p. 180.

Tab. 1. Beni appartenenti a sudditi nemici (in lire).

	Tedeschi (esclusi i sudditi tedeschi di "nazionalità francese", cioè alsaziani e lorenesi)		Austro-ungarici (esclusi i sudditi austro-ungarici di "nazionalità italiana", cioè gli austro-ungarici di origine italiana)		Turchi (esclusi i sudditi ottomani di "nazionalità non turca", cioè armeni, greci, curdi, ecc.)		Bulgari	
	N. di individui/ imprese	Valore (in migliaia)	N. di individui, imprese	Valore (in migliaia)	N. di individui/ imprese	Valore (in migliaia)	N. di individui, imprese	Valore (in migliaia)
Beni immobili	499	57,826	259	53,047	2	608	-	-
Attività industriali	93	59,870	30	28,173	-	-	-	-
Attività commerciali	104	17,762	31	3,747	4	43	1	67
Banche, assicurazioni e compagnie di navigazione	12	40,412	4	11,938	-	-	-	-
Alberghi, ristoranti, bar, ecc.	36	9975	15	4,055	1	125	-	-
Beni mobili	3457	126,541	1191	60,445*	23	1162	21	984
Totale	4201	312,386	1503	161,405	30	1938	22	1051

Fonte: ACS, PCM-GE, b. 130, *Censimento dei beni appartenenti a sudditi nemici (dati risultanti al 20 marzo 1917)*.
* Esclusa la somma di L. 630.000 c. dovuta dallo Stato italiano alla Società delle Ferrovie del Sud dell'Austria per il riscatto delle ferrovie dell'Italia nord-orientale.

gli investimenti stranieri. Tuttavia, la presunta dipendenza dal capitale (tedesco in particolare) divenne uno dei principali temi della campagna della stampa nazionalista per l'entrata in guerra dell'Italia a fianco dell'Intesa. Questa campagna non si placò con l'ingresso in guerra contro l'Austria-Ungheria del maggio 1915, e continuò con veemenza ben oltre la successiva dichiarazione di guerra contro la Germania nell'agosto 1916.

Nonostante la germanofilia di molti politici, ufficiali e intellettuali italiani, dopo lo scoppio del conflitto le campagne si intensificarono e la germanofobia arrivò a dominare il discorso pubblico. La parola "tedesco" divenne sinonimo di "spia" e "nemico", mentre la Germania, ben prima dell'agosto 1916, si trasformò nella principale minaccia e nel più importante nemico dell'Italia.[12] Secondo il discorso nazionalista, la sconfitta della Germania avrebbe condotto all'emancipazione dell'Italia dalla sua morsa soffocante. La guerra contro l'impero guglielmino doveva quindi essere combattuta su due fronti: quello militare e quello economico al fine di realizzare la italianizzazione del sistema industriale e bancario del paese.

L'entrata in guerra dell'Italia e le misure contro gli stranieri nemici

Quando l'Italia entrò in guerra, altri paesi belligeranti avevano già affrontato il problema degli stranieri nemici nei loro territori. Gran Bretagna, Francia e Germania avevano organizzato campi di internamento per i civili; la Gran Bretagna aveva rimpatriato donne e bambini; la Germania aveva deportato uomini e donne di nazionalità francese e belga dalle zone occupate in campi di internamento; l'Impero russo aveva emanato disposizioni per la confisca dei beni degli stranieri nemici; la Francia aveva introdotto la denaturalizzazione delle persone che avevano recentemente acquisito la cittadinanza francese.[13] Leggi restrittive sul commercio con il nemico e sanzioni economiche erano già in vigore in Gran Bretagna e Francia.[14]

12. Cfr. Ventrone, *La seduzione totalitaria*, p. 107 e ss.

13. Si vedano, oltre alla letteratura citata alle note 2 e 3, Farcy, *Les camps de concentration français*; Patrick Weil, *Qu'est-ce q'un français? Histoire de la nationalité française depuis la Révolution,* Paris, Gallimard, 2004; e Becker, *Oubliés de la grande guerre*.

14. Franz Scholz, *Privateigentum im besetzten und unbesetzen Feindesland unter besonderer Berücksichtigung der Praxis des Weltkriegs,* Berlin, Verlag von Otto Liebmann, 1919.

L'Italia aveva quindi diversi esempi da imitare, e aveva infatti iniziato ad adottare politiche nei confronti degli stranieri e sullo spionaggio già durante i mesi della neutralità. Nel marzo 1915, il parlamento aveva promulgato una legge contro lo spionaggio. Poi, in maggio, aveva emanato un decreto che proibiva l'ingresso nel paese senza passaporto e visto, e imponeva agli stranieri residenti di registrarsi presso la polizia, ai proprietari di immobili di segnalare le vendite a stranieri, e agli alberghi di notificare la presenza di stranieri.[15] Dopo lo scoppio della guerra, nuove misure imposero l'evacuazione delle zone dietro le linee del fronte; l'Impero austro-ungarico fece lo stesso, e questo causò grandi spostamenti di rifugiati su entrambi i versanti della frontiera.

In quello stesso mese, tre giorni prima della dichiarazione di guerra, il governo italiano firmò un accordo segreto con la Germania. L'intesa Bollati-Jagow (dal nome dell'ambasciatore italiano a Berlino e del ministro degli Esteri tedesco) riguardava «il trattamento dei rispettivi sudditi durante lo stato di guerra». Impegnava l'Italia e la Germania a rispettare le persone e le proprietà dei sudditi delle due nazioni nei loro rispettivi territori. Riconosceva anche il diritto ad espatriare, ma permetteva ai sudditi dell'altro paese di mantenere la loro residenza senza essere molestati o discriminati. Infine, prevedeva la possibilità di imporre agli stranieri nemici di risiedere in località designate, ma in generale metteva i nazionali dei due paesi sullo stesso piano di quelli dei paesi neutrali.[16]

In conseguenza di questo accordo (presto messo in discussione e poi annullato), le prime misure restrittive furono attuate solo contro i sudditi austro-ungarici residenti in Italia, e successivamente contro quelli ottomani di "nazionalità turca".[17] Nel gennaio 1916, tuttavia, si decise di estendere le disposizioni ai tedeschi, in quanto "alleati dei nemici" (secondo la formu-

15. DL 634, 2 maggio 1915 (GU, 123, 19 maggio 1915). I provvedimenti furono poi estesi per tutta la durata della guerra con il DL 1824 del 23 dicembre 1915.

16. Cfr. Ministero degli affari esteri, *I documenti diplomatici italiani, quinta serie: 1914-1918,* III (3 marzo-24 maggio 1915), Roma, Istituto Poligrafico e Zecca dello Stato, 1985, III (3 marzo-24 maggio 1915), docc. 724, 736 e 746. Su questo accordo si veda Josef Muhr, *Die deutsch-italienischen Beziehungen in der Ära des Ersten Weltkrieges (1914-1922),* Göttingen-Zürich, Musterschmidt, 1977, p. 127 e ss.

17. DL 1755, 25 novembre 1915 (GU, 309, 20 dicembre 1915) e 103, 30 gennaio 1916 (GU, 36, 14 febbraio 1916); DL 320, 12 marzo 1916 (GU, 69, 23 marzo 1916). Sul problema dell'attuazione dell'accordo si veda il rapporto dell'ambasciata svizzera citato alla nota 8.

lazione decisa dal governo),[18] mentre si decise di esentare i bulgari visto il loro esiguo numero in Italia, e per evitare che gli interessi italiani in Bulgaria fossero danneggiati per rappresaglia.[19] Con la dichiarazione di guerra alla Germania del 28 agosto 1916, i tedeschi entrarono ufficialmente nella categoria degli stranieri nemici.

Tra il maggio 1915 e il gennaio 1920, il governo italiano emise non meno di trentacinque decreti che avevano un impatto negativo sulla vita dei civili di nazionalità nemica. Questi decreti regolavano vari aspetti della loro esistenza: la cittadinanza, il diritto di risiedere e circolare in Italia, il diritto di possedere, acquistare o vendere proprietà, di commerciare, di riunirsi, di ricevere posta. Come in molti altri paesi belligeranti, i provvedimenti colpivano le tre grandi sfere dei diritti civili, dei diritti di proprietà e della libertà personale. Le misure colpivano anche i cittadini dei paesi alleati o neutrali,[20] e i sudditi italiani accusati di essere "filo-austriaci" o di "intelligenza con il nemico". In generale, comunque, fino alla dichiarazione di guerra contro la Germania, l'atteggiamento del governo italiano sulla questione degli stranieri nemici fu piuttosto cauto, e l'applicazione di queste misure variò molto tra le varie parti del paese. Furono applicate con molto più zelo nella zona di guerra – dove la responsabilità della loro esecuzione era affidata all'esercito – che nel resto del paese. Ai sudditi austro-ungarici e ottomani furono preclusi il commercio, la vendita di beni immobili sul territorio italiano e il ricorso ai tribunali. Per quanto riguarda la libertà personale, il governo resistette alle richieste della stampa nazionalista per l'internamento generalizzato degli stranieri nemici, e invece ricorse in gran parte alla residenza forzata in Sardegna per i maschi dai 18 ai 50 anni, mentre donne, bambini e anziani furono espulsi dalle zone di

18. DL 93, 4 febbraio 1916 (GU, 33, 10 febbraio 1916); DL 902, 24 giugno 1915 (GU, 158, 24 giugno 1915); DL 864, 18 luglio 1916 (GU, 170, 20 luglio 1916).

19. API, CD, Legislatura XXIV, I Sessione, *Discussioni*, Tornata del 20 febbraio 1918, Roma, Tipografia della Camera dei Deputati, 1918, p. 15895.

20. Per esempio, le disposizioni relative alla cittadinanza o la preclusione agli stranieri di insegnare nelle scuole e nelle università italiane. Il DL 1144 del 23 luglio 1915 (GU, 190, 31 luglio 1915) sospese tutte le concessioni di cittadinanza riguardanti persone che avevano acquisito il diritto di richiederla dopo 10 anni di residenza in Italia. Il DL 36, 18 gennaio 1918 (GU, 20, 24 gennaio 1918), introdusse la possibilità di revocare le cittadinanze concesse nei dieci anni precedenti (art. 4). Nell'ultimo anno di guerra, furono fatte delle eccezioni al DL 1144 per coloro che erano disposti a essere immediatamente arruolati (DL 1029, 14 luglio 1918 in GU, 180, 31 luglio 1918).

guerra o autorizzati a rimpatriare attraverso la Svizzera.[21] Il domicilio coatto, una misura amministrativa di polizia presente nella legge di pubblica sicurezza del 1889 – una disposizione più blanda dell'internamento e, talvolta, dei lavori forzati adottati in vari altri paesi belligeranti[22] – aveva il vantaggio di dare al governo, e alle autorità militari, ampi margini di discrezionalità. Infatti, esso poteva essere applicato anche a italiani ritenuti sospetti o pericolosi, e a stranieri che non rientravano nella categoria degli stranieri nemici. Allo stesso tempo, permetteva di fare delle eccezioni per singoli individui, e di distinguere, all'interno della categoria degli austro-ungarici, tra "tedeschi", "slavi" e "italiani",[23] esentando i secondi e i terzi.[24]

Una svolta, che inaugurò una fase in cui furono assunti provvedimenti più duri, si ebbe nell'estate del 1916. Essa fu determinata da diversi fattori: il prolungarsi del conflitto; la decisione degli alleati di intensificare la guerra economica contro le Potenze Centrali presa alla Conferenza di Parigi del giugno 1916; l'avvicinarsi della dichiarazione di guerra dell'Italia alla Germania. Il governo italiano firmò solo la prima delle risoluzioni adottate a Parigi, ossia quella che proibiva il commercio con il nemico e gli stranieri nemici, e prevedeva il sequestro fino all'eventuale liquidazione delle loro ditte e dei loro interessi economici, la repressione del contrabbando ed esortava gli alleati a unificare le *black -lists*, le liste cioè di ditte e società commerciali di proprietà nemica con cui era vietato fare affari, per tutta la durata della guerra. Sul resto – e cioè sulle misure che avrebbero permesso di continuare la guerra economica durante la ricostruzione postbellica – l'Italia si astenne e decise di

21. ACS, MI-DGPS-DPGPAS-PI, b. 23, lettera riservata del ministro degli Affari esteri, 31 agosto 1915; ivi, lettera riservata del ministro dell'Interno al ministro degli Affari esteri, 8 settembre 1915.

22. Per un quadro comparativo dell'internamento degli stranieri nemici si veda Stibbe, *Civilian Internment and Civilian Internees*.

23. Per "italiani" il ministro degli Esteri Sidney Sonnino intendeva i residenti di lingua italiana nella Repubblica di San Marino, nel Canton Ticino e nel Canton Grigioni, nel Tirolo italiano, in Istria fino al Golfo del Quarnero, in Dalmazia, nel territorio di Gorizia, nella contea di Nizza fino al fiume Var, nell'isola di Corsica e nell'isola di Malta. Vedi ACS, MI-DGPS-DPGPAS-PI, b. 23.

24. I vari uffici, ministeri e commissioni esaminarono migliaia di ricorsi, molti dei quali furono accolti. A titolo di esempio si veda ACS, Comando Supremo R. Esercito italiano, Segretariato generale per gli affari civili, b. 211, f. 6, *Revisione internamenti*; b. 226.

mantenere il diritto di riprendere i rapporti commerciali con la Germania dopo la firma delle trattative di pace.[25]

La risoluzione sul sequestro e la liquidazione delle imprese commerciali spazzò via in un colpo solo una consolidata tradizione del diritto internazionale continentale che aveva sempre salvaguardato la proprietà privata, anche in tempo di guerra.[26] Allo stesso tempo, aprì la strada alla tanto auspicata italianizzazione del sistema industriale e finanziario del paese. Due decreti (D.L. 960 e 961, 8 agosto 1916) stabilirono che ogni azienda in cui fosse presente un interesse straniero nemico dovesse essere posta sotto sindacato (ossia sotto amministrazione controllata italiana) oppure sequestro. I decreti limitavano anche i diritti di commerciare, di fare affari in genere, di possedere proprietà, azioni e così via, o di far ricorso alla giustizia.[27] Queste disposizioni furono poi seguite da altre, per esempio sulla proprietà intellettuale,[28] e formarono il nucleo delle politiche economiche contro gli stranieri nemici.

La terza fase fu caratterizzata dalla reazione alla sconfitta di Caporetto. Il disastro militare del 24 ottobre 1917, con i suoi tragici esiti – l'occupazione di gran parte del nord-est del Regno, il gran numero di morti, di prigionieri di guerra, e di soldati in fuga – provocò un cambiamento nel comando militare, la formazione di un nuovo governo e un aspro dibattito, che portò a una riorganizzazione del fronte interno. L'inasprimento delle misure sui civili di nazionalità nemica e la loro applicazione faceva parte di questa riorganizzazione. Le principali disposizioni furono fissate nel decreto n. 36 del 18 gennaio 1918, che stabiliva il sequestro di tutti i beni appartenenti agli stranieri nemici, la possibile perdita della cittadinanza da parte di persone che l'avevano acquisita da poco, e l'internamento in Sardegna degli stranieri nemici.

25. Cfr. Economic Conference of the Allies, *Text of the Paris Economic Pact*, s.l., s.e., 1916; Georges-Henri Soutou, *L'or et le sang: les buts de guerre économiques de la première guerre mondiale,* Paris, Fayard, 1989, p. 273.

26. Su questa tradizione si vedano le considerazioni di un giurista dell'epoca: Borchard, *Enemy Private Property*.

27. Per le istruzioni sull'applicazione delle disposizioni vedi ACS, MIG-BSSN, b. 1, fasc. 3.

28. DL 533, 22 marzo 1917 (GU, 84, 10 aprile 1917) e DL 725, 29 aprile 1917 (GU, 120, 23 maggio 1917).

La guerra economica

Le misure contro i capitali, le proprietà, le aziende e i negozi dei civili di nazionalità nemica in Italia furono di gran lunga quelle foriere di maggiori conseguenze. La guerra economica contro gli stranieri nemici in Italia fu combattuta su due fronti diversi, in due fasi distinte e con modalità diverse. Il primo fronte fu quello dei settori cruciali per il sistema industriale e l'economia di guerra – l'industria elettrica, le banche e le municipalizzate – che il governo cercò di "nostrificare"[29] espellendo i capitali stranieri e riducendo il controllo delle banche, come la BCI, su di essi. Il secondo fronte fu quello delle proprietà e delle imprese dei singoli stranieri nemici sul territorio italiano. La prima fase durò dal luglio 1914 al luglio 1916. La seconda iniziò nell'agosto 1916 e si concluse con l'applicazione dei trattati di pace.

Gli attori di questa guerra economica, combattuta in parallelo alla campagna militare, furono numerosi: il governo e le burocrazie locali (le prefetture, le intendenze di finanza, la polizia e così via), le banche miste (la BCI e la BIS), i grandi gruppi industriali, soprattutto quelli operanti nel settore elettrico, i dirigenti delle grandi aziende coinvolte nell'economia di guerra (ad esempio i fratelli Pio e Mario Perrone dell'Ansaldo di Genova); e l'opinione pubblica nazionalista che, con l'appoggio e i finanziamenti degli alleati, lanciò una serie di virulente campagne di stampa contro gli investimenti stranieri, la dipendenza dell'economia italiana dalla Germania e gli stranieri nemici.[30]

Questo tipo di guerra economica contribuì a portare a termine con successo la nazionalizzazione – o meglio, l'italianizzazione – di gran parte del sistema industriale e finanziario italiano.[31] I cambi di proprietà furono accompagnati dalla riorganizzazione del sistema industriale italiano sia in

29. Sul concetto di "nostrificazione" si veda Alice Teichova, *East-Central and South-East Europe*, in *The Cambridge Economic History of Europe*, vol. 8, *The Industrial Economies: The Development of Economic and Social Policies*, a cura di Peter Mathias e Sidney Pollard, Cambridge, Cambridge University Press, 1989, p. 905.

30. Sul sostegno alleato alla stampa italiana si veda Falchero, *La Banca italiana di sconto, 1914-1921*, p. 55 e ss. Sul tentativo tedesco di influenzare l'opinione pubblica italiana si veda Alberto Monticone, *La Germania e la neutralità italiana: 1914-1915,* Bologna, il Mulino, 1971, p. 90 e ss.

31. Sul progetto di italianizzazione si veda Alberto Monticone, *Nitti e la Grande guerra (1914-1918),* Milano, Giuffrè, 1961, p. 199 e ss.

termini di concentrazione che di verticalizzazione, dalla sua emancipazione dal controllo delle grandi banche miste e dalla sua espansione in settori come la chimica in cui, prima della guerra, la dipendenza dalla Germania era stata quasi totale.[32]

Almeno nel settore bancario, l'italianizzazione era in verità iniziata prima della guerra e si era quasi completata nel decennio precedente. Questo non impedì che la BCI divenisse il bersaglio principale di una violenta campagna di stampa diretta anche contro il capitale svizzero che si concentrò soprattutto sui direttori della banca – Otto Joel e Federico Weil – entrambi di origine tedesca ma naturalizzati italiani, e su buona parte del consiglio di amministrazione, che fu costretto alle dimissioni.[33]

I costi dell'italianizzazione furono sostenuti non solo da capitali, imprenditori e banchieri di nazionalità nemica (tedeschi e, solo in rari casi, austriaci), ma anche, e significativamente, da capitali, imprenditori e banchieri svizzeri. Molte delle società operanti in Italia, infatti, erano di proprietà svizzera ma con significative partecipazioni tedesche, e spesso era difficile distinguere la reale nazionalità del capitale.[34]

L'italianizzazione si realizzò in modi diversi.[35] Nel caso delle banche e dei grandi gruppi industriali fu fatta impiegando, formalmente, gli strumenti propri di un'economia di mercato: aumenti di capitale e acquisizioni

32. Si veda, ad esempio, Giorgio Mori, *Le guerre parallele. L'industria elettrica in Italia nel periodo della Grande guerra (1914-1919)*, in «Studi Storici», 14, 2 (1973), pp. 292-372; Antonio Confalonieri, *Banche miste e grande industria in Italia, 1914-1933,* vol. I, Milano, Banca commerciale italiana, 1994. Sull'industria chimica si veda Vera Zamagni, *L'industria chimica in Italia dalle origini agli anni '70*, in *Montecatini, 1888-1966: capitoli di storia di una grande impresa*, a cura di Franco Amatori e Bruno Bezza, Bologna, il Mulino, 1990, pp. 69-148.

33. Cfr. Hertner e Pino, *Unternehmensstrategien*, p. 180, ma anche Confalonieri, *Banche miste e grande industria*, p. 47. Sulla campagna di stampa e sul ruolo della BIS si veda Ernesto Galli della Loggia, *Problemi di sviluppo industriale e nuovi equilibri politici alla vigilia della prima guerra mondiale: la fondazione della Banca Italiana di Sconto*, in «Rivista Storica Italiana», LXXXII (1970), pp. 824-886. Su Otto Joel, si veda Roberta Garruccio, *Minoranze in affari: La formazione di un banchiere: Otto Joel*, Soveria Mannelli, Rubbettino, 2002.

34. Marco Doria e Peter Hertner, *L'industria elettrotecnica*, in *Storia dell'industria elettrica*, a cura di Giorgio Mori, Roma-Bari, Laterza, 1992, pp. 571-602, in particolare p. 575.

35. Peter Hertner, *La lotta tra i grandi gruppi*, in *Storia dell'industria elettrica. 2. Il potenziamento tecnico e finanziario (1914-1925)*, a cura di Luigi De Rosa, Roma-Bari, Laterza, 1993, pp. 451-464, in particolare p. 454.

di azioni vendute da tedeschi che lasciavano l'Italia o per scelta o perché indotti da pressioni più o meno forti a ritirarsi, a svendere le loro azioni e a dimettersi dai consigli di amministrazione.[36] Un ruolo decisivo in queste acquisizioni fu giocato da banche create *ad hoc* per contrastare la presenza tedesca, ad esempio la già citata BIS, fondata nel 1914.[37] Un ruolo altrettanto decisivo fu giocato da aziende come la Società Nazionale per le Imprese Elettriche, creata nel luglio 1916, con la benedizione informale del governo e della Banca d'Italia, e il sostanziale appoggio della BIS con il preciso intento di acquistare le quote delle società per azioni italiane in mano ai grandi gruppi tedeschi.[38]

Tuttavia, mentre in questa prima fase l'italianizzazione avvenne sia attraverso acquisizioni senza scrupoli sia tramite operazioni finanziarie effettuate senza il coinvolgimento diretto dello Stato e delle sue istituzioni, dopo l'agosto 1916 le regole del gioco cambiarono completamente grazie ai decreti 960 e 961. Le prefetture, avuto l'ordine di mettere sotto amministrazione controllata o sequestro le imprese di proprietà di stranieri di nazionalità nemica, prepararono il terreno per facilitare le acquisizioni italiane dopo i trattati di pace. Nel febbraio 1917, 1.250 imprese tedesche di dimensioni diverse furono trasferite sotto il controllo di amministratori italiani o poste sotto sequestro.[39] Le città in cui si registrò il maggior numero di sequestri furono quelle in cui maggiore era la presenza straniera: Milano, Roma, Napoli e Genova.[40] Il controllo statale e i sequestri continuarono per tutto il 1917. Infatti, per renderli ancora più efficaci, il Ministero dell'industria e del commercio condusse un censimento i cui risultati

36. Un buon esempio di questa procedura è quella adottata dalla società Tubi Mannesmann, per la quale si veda Peter Hertner, *Deutsches Kapital in Italien: Die Società Tubi Mannesmann in Dalmine bei Bergamo, 1906-1916*, in «Zeitschrift für Unternehmensgeschichte / Journal of Business History», 22, 3 (1977), pp. 183-204 e Id., *Deutsches Kapital in Italien* (2. Teil).

37. Galli della Loggia, *Problemi di sviluppo industriale*, pp. 824-886.

38. Si veda la lettera di Luigi Della Torre, amministratore della Banca Zaccaria Pisa, a Bonaldo Stringher, direttore generale della Banca d'Italia, del 12 luglio 1916 in *La banca d'Italia e l'economia di guerra*, a cura di Gianni Toniolo, Roma-Bari, Laterza, 1989, pp. 234-236.

39. PAAAB, R52164, Reichsministerium des Innern, in «Denkschrift über die vermögensrechtlichen Ansprüche gegen das feindliche Land», 20 febbraio 1919, p. 74.

40. ACS, MIG-BSSN, b. 1, *Elenco delle ditte sottoposte a sindacato e a sequestro (a norma del Decreto Luogotenenziale 8 agosto 1916, n. 961).*

furono pubblicati nel marzo 1917.[41] Secondo questa indagine, c'erano in Italia 4.201 possidenti di nazionalità tedesca, 1.503 austro-ungarici, 30 turchi e 22 bulgari. Il censimento raccoglieva informazioni sui beni immobili e mobili, sulle proprietà commerciali e sulle proprietà industriali. Il valore complessivo dei beni che il governo aveva già sequestrato o stava per sequestrare ammontava a 476.780.000 lire (vedi tabella 1).

Il censimento, e soprattutto la parte relativa ai beni immobili e mobili non commerciali, servì come base per l'ulteriore ondata di sequestri seguita alla pubblicazione del decreto n. 36 del 18 gennaio 1918, che colpì anche le istituzioni religiose e culturali straniere (la Deutsche Akademie di Roma, il Kunsthistorisches Institut di Firenze, l'Istituto di Vulcanologia di Napoli, solo per fare alcuni esempi),[42] ambasciate e beni personali dei due imperatori (Palazzo Caffarelli e Palazzo Venezia a Roma, Villa d'Este a Tivoli, tra gli altri),[43] alberghi e piccole e grandi residenze private come quelle sul lago di Garda, o in grandi città (come Palazzo Mattei o Villa Celimontana a Roma), terreni, depositi bancari, ma anche oggetti d'arte, strumenti musicali, gioielli o vestiti.[44]

Tuttavia, i sequestri condotti con grande determinazione e diligenza dallo stato attraverso le sue burocrazie locali non riuscirono a placare le campagne di stampa con il loro «stile intessuto di mezze verità, di illazioni calunniose, di ipotetici collegamenti tra fatti disparati, e con un torbido fondo di irrazionalismo pararazzista».[45] Le disposizioni dell'agosto 1916, e quelle poi promulgate nel gennaio 1918, erano infatti considerate ancora troppo blande da vari ambienti, che chiedevano l'intensificazione dei sequestri, la liquidazione dei beni già sequestrati e la loro vendita agli italiani, la denaturalizzazione dei sudditi italiani di origine nemica, anche di quelli in servizio nell'esercito.[46]

41. Una bozza dell'inchiesta datata 20 marzo 1917 si trova in ACS, PCM-GE, b. 130.

42. BABL, R901/85587; R901/85681.

43. ACS, A5G-PGM, B, 782/148/2.

44. ACS, MIG-BSSN, b. 2, fasc. 27.

45. Galli della Loggia, *Problemi di sviluppo industriale* p. 859.

46. Si veda tra i numerosi articoli sull'argomento: *Sudditi nemici?*, in «Il Popolo d'Italia», 2 dicembre 1917; *Per l'uniformità di trattamento a tutti i sudditi nemici*, in «La Tribuna», 4 dicembre 1917; *La convenzione Bollati-Jagow è decaduta!*, in «Il Popolo d'Italia», 29 dicembre 1917; *Beni e sudditi nemici. Si fa sul serio? Oltre 1800 sudditi nemici internati*, in «Il Popolo d'Italia», 6 gennaio 1918. Vedi anche le richieste del *Congresso di azione*

Tedeschi nemici a Napoli

Sebbene esagerate rispetto alla reale minaccia rappresentata dall'esiguo numero di sudditi di nazionalità nemica residenti in Italia, le misure adottate dal governo (e la campagna nazionalista) ebbero un profondo e forte impatto sulla vita dei pochi tedeschi e austro-ungarici che le subirono. Per analizzare più da vicino il problema discusso nelle pagine precedenti, la parte finale di questo capitolo si concentra su un'area circoscritta situata lontano dal fronte di battaglia: la città di Napoli e i suoi dintorni.

Secondo il censimento del 1911, Napoli era ancora la città più grande d'Italia con i suoi 751.211 abitanti, e la terza, dopo Milano e Roma, per presenza di stranieri. Era anche un porto di media importanza strategica, grazie alla sua giovane industria siderurgica, istituita nel 1904 con la prima legge speciale per lo sviluppo dell'Italia meridionale, e alle sue ben più antiche industrie navali e meccaniche. La città e la sua popolazione, l'industria pesante e le manifatture tessili furono da subito e pienamente coinvolte nello sforzo bellico, mentre, come nel resto del paese, la popolazione napoletana si divideva tra neutralisti, interventisti e indifferenti. Di nuovo, come nel resto del paese, interventisti e nazionalisti dominavano la scena e il discorso pubblico, specialmente negli ultimi mesi del periodo di neutralità. In questo discorso, il nazionalismo economico – o meglio la necessità di liberare l'economia italiana dalla morsa tedesca – occupava un posto speciale e gli stranieri nemici, i tedeschi in particolare, vi giocavano il ruolo dei cattivi.

Oltre agli investimenti diretti, che costituivano un pilastro importante dell'economia della città,[47] Napoli ospitava anche una piccola (poche migliaia) comunità straniera composta principalmente da tedeschi, svizzeri, francesi e britannici, proprietari di imprese tessili e di ingegneria, attivi nel commercio di importazione e d esportazione, nel settore bancario, nelle assicurazioni e nelle spedizioni transatlantiche. Tra loro, i tedeschi e gli austro-ungarici, secondo il censimento del 1911, ammontavano a circa un migliaio. Mentre gli svizzeri, secondo la stessa fonte, erano 485.

In alcuni casi, questi stranieri avevano vissuto a Napoli o nella sua regione per diversi decenni; molti erano persino nati lì, ma non avevano mai

antitedesca in ACS, MIG-BSSN, b. 4, maggio 1918. Anche PAAAB, R22205 che sottolineava l'opposizione di Vittorio Emanuele Orlando nei confronti di misure più severe.

47. Nitti, *Il capitale straniero*, p. 398.

pensato di richiedere la cittadinanza italiana e mantenevano forti legami con la loro patria. I tedeschi, e gli svizzeri neutrali di lingua tedesca, giocavano un ruolo di primo piano in questa comunità. Con le loro imprese di cotone dominavano il settore tessile e avevano anche esercitato il primato nel settore bancario fino alla vendita nel 1905 della Banca Meuricoffre al Credito italiano. Durante tutto il secolo precedente la guerra, le relazioni tra la comunità straniera e la popolazione locale erano state pacifiche e serene. Tedeschi e svizzeri si mescolavano raramente con la società locale. Vivevano una sorta di vita parallela a ranghi chiusi, si sposavano solo con connazionali o correligionari, avevano una socialità separata e i loro riti, ed erano poco o per nulla coinvolti nella politica locale.[48]

La guerra cambiò tutto. La popolazione napoletana, che prima della guerra si era raramente accorta della presenza straniera, cominciò a percepire i tedeschi e gli stranieri in generale come "nemici interni". Anche se la città non divenne teatro di manifestazioni particolarmente aggressive contro gli stranieri, la paranoia dello spionaggio e l'isteria diedero occasionalmente luogo a improvvisi scoppi di violenza, che i giornali riportarono regolarmente, e probabilmente anche amplificarono per incentivare la mobilitazione e le reazioni patriottiche. Nel maggio 1915, l'indignazione provocata dall'affondamento del *Lusitania* e l'entusiasmo per l'entrata in guerra dell'Italia si combinarono per produrre violente manifestazioni contro i consolati tedeschi e austro-ungarici in tutte le grandi città italiane. Napoli non fece eccezione. Per settimane, prima dell'entrata in guerra, i dimostranti presero di mira il consolato tedesco. Il prefetto di Napoli, Guido Menzinger, preoccupato per il mantenimento dell'ordine pubblico, invitò Carl Aselmeyer, il console tedesco e la figura più in vista della colonia tedesca napoletana, a lasciare la città. Anche se la guerra contro la Germania era lontana dall'essere dichiarata, era già chiaro che i tedeschi sarebbero stati l'obiettivo principale dell'odio nazionalistico.[49]

Gli episodi di violenza e rabbia a Napoli fecero eco a quelli simili in altre città italiane ed europee. I giornali locali erano pieni di voci su presunte spie straniere. La paranoia e l'isteria di guerra trasformarono preti,

48. Sulla presenza straniera a Napoli e sull'élite imprenditoriale protestante si veda Caglioti, *Vite parallele*.

49. ACS, PCM-GE, b. 130bis, 5, *Chiarimenti sulla cittadinanza italiana del cav. C. Aselmeyer in risposta a quesiti proposti dall'On. Presidente del Comitato pei beni dei sudditi di Stati ex-nemici*.

suore, donne, marinai di passaggio o turisti che fotografavano le principali attrazioni della città in vittime di delazioni e proteste popolari. La partenza degli uomini per le loro patrie e i loro eserciti rendeva le straniere particolarmente vulnerabili. Nel gennaio 1916 un gruppo di persone aggredì una donna che passeggiava nel centro della città semplicemente perché qualcuno affermò che era austriaca. Nello stesso periodo una suora, il cui aspetto "maschile" suscitò i sospetti di un passante, fu circondata da una folla minacciosa che pensava che sotto le sue vesti si celasse un uomo, un nemico e una spia. L'arrivo della polizia non disperse la folla, che continuò a manifestare per ore, urlando e lanciando pietre contro la stazione di polizia.[50] Nel giugno 1916, un marinaio inglese fu picchiato da una folla di *scugnizzi*, venditori ambulanti e passanti, che pensavano fosse un austriaco.[51] Pochi giorni dopo, furono arrestati alcuni stranieri che scattavano fotografie. Furono rilasciati solo quando le loro fotografie che ritraevano il Vesuvio e chiese famose mostrarono chiaramente che si trattava di turisti interessati solo all'arte e al paesaggio.[52]

Ma la guerra e la febbre dello spionaggio non colpirono solo l'esistenza di stranieri sconosciuti e di passaggio. Ebbero anche un forte impatto sulla vita di quei tanti stranieri che lavoravano e vivevano nella città e nei suoi dintorni da decenni, così come sulle loro istituzioni.[53] All'inizio del 1915, il consolato tedesco a Napoli incoraggiò tutte le famiglie tedesche residenti in città a rimpatriare al più presto.[54] I timori e le minacce di violenza – una vera e propria "psicosi di guerra" – convinsero i pochi tedeschi rimasti a Napoli ad assumere guardie private per proteggere case e proprietà da possibili attacchi xenofobi e nazionalisti.[55] Quegli stessi timori indussero gli svizzeri di

50. Notizia apparsa ne «Il Roma», 9 giugno 1916, citato da Giuseppe Moschella, *Il fronte interno: Napoli durante la Prima guerra mondiale*, Tesi di laurea magistrale in Storia dell'Europa contemporanea, Università di Napoli Federico II, Facoltà di Scienze Politiche, aa. 2006-2007.

51. Notizia apparsa ne «Il Mattino», 30-31 maggio 1916, citato *ibidem.*

52. Notizia apparsa ne «Il Mattino», 26-27 giugno 1916, citato *ibidem.*

53. Si veda, per esempio, la campagna lanciata dal giornale «L'Idea Nazionale» il 10 giugno 1915 contro il vulcanologo tedesco Immanuel Friedlander e il suo Istituto di Vulcanologia e le conseguenze di questa campagna descritte dallo stesso Friedlander nella corrispondenza con il Ministero degli affari esteri tedesco in BABL, R901/85587.

54. ADFEGN, *Geschichte der deutschen Kolonie in Neapel*, pp. 11-12 di un dattiloscritto non numerato.

55. Si vedano i casi delle famiglie Aselmeyer e Friedlander raccontati in ADFEGN, [Carl Aselmeyer], *Einige Angaben zur Beschreibung der deutschen Kolonie in Neapel*, dattiloscritto, pp. 24-25.

lingua tedesca a passare all'italiano in presenza di domestici e impiegati per evitare di essere scambiati per nemici austriaci o tedeschi.[56]

In particolare, la guerra cambiò profondamente la *Deutsche-französische evangelische Gemeinde* fondata nel 1826. La *Gemeinde* era un punto di riferimento per gli stranieri protestanti (ad eccezione degli anglicani, che avevano la loro chiesa e le loro istituzioni) che vivevano permanentemente o temporaneamente a Napoli. La maggior parte dei suoi membri era di nazionalità tedesca o svizzera. Frequentavano il servizio domenicale tenuto in lingua tedesca e francese nella chiesa evangelica costruita in stile neogotico nel 1865; partecipavano alle riunioni del concistoro; mandavano i loro figli alla scuola tedesca e si affidavano all'ospedale tedesco per i loro bisogni medici. Si incontravano regolarmente per il tempo libero nella *Deutsche-schweizerische Gesellschaft* e nel *Deutsches Museum*, giocavano a tennis sui prati del *Tennis Club* di Fratte o a bocce al *Kegel Club*, entrambi aperti solo a persone di lingua tedesca.

Con lo scoppio della guerra questa routine fu interrotta. La scuola tedesca divenne una scuola svizzera nel 1915. Il cambiamento riguardò non solo il nome, ma anche la direzione, il personale e il programma d'insegnamento: le classi di lingua tedesca persero la loro posizione centrale e privilegiata mentre la lingua e la letteratura italiana assunsero per la prima volta un posto di rilievo.[57] Nello stesso periodo l'Ospedale Tedesco cambiò il suo nome in Ospedale Evangelico. La targa sulla facciata dell'edificio che lo ospitava con il nome del donatore – «Villa Aselmeyer» – fu tolta, così come furono rimossi dall'atrio i ritratti dei principali fondatori e sottoscrittori: Friedrich Julius Aselmeyer e Eduard Obenaus. La parte tedesca della comunità cercò di diventare meno visibile nascondendo il suo nome: dal 1916-17 in poi pubblicò il suo rapporto annuale con l'intestazione *Evangelische Gemeinde d.T.*, invece che *Deutsche evangelische Gemeinde* come era stato fin dal 1865.[58] Gli svizzeri sostituirono i tedeschi in tutti i consigli di amministrazione delle istituzioni straniere protestanti: nella scuola, nell'ospedale, nella chiesa. Il culto continuò a essere celebrato nelle chiese di Napoli e di Fratte di Salerno (vicino alle aziende di cotone), ma solo in francese. Il pastore tedesco si era intanto arruolato nell'esercito e fu

56. Questo è ciò che lo svizzero Giovanni Wenner, nato nel 1914, mi ha raccontato in un'intervista sulla sua famiglia e la sua vita, realizzata il 29 luglio 2000.

57. Jakob Job, *Im Dienste der Heimat: Erlebnisse an der Schweizerschule in Neapel*, Zurigo, Gute Schriften, 1935, p. 5.

58. d.T. stava per «deutsche Teil» (sezione tedesca).

sostituito dal pastore della parte francese/svizzera della comunità. Tutte le cerimonie – servizi liturgici, battesimi, matrimoni, funerali –, che si erano regolarmente svolte in tempo di pace a Capri, Nocera, Scafati e Piedimonte d'Alife, furono sospese.[59]

Quelli che non lasciarono la città in tempo rimasero relativamente indisturbati fino alla fine del 1917. Ma dopo che il governo decise una nuova politica all'inizio del 1918 e, soprattutto, dopo i bombardamenti che scossero Napoli l'11 e il 14 marzo 1918, il destino dei pochi stranieri nemici rimasti in città fu il confino. Secondo un articolo pubblicato ne «Il Mattino», il principale giornale locale, poco più di trecento civili di nazionalità nemica erano ancora a Napoli all'inizio del quarto anno di guerra. Ma l'articolo rassicurava i suoi lettori dicendo che gli stranieri residenti a Napoli erano stati infine mandati via e che i napoletani potevano ora dormire sonni tranquilli. Informava poi che a poco più di trecento di loro era stato chiesto di scegliere un luogo situato tra 40 e 60 km di distanza da Napoli dove essere confinati.[60] Il prefetto decise il loro internamento nelle piccole città di Avellino, Benevento e Campobasso. Una volta lì, potevano muoversi solo all'interno dell'area designata del loro domicilio coatto e venivano messi sotto sorveglianza della polizia, ma erano liberi di scegliere l'alloggio in base al loro reddito e alle loro risorse.[61] La mitezza di questa decisione – Avellino, Benevento e Campobasso erano piccole e piacevoli (soprattutto le prime due) città situate non lontano da Napoli – e il fatto che gli internati ricevessero un trattamento dignitoso sollevarono critiche e lamentele.[62]

Mentre le misure di limitazione della libertà personale colpivano solo coloro che non erano fuggiti in tempo dall'Italia, la guerra economica non faceva discriminazioni. Un mese dopo l'emanazione dei decreti che imponevano il sequestro delle imprese commerciali e industriali, i proprietari e i dirigenti tedeschi di trentacinque stabilimenti di dimensioni e natura diversi erano stati cacciati e sostituiti con amministratori italiani, che li ge-

59. Viviana Rascio, *Die «Deutsche evangelische Gemeinde» (1826-1942): una microstoria nella storia di Napoli*, Tesi di laurea magistrale in Storia dell'Europa Contemporanea, Facoltà di Scienze Politiche, Università degli Studi di Napoli Federico II, a.a. 2010-2011, cap. 2.

60. «Il Mattino», 18-19 gennaio 1918.

61. Sulle condizioni di internamento si veda il rapporto del console svizzero a Napoli, John Meuricoffre, del 23 marzo 1918 in BABL, R901/85320.

62. Si veda il testo dell'inchiesta parlamentare ne «Il Roma», 27 aprile 1918, citato in Moschella, *Il fronte interno*, p. 126.

stivano sotto il controllo dello Stato. Tra questi c'erano piccoli negozi, tra cui le farmacie di Joseph Durst e di Eugen Hartstein, i negozi di materiale elettrico di Max Josephy e di Wilhelm Meyer, il negozio di fiori di Venceslao e Bertha Krüpper, la libreria Detken & Rocholl, il negozio di orologi di Theo Brinkmann e la gioielleria di Schoeber & Wiedemann, il negozio di pianoforti di Ida Ruch, la fabbrica di guanti Schubert & Gotthelf, la vetreria S. e C. Reich. La stessa sorte toccò ad aziende di import/export come Kellner & Lampe, Damann & C., L. Allgeyer e Amore, Sverdrup & C., ad alberghi, come l'Hassler, il S. Teresa o il Quisisana e il Bourbon, a compagnie di navigazione, come il Norddeutscher Lloyd Bremen o l'Hamburg-Amerika Linie, a istituti di ricerca, come la Stazione zoologica Anton Dohrn, e ad aziende molto grandi con più di 12.000 dipendenti, come i Cotonifici Riuniti di Salerno.[63]

I sequestri continuarono nei mesi seguenti. Secondo il Ministero dell'industria e del commercio, a Napoli e nella sua regione, il prefetto aveva messo sotto amministrazione controllata o sequestro ben 107 ditte tedesche per un valore di oltre 24 milioni di lire, e 26 imprese austro-ungariche, per poco meno di 2 milioni di lire (vedi tabella 2). I giornali nazionalisti e l'opinione pubblica pensavano però che ciò non fosse sufficiente e continuavano a raccontare storie fantastiche di enormi fortune ancora nelle mani di stranieri nemici o, peggio, in quelle dei loro prestanome italiani o neutrali.[64]

È difficile dire se il prefetto fu o meno in grado di applicare le misure a tutte le imprese e i beni degli stranieri nemici. Alcuni tedeschi cercarono di salvare le loro attività o i loro beni personali organizzando vendite fittizie o trovando il modo di trasferirli temporaneamente a cittadini italiani o di paesi neutrali. Ma pochi ebbero successo. La prefettura di Napoli, come nel resto d'Italia, ricevette decine di lettere anonime di denuncia sulle quali indagò.

La seconda ondata di misure riguardanti i beni privati dei civili di nazionalità nemica iniziò nel gennaio 1918. Si basava sull'articolo 5 del già citato decreto del 18 gennaio 1918 che stabiliva che tutti i beni degli stranieri nemici o delle istituzioni straniere nemiche potevano essere sequestrati dallo Stato italiano. In questa fase, gli stranieri nemici, tedeschi in

63. Vedi nota 40. I Cotonifici Riuniti di Salerno non appaiono in questa prima lista.

64. Notizia apparsa ne «Il Roma», 3 novembre 1917, citata in Moschella, *Il fronte interno*, p. 96.

Tab. 2. Patrimoni degli stranieri nemici a Napoli e in Campania (in lire).

	Tedeschi (esclusi i sudditi tedeschi di "nazionalità francese", cioè gli alsaziani e i lorenesi)		Austro-ungarici (esclusi i sudditi austro-ungarici di "nazionalità italiana", cioè gli austro-ungarici di origine italiana).	
	N. di individui o imprese	Valore (in migliaia)	N. di individui o imprese	Valore (in migliaia)
Beni immobili	29	1379	7	532
Attività industriali	6	1544	1	120
Attività commerciali	12	3632	3	345
Banche, assicurazioni e compagnie di navigazione	1	9309	-	-
Alberghi, ristoranti, bar, ecc.	4	1669	-	-
Beni mobili	55	6794	15	769
Totale	107	24,327	26	1766

Fonte: ACS, PCM-GE, b. 130, "Censimento dei beni appartenenti a sudditi nemici (dati risultanti al 20 marzo 1917)".

particolare, persero terreni, case, appartamenti, giardini, ma anche mobili, gioielli, posate d'argento, effetti personali, libri, strumenti musicali, quadri e altri oggetti d'arte, mentre i loro conti bancari e le cassette di sicurezza presso la BCI, le polizze assicurative e tutti i beni, obbligazioni e azioni furono congelati o sequestrati.[65]

Il sequestro non riguardò solo le società interamente tedesche, a testimonianza del fatto che la nazionalizzazione, cioè l'italianizzazione, era lo scopo principale delle misure. Da questo punto di vista, le operazioni più riuscite furono quelle riguardanti l'industria del cotone e la stazione zoologica (un istituto di ricerca biologica). Entrambe le operazioni si conclusero con il passaggio in mani italiane delle due imprese molto prima che questi passaggi fossero sanciti dal trattato di pace di Versailles.

L'italianizzazione della Stazione Zoologica Dohrn fu completata nel maggio 1918. La Stazione era stata fondata nel 1872 dal biologo tedesco Anton Dohrn, e fu diretta, dopo la sua morte nel 1909, da suo figlio Reinhard. L'istituzione, finanziata dallo stato tedesco, aveva presto raggiunto una ottima reputazione internazionale. Allo scoppio della guerra, Dohrn fuggì da Napoli con la sua famiglia e affidò la direzione dell'istituto di ricerca a un biologo italiano, Federico Raffaele. Ma ciò non fu sufficiente a metterla al riparo dalle spinte nazionalizzanti. L'istituto fu prima messo sotto amministrazione controllata da parte delle autorità nel novembre 1915, poi confiscato e trasformato in un'istituzione italiana gestita dallo Stato. Fu restituito al suo proprietario dopo la guerra e infine ritrasformato in un'organizzazione senza scopo di lucro dopo un lungo processo giudiziario che reintegrò Reinhard Dohrn come direttore ma non come proprietario.[66]

L'italianizzazione dell'industria del cotone seguì invece un modello diverso. Nell'Italia meridionale, l'industria del cotone era interamente nelle mani di un gruppo di imprenditori protestanti tedeschi e svizzeri che dagli anni Trenta agli anni Ottanta del XIX secolo avevano creato delle imprese nella zona tra Napoli e Salerno.[67] Nel clima surriscaldato della guerra mon-

65. I dossier personali si trovano in ASN, PNG, bb. 631-634 e 640-654.

66. BABL, R901/85586. Sulla storia della stazione zoologica durante la guerra si veda Rascio, *Die «Deutsche evangelische Gemeinde»*, pp. 53-54 e 63-66.

67. Sulle imprese di cotone nell'Italia meridionale e le partnership svizzero-tedesche intrecciate si veda Daniela Luigia Caglioti, *Trust, Business Groups and Social Capital: Building a Protestant Entrepreneurial Network in Nineteenth-Century Naples*, in «Journal of Modern Italian Studies», 13, 2 (2008), pp. 219-236.

diale, ma prima che il governo italiano prendesse misure contro gli stranieri nemici, i proprietari svizzeri cercarono di mantenere il controllo sul gruppo tessile e di rendere il ritiro dei capitali tedeschi il più indolore possibile.[68] Le azioni di proprietà dei tedeschi Carl Aselmeyer e Adolf Gruber furono in parte ridistribuite tra parenti di nazionalità svizzera – Max von Orelli e Robert von Salis – e in parte convertite in obbligazioni di debito e nuove azioni da assegnare ai soci svizzeri. A seguito di questa operazione, che pose fine al lungo e proficuo rapporto tra svizzeri e tedeschi nell'industria tessile campana, nel maggio 1916 furono fondati i Cotonifici Riuniti di Salerno.[69] Forti di una nuova struttura proprietaria e manageriale, i cotonifici – ormai controllati dagli svizzeri – poterono riprendere la produzione grazie alle commesse pubbliche di forniture militari.[70] Tuttavia, l'epurazione del capitale tedesco non fu sufficiente a salvare l'azienda. A partire dal maggio 1915, i Cotonifici Riuniti furono oggetto di indagini da parte della prefettura, sollecitate da lettere anonime che accusavano il direttore generale, Roberto Wenner, e i proprietari di germanofilia e contrabbando.[71] L'impresa fu messa sotto amministrazione controllata italiana nel settembre 1916. A impedire il provvedimento non bastò né il fatto che la fabbrica lavorasse a pieno ritmo per la fornitura di stoffe per le uniformi militari, né la sottoscrizione da parte di Roberto Wenner di un prestito nazionale di 250.000 lire. Man mano che il coinvolgimento dell'Italia alla guerra cresceva, si intensificava anche la caccia ai nemici e agli stranieri. Durante il 1917, i dirigenti e i proprietari della società furono ripetutamente oggetto di lettere anonime e di indagini da parte dell'Ufficio Centrale d'Investigazioni. Dopo la sconfitta di Caporetto, fu montata contro di loro una feroce campagna di stampa, presto seguita da perquisizioni di polizia nelle fabbriche e nelle case degli imprenditori svizzeri, minacce e voci che gli svizzeri Orelli e Salis sarebbero stati espulsi, e accuse che Orelli fosse un prestanome di Aselmeyer. Le accuse portarono infine alla sua incarcerazione a Regina Coeli nel maggio 1918.[72] Persecuzioni, vessazioni e il sequestro di azioni per un valore di 2.696.000 lire[73] aumentarono la vulnerabilità dei Cotonifici Riuniti, la cui sopravvivenza dipendeva

68. Max von Orelli, *Kriegserlebnisse, 1918*, stampato in proprio, 1921, p. 2.
69. De Benedetti, *La Campania industriale*, p. 187.
70. Orelli, *Kriegserlebnisse*, p. 6 e ss.
71. ACS, MI-DGPS-UCI, b. 46, f. 1017.
72. Orelli, *Kriegserlebnisse*, pp. 6-19.
73. Sul sequestro delle azioni si vedano i vari documenti in ASN, PNG, b. 642, ff. 1, 2, 4, 7.

sempre più dalle commesse pubbliche. Fu in questa situazione che la BIS condusse la sua manovra di accerchiamento con l'appoggio della diplomazia e della finanza francese.[74] Dopo tese trattative, durante le quali furono usati tutti i mezzi possibili per fare pressione sugli imprenditori svizzeri, l'azienda produttrice di cotone passò in mani italiane con la benedizione del ministro del Tesoro Nitti.[75] Così, nell'aprile del 1918, la BIS acquisì quello che poteva essere considerato uno dei più grandi gruppi italiani di produzione di cotone. Le Manifatture Cotoniere Meridionali, come si chiamava ora il gruppo completamente italianizzato, avevano un capitale sociale di 40 milioni di lire, sette gruppi di fabbriche, 340.000 fusi, 2.800 telai, 12 macchine da stampa e 12.000 dipendenti.[76]

Riassumendo, il caso di studio su Napoli dimostra che la guerra fu una grande opportunità per rimuovere la presenza straniera, anche se su scala minore che in altri paesi belligeranti. Alla fine della guerra l'industria del cotone non era più in mano a svizzeri e tedeschi. La scuola tedesca di Napoli era divenuta definitivamente una scuola svizzera, mentre le scuole tedesche nella zona delle aziende cotoniere chiusero; l'ospedale tedesco divenne evangelico. La guerra con il suo «patologico crescente nazionalismo» aveva schiacciato non solo gli stranieri nemici, ma tutti gli stranieri, soprattutto gli svizzeri, che, come dimostra il caso dei Cotonifici Riuniti, pagarono un prezzo particolarmente alto per la «tempesta ultranazionalista».[77] Dopo la guerra i tedeschi e gli svizzeri rimasti in città erano pochissimi, e una spia di questa riduzione sono le liste di molto assottigliate dei sottoscrittori della *Evangelische Gemeinde.* I pochi che tornarono lo fecero con la speranza di rientrare in possesso delle proprietà o delle attività perse. Solo coloro i cui beni valevano, o avevano un valore stimato inferiore a 50.000 lire, decurtato dall'inflazione, poterono recuperare qualcosa.[78] Gli altri dovette ricominciare da zero, spesso lontano da Napoli.

74. De Benedetti, *La Campania industriale*, pp. 194-195.

75. Per l'intera storia dell'italianizzazione dei Cotonifici Riuniti si veda ivi, pp. 181-205.

76. Giovanni Wenner, *L'industria tessile salernitana dal 1824 al 1918*, Salerno, Linotipografia Spadafora, 1953, p. 64.

77. ADFEGN, *Geschichte der deutschen Kolonie in Neapel*, p. 19 di un dattiloscritto non numerato. Nel testo si parla di «krankhaft gesteigerte Nationalgefühl» e di «ultranationale Sturm».

78. Vedi le petizioni per la restituzione o il risarcimento, riguardanti più di cento ex sudditi nemici in ASN, PNG, bb. 631-4 e 640-654.

La fine del conflitto e la continuazione della guerra economica

L'armistizio dell'11 novembre 1918 mise fine alla guerra sui campi di battaglia, ma non a quella economica. Le requisizioni e i sequestri continuarono nei mesi successivi, mentre a Parigi si discutevano le condizioni da imporre alla Germania. Di fatto, nemmeno il trattato di pace pose fine alla questione. L'articolo 297 del Trattato di Versailles lasciava ogni paese vincitore libero di decidere con piena sovranità come disporre dei beni sequestrati.[79] Ratificò anche tutti i sequestri e le liquidazioni eseguiti fino a quel momento e permise ai vincitori di continuare le loro politiche di confisca e nazionalizzazione. Queste decisioni rafforzarono coloro che avevano visto nella guerra un'opportunità per "nostrificare" i beni stranieri. Nell'ottobre del 1919, il Comitato pei beni dei sudditi ex nemici del Ministero dell'industria, del commercio e del lavoro inviò alla presidenza del Consiglio dei Ministri un progetto di decreto identico a quello approvato dalla Francia. Ordinava la «liquidazione forzata» di tutte le proprietà, imprese e azioni di proprietà tedesca, che fossero state sequestrate o meno.[80] Il decreto non fu approvato. Francesco Saverio Nitti, ora alla guida del governo, decise di sospendere le liquidazioni e di negoziare con la Germania.

L'Italia si guardò bene dal discostarsi eccessivamente dal comportamento degli alleati, ma volle appropriarsi di gran parte dei beni sequestrati e rendere irreversibili alcune nazionalizzazioni. Allo stesso tempo, però, riteneva sconsigliabile stabilire dei precedenti che potessero creare tensioni eccessive nel Tirolo appena annesso.[81] Infine, non meno importante, l'Italia era interessata a riprendere le relazioni commerciali con la Germania. Lo stato italiano si era impadronito di patrimoni tedeschi per un valore di circa 275 milioni di lire (prezzi anteguerra) che, tenendo conto dell'inflazione, ammontavano a circa un miliardo di lire.[82] Ma le stime del Ministero degli

79. Elisabeth Glaser, *The Making of the Economic Peace*, in *The Treaty of Versailles. A Reassessment after 75 Years*, a cura di Manfred F. Boemeke, Gerald D. Feldman e Elisabeth Glaser, Washington, D.C.-Cambridge, UK -New York, NY, German Historical Institute-Cambridge University Press, 1998, p. 386.

80. Vedi il telegramma del 23 ottobre 1919 in ACS, PCM-GE, b. 130, f. 19.11.5.

81. Vedi le considerazioni di Carlo Sforza nel suo telegramma del 24 dicembre 1919, *ibidem*.

82. Lettera riservata del ministro dell'Industria, del Commercio e del Lavoro, Giulio Alessio, al presidente del Consiglio dei ministri, 17 marzo 1921 in ACS, PCM-GE, b. 130, f. 19.11.5.

esteri tedesco erano di quattro volte superiori e ammontavano a quattro miliardi di lire.[83] La lunga e complessa trattativa si concluse, almeno legislativamente, con tre decreti.[84] Quello del 7 novembre 1920 (DL 1840) annunciava la rinuncia dello Stato italiano ai beni tedeschi confiscati di valore inferiore a 50.000 lire e la loro restituzione ai legittimi proprietari.[85] Il secondo decreto, quello del 10 aprile 1921 (DL 470), stabiliva invece la devoluzione al demanio di tutti i beni, sia tedeschi che austro-ungarici, sequestrati o meno, di valore superiore a 50.000 lire e presenti sul territorio dello Stato italiano o delle sue colonie. Il terzo decreto, del 22 dicembre 1921 (DL 1962) stabiliva le norme per la liquidazione dei beni ex tedeschi e austro-ungarici da parte del demanio.

Prevaleva così la politica proposta dal sottosegretario agli esteri Carlo Sforza in un telegramma inviato il 4 novembre 1919 a Vittorio Emanuele Orlando, capo della delegazione italiana alla Conferenza di Parigi:

> La confisca di queste proprietà, per quanto consentitaci dal Trattato, oltreché non riuscire molto vantaggiosa all'erario pubblico, assumerebbe carattere contrastante coi principi del diritto internazionale pei quali gli averi del privato sono stati comunemente considerati esenti da misure di rappresaglia, confisca ecc. I beni di tal natura sembrerebbe quindi equo venissero restituiti agli aventi diritto, mentre invece la procedura di liquidazione sarebbe forse giustificata in relazione alle imprese industriali e bancarie per le quali si riscontrerebbe la opportunità di compiere opera di nazionalizzazione. Salvo dunque un più approfondito esame della questione la via che forse sarebbe da scegliere, quella sarebbe di restituire al Governo germanico tutte le proprietà aventi carattere esclusivamente privato e quelle anche di carattere commerciale ed industriale delle quali non si ritenga opportuno compiere la nazionalizzazione.[86]

Ne seguì un lungo e aspro contenzioso. Centinaia di tedeschi tornarono in Italia per fare causa (di solito con scarso successo) per la restituzione delle loro proprietà che, dopo l'ascesa al potere di Mussolini, furono assegnate all'Opera Nazionale Combattenti (ONC), l'istituzione fondata nel 1917 per assistere e sostenere i combattenti che tornavano a casa.

83. Vedi nota 39.

84. Sulle trattative si veda ACS, PCM-GE, b. 130, f. 19.11.5.

85. Secondo i calcoli del Comitato pei Beni dei Sudditi Ex Nemici, il valore di queste proprietà ammontava a 50 milioni di lire (ai prezzi del dopoguerra). Vedi nota 82.

86. Il telegramma può essere letto su: http://www.prassi.cnr.it/prassi/content.html?id=2505 [ultima consultazione 8 aprile 2022].

A metà degli anni Venti, quando le questioni relative alla proprietà dei sudditi ex nemici erano state risolte quasi sempre a favore dello stato italiano, era evidente che l'opinione pubblica nazionalista fosse riuscita a orientare la prassi del governo. La nazionalizzazione/italianizzazione dell'economia italiana era stata raggiunta. L'Italia emerse dal conflitto come un paese ancora più omogeneo di quanto non fosse prima. Secondo il censimento del 1921, il numero di stranieri residenti all'interno dei vecchi confini del paese era molto diminuito: in particolare, se ne era andato il 65 per cento dei tedeschi. Tuttavia, e come conseguenza dell'annessione di nuovi territori con popolazioni di lingua tedesca e slava, questa omogeneità era stata sfidata in altri modi, dando luogo, sotto il fascismo, a un processo di violenta assimilazione forzata.

3. Nazionalismo economico e antigermanesimo

La Prima guerra mondiale, com'è noto, non si combatté esclusivamente nelle trincee e sugli altopiani ma anche su quello che con grande efficacia semantica viene denominato fronte interno. Su questo fronte si affollarono soggetti diversi che operarono soprattutto attraverso gli strumenti della propaganda, delle campagne di stampa e della mobilitazione politica e che ebbero come obiettivo principale la lotta al «disfattismo» e al nemico interno. La propaganda contro il disfattismo e la lotta contro i nemici interni furono condotte in Italia sia dal governo e dall'esercito attraverso strategie appositamente definite, specie dopo la sconfitta di Caporetto, che da gruppi e associazioni nazionaliste che si rivelarono particolarmente attivi nella caccia alle spie, ai sabotatori, agli avversari politici. Alla categoria del nemico interno vennero ascritte persone e categorie diverse tra loro, da quelle più tradizionalmente studiate come i socialisti, gli anarchici, i neutralisti in genere, ad altre, finora in gran parte ignorate dalla storiografia italiana, come i cittadini di paesi nemici o quelli originari di paesi neutrali considerati contigui per ragioni etno-linguistiche al nemico. E sempre attraverso la categoria del nemico interno possono essere interpretate alcune campagne come ad esempio quella, periodicamente rilanciata durante la guerra, contro il consumo di prodotti stranieri.

Nell'ultimo anno di guerra, al nutrito coro dei nazionalisti che propugnavano la difesa dell'identità italiana, della sua produzione, della sua industria e della sua economia, e sostenevano la necessità di proteggere le manifatture del paese, di «consumare italiano» e di combattere l'egemonia culturale ed economica tedesca, si aggiunse la voce dei medici e dei clinici che aderivano all'Unione dei medici italiani per la resistenza nazionale. Dalle pagine de «Il medico italiano», periodico dell'associazione pubblicato a cura della sezione milanese – la pioniera e la più nutrita –, tra l'aprile e il settembre del 1918 venne lanciata, infatti, una campagna di stampa che ebbe per protagonisti alcuni cattedratici e medici italiani e come obiettivo polemico i farmaci brevettati e prodotti in Germania.[1] Tra questi ultimi, innanzitutto l'acido acetilsalicilico, meglio noto come aspirina e commercializzato con questo nome da una delle maggiori industrie tedesche, la Bayer, fin dal 1898,[2] ma anche l'adalina o il medinal, barbiturici prodotti ed esportati dalla stessa casa farmaceutica, lo stiptolo Knoll[3] o l'atophan della Schering,[4] e altri ancora. La campagna, di cui in questo capitolo si presentano e si commentano alcuni stralci, fu volta a convincere i medici e i farmacisti della necessità di abbandonare la prescrizione di farmaci stranieri, dell'opportunità di cercare tra i prodotti italiani quelli che potessero meglio sostituire i preparati tedeschi, di non farsi guidare nelle scelte dalla rinomanza di nomi commerciali la cui fortuna sul mercato era dovuta più all'azione della pubblicità che alla loro efficacia. E ancora, si proponeva. di seguire l'esempio francese, mettendo accanto al nome del medicinale, nella prescrizione, una sigla che indicasse la formula chimica e/o la nazionalità del prodotto, inducendo così i farmacisti a vendere il prodotto nazionale invece che quello straniero.

Era questo il contributo che, da buoni patrioti, i medici potevano e dovevano dare alla guerra italiana. Prescrivendo farmaci italiani, e convincendo i farmacisti a sostenerli, si contribuiva, infatti, allo stesso tempo alla lotta contro la *Kultur* tedesca e contro il predominio di quella che veniva chiamata la "super-razza tedesca", sia in campo scientifico

1. Sono grata a Maria Malatesta che ha richiamato la mia attenzione su questi articoli cui aveva fatto riferimento in *Gli ordini professionali e la nazionalizzazione in Italia*, in *Dalla città alla nazione. Borghesie ottocentesche in Italia e in Germania*, a cura di Marco Meriggi e Pierangelo Schiera, Bologna, il Mulino, 1993, p. 180. Gli articoli presi in esame compaiono nei nn. 15, 17, 18-19, 22, 23, 25, 27, 31-32, 33-34, 36-37, 38-39 de «Il medico italiano».

2. Per la storia dell'aspirina cfr. Diarmuid Jeffreys, *Aspirina: l'incredibile storia della pillola più famosa del mondo*, Roma, Donzelli, 2005 (ed. or.: London, Bloomsbury, 2004), in particolare il cap. VI dedicato agli anni della Grande guerra.

3. Un emostatico e sedativo usato soprattutto in ginecologia, cfr. *Progress of Medical Science: Gynecology*, in «The American Journal of the Medical Sciences», 4 (1905), p. 733.

4. Un analgesico usato nel trattamento della gotta. Cfr. en.wikipedia.org/wiki/Cinchophen [ultima consultazione 9 aprile 2022].

che economico. E si concorreva a diminuire i trasferimenti di moneta verso il nemico che continuava a spacciare sotto altro nome i prodotti della sua industria attraverso paesi neutrali come la Spagna o la Svizzera. Al contrario, «I medici italiani che prescrivono durante lo stato di guerra prodotti farmaceutici stranieri senza giustificata ragione, si rendono colpevoli di un danno non indifferente alla Patria, favorendo l'esodo di quell'oro che deve rimanere nel nostro paese come prima garanzia di resistenza e di vittoria».[5]

Antigermanesimo e germanofobia

Quella contro i farmaci si inseriva in una campagna più ampia che si stava conducendo in Italia fin dallo scoppio della guerra e che toccò il suo apice nelle polemiche furibonde che riguardarono la presenza del capitale e dello stile manageriale e organizzativo tedesco nel settore bancario.[6] La partecipazione alla guerra provocò anche in Italia, come in tutti i paesi schierati con la Triplice intesa, un'ondata crescente di antigermanesimo in vari ambienti e settori della società. La germanofobia, alimentata sia da tambureggianti campagne di stampa condotte da giornali e periodici nazionalisti, che da un serie di decreti e provvedimenti assunti contro gli stranieri nemici, pervase, nei quasi quattro anni di guerra, non solo gli ambienti politici e diplomatici, ma anche quelli intellettuali, dell'economia e delle professioni. Sull'onda dell'emozione e dello sconcerto causati dall'invasione del Belgio, e poi dalla sua occupazione e dalla guerra sottomarina che toccò uno dei suoi momenti culminanti nell'affondamento del *Lusitania* del maggio del 1915, si assistette, nei dieci mesi di neutralità italiana, a uno slittamento progressivo nella natura del rapporto tra Italia e Germania, che si tradusse in un vero e proprio ribaltamento. La relazione di collaborazione, ammirazione e perfino imitazione che aveva legato fino a quel momento i due paesi si trasformò in una di rivalità, antagonismo e competizione. La guerra ral-

5. Da «La rivista ospedaliera», cit. ne «Il medico italiano», 14 aprile 1918, p. 4.

6. Il testo più significativo di questa campagna, che vide coinvolti giornali, intellettuali, politici, polemisti, ecc., fu quello di Giovanni Preziosi, *La Germania alla conquista dell'Italia*. La prima edizione del 1915 recava una prefazione dell'on. Giovanni Antonio Colonna di Cesarò; la seconda, apparsa nel 1916, fu introdotta da Maffeo Pantaleoni.

lentò dapprima e poi interruppe gli scambi culturali e intellettuali e quelli commerciali ed economici in genere con le potenze centrali già a partire dalla dichiarazione di guerra all'Austria-Ungheria del maggio del 1915 e non bisognò aspettare l'agosto del 1916 perché si definisse la rottura con la Germania. La guerra contro la Germania cominciò di fatto ben prima della formale dichiarazione di guerra. Dal maggio 1915 tutto ciò che era nemico era "tedesco". Si trattò all'inizio di una guerra di parole che ben presto si trasformò in una sorta di guerra "fredda", con l'estensione ai tedeschi di provvedimenti assunti contro l'Austria-Ungheria e poi contro l'Impero ottomano, e, a partire dal 16 agosto 1916, in un conflitto armato. Questo, nonostante il 21 maggio del 1915 l'Italia avesse firmato con la Germania un protocollo d'intesa che avrebbe dovuto garantire reciprocamente i nazionali dei due paesi che si fossero trovati per una qualunque ragione sul territorio dell'altro.[7]

La guerra contro la Germania assunse sin dal principio, soprattutto in ambienti intellettuali, il carattere di una crociata contro la *Kultur* tedesca[8] e di una doppia guerra di liberazione: dalla presenza austriaca nei territori del nord-est, ma soprattutto dalla dipendenza economica dalla Germania. Nei mesi della neutralità, settori importanti dell'interventismo cominciarono ad animare la propaganda a favore dell'ingresso in guerra dell'Italia a fianco della Triplice pigiando sul tasto della necessità di affrancarsi da una subordinazione economica che il paese non poteva e non doveva più sopportare. Non bisognava soltanto redimere le terre ma anche la cultura, la scienza e l'economia. L'antigermanesimo e la germanofobia si rivelavano funzionali al discorso patriottico che trovava il suo carattere peculiare proprio nella questione della "redenzione" – uno dei termini più usati nel linguaggio del nazionalismo – e dell'emancipazione economica. Nella propaganda e nel discorso pubblico nazionalista, infatti, si mescolavano sia motivi ricorrenti in tutti i paesi alleati – la lotta contro la barbarie, contro le "atrocità tedesche",[9] contro l'arroganza della *Kultur* germanica[10] – che questioni che attenevano più strettamente

7. Su questo protocollo cfr. Garner, *Treatment of Enemy Aliens. Measures in Respect to Personal Liberty*, p. 53.

8. Un testo esemplare in questo senso è quello che raccoglie gli scritti del grecista Romagnoli, *Minerva e lo scimmione*.

9. John Horne, Alan Kramer, *German Atrocities, 1914: A History of Denial*, New Haven-London, Yale University Press, 2001.

10. Nagler, *From Culture to Kultur*.

alle peculiarità nazionali. In questo senso, e con le necessarie differenze di scala, il caso più simile a quello italiano sembrerebbe essere quello dell'Impero zarista, dove il problema della presenza economica straniera, e in particolare tedesca, era avvertito con particolare intensità e dove la guerra diventò, in maniera di gran lunga più brutale che nel caso italiano, un'occasione per "nostrificare" l'economia.[11] Nel discorso costruito dalla stampa interventista e nazionalista nel giro di pochi mesi si susseguì la pubblicazione di decine di pamphlet e articoli di giornale che fin dal titolo evocavano lo spettro di una Germania potentissima che, con i suoi tentacoli da piovra, avvolgeva, soffocava e stritolava l'Italia succhiandone le risorse e le energie e lasciandola in uno stato di profonda prostrazione e dipendenza. *La Germania alla conquista dell'Italia*, *L'invasione tedesca in Italia*, *L'artiglio tedesco*, *L'infezione germanica*, *Il germanesimo senza maschera* erano solo alcuni dei titoli,[12] i più espliciti, di una campagna contro la quale risultavano troppo fievoli le voci dei tedescofili del periodico «Italia nostra» o i numeri proposti da Francesco Saverio Nitti che ridimensionavano il ruolo che il capitale tedesco aveva giocato, ma soprattutto giocava nel 1915 in Italia.[13]

L'industria chimica e farmaceutica in Germania e in Italia

Al momento dello scoppio della guerra, l'egemonia tedesca nell'industria chimica e farmaceutica era incontrastata. La Germania produceva come nessun altro paese e soprattutto esportava in mercati in cui doveva fare i conti con ben pochi rivali. Il numero di premi Nobel ricevuti da scienziati tedeschi,[14] la produttività e la capacità di esportazione non temevano alcuna concorrenza. Lo sviluppo dell'industria chimica tedesca aveva fatto passi da gigante dopo il 1870 e soprattutto nel primo decennio del XX secolo, quando le esportazioni erano triplicate. A favorire il grande incremento avevano contribuito diversi fattori, che andavano dalla

11. Lohr, *Nationalizing the Russian Empire*.

12. Gli autori di questi pamphlet sono Giovanni Preziosi, Enzo Gray, Baccio Bacci, Amelia Osta Cottini (che firmava con il doppio pseudonimo Ariel/F. Steno).

13. Nitti, *Il capitale straniero in Italia*. Per una revisione e una critica delle cifre elaborate da Nitti cfr. Hertner, *Il capitale straniero in Italia*.

14. Ben otto dei sedici premi conferiti per la chimica tra il 1901 e il 1918 andarono a tedeschi.

disponibilità di materie prime a un buon sistema di comunicazioni, dalla sufficiente dotazione di capitale finanziario a quella di capitale umano.[15] La forza di questa industria poi stava sia nel sottosettore delle materie prime, che in quello dei coloranti, che in quello dei prodotti farmaceutici. Nel 1913 la Germania forniva il 74 per cento della produzione mondiale di coloranti artificiali,[16] mentre i suoi più stretti concorrenti – Svizzera, Gran Bretagna, Francia e Stati Uniti – si situavano a grande distanza. A far grande la chimica tedesca, oltre ai fattori già indicati, fu la combinazione tra diversi elementi, così riassunti da Alfred Chandler:

> le imprese tedesche fanno da battistrada nel settore chimico. Più velocemente di quelle americane e molto più rapidamente di quelle britanniche, compiono gli investimenti indispensabili negli impianti produttivi, assumono il numero necessario di tecnici qualificati che sanno ottenere il pieno sfruttamento delle economie di scala e [...] di diversificazione; costruiscono ampie organizzazioni di marketing, di solito a livello mondiale, realizzano massicci investimenti nella ricerca e nello sviluppo e assumono adeguate gerarchie manageriali.[17]

Al capo opposto era l'industria chimica italiana. Nel suo *The chemical industry, 1900-1930*, Haber liquida l'Italia in una riga: «non esisteva alcuna industria chimica dotata di caratteristiche e di una struttura distinte».[18] Ciò sebbene egli riconoscesse che, al momento dello scoppio della guerra, il paese avesse compiuto significativi passi avanti nella produzione di perfosfati, di acido solforico e di solfato di rame. Tuttavia, questa industria, in gran parte concentrata nel nord-ovest del paese, rimaneva caratterizzata dalla dimensione artigianale e familiare delle imprese, facendo dell'Italia un paese dipendente dalle importazioni, sia in campo chimico che farmaceutico, dalla Germania, dalla Francia, dalla Gran Bretagna e dalla Svizzera.

La quota tedesca relativa all'importazione italiana di sostanze coloranti raggiungeva, al momento dello scoppio della Grande guerra, il 77 per

15. L.F. (Ludwig Fritz) Haber, *The Chemical Industry, 1900-1930: International Growth and Technological Change*, Oxford, Clarendon Press, 1971, p. 108 e ss.

16. Anne von Oswald, *Die deutsche Industrie auf dem italienischen Markt 1882 bis 1945: Aussenwirtschaftliche Strategien am Beispiel Mailands und Umgebung*, Frankfurt am Main, Lang, 1996, p. 98.

17. Alfred Chandler, *Dimensione e diversificazione. Le dinamiche del capitalismo industriale*, Bologna, il Mulino, 1994, pp. 796-797 (ed. or.: Cambridge, MA, Harvard University Press, 1990).

18. Haber, *The Chemical Industry*.

cento.[19] Si trattava di una quota elevatissima raggiunta anche, come ha rilevato Peter Hertner, grazie a una struttura degli sbocchi e delle tariffe molto diversa da quella di settori come l'elettricità, che faceva sì che gli imprenditori della chimica non avessero «nessun motivo di aprirsi o di assicurarsi ulteriormente il mercato italiano attraverso investimenti diretti».[20]

Le poche industrie disponibili costituivano l'esile e incerta base per uno sviluppo che si realizzò solo a partire dalla guerra. Fu proprio in questi anni, infatti, che la necessità di fare a meno delle esportazioni dalla Germania e il bisogno di materiale bellico contribuirono al primo significativo sviluppo dell'industria chimica.[21] In particolare, «la guerra, con la sua voracità di materiale bellico, portò al notevole allargamento delle fabbriche di esplosivi esistenti e alla fondazione di nuovi impianti, incentivando una produzione di intermedi del catrame che potevano indifferentemente servire per produrre esplosivi o coloranti, quei coloranti artificiali che prima della guerra venivano tutti importati dalla Germania e dopo la guerra vennero progressivamente prodotti in Italia».[22]

Ma se la guerra accelerò la produzione di esplosivi e la riconversione dell'industria post-bellica si risolse in un aumento della produzione di coloranti artificiali, il quadro di arretratezza dell'industria farmaceutica restò sostanzialmente invariato e bisognò aspettare gli anni Trenta per cominciare a registrare i primi significativi cambiamenti. L'industria farmaceutica negli anni del conflitto mondiale era ancora, infatti, affetta da «parcellizzazione aziendale; [...] inadeguatezza tecnologica [...] mancanza di originalità della ricerca; [...] assenza di una vera "politica farmaceutica" in grado di fornire precisi indirizzi di sviluppo capaci a loro volta di "rilanciare" l'industria chimico-farmaceutica».[23] Tra le poche industrie presenti, concentrate per lo più tra Milano e Torino – Carlo Erba, Schiapparelli, Istituto nazionale medico farmacologico Serono, Lepetit, Zambeletti – «nessuna [...] aveva iniziato la produzione su vasta scala di farmaci sintetici precedentemente alla Prima guerra mondiale e tutte avevano tendenza a rimane-

19. Hertner, *Il capitale straniero in Italia*, p. 787.

20. Ivi, p. 788.

21. Luigi Gasperini, *L'industria chimica nella storia italiana*, Messina, D'Anna, 1974, p. 59 e ss.

22. Zamagni, *L'industria chimica in Italia*, pp. 73-74.

23. Vittorio A. Sironi, *Le officine della salute. Storia del farmaco e della sua industria in Italia dall'unità al Mercato unico europeo (1861-1992)*, Roma-Bari, Laterza, 1992, p. 121.

re piccole, molto diversificate e volte per la grandissima maggioranza alla produzione di poche specialità medicinali».[24] Senza contare che, in questo settore, la dipendenza dalle importazioni era ancora più elevata, a meno di non affidarsi alle preparazioni galeniche che continuavano a essere approntate nei piccoli laboratori dei tanti farmacisti sparpagliati per la penisola.[25]

Uno dei problemi maggiori per l'industria chimica e farmaceutica era rappresentato dalla questione della tariffa protezionista che venne ampiamente ripresa nel dibattito bellico e, ancor più di quanto non lo fosse stato in anni precedenti, collegata strettamente al montante nazionalismo economico. La protezione dell'industria nazionale, o meglio ancora la sua mancata protezione, rappresentava, a parere di molti, una debolezza che la guerra aveva ulteriormente accresciuto. I prodotti chimici erano stati in gran parte esclusi dalla tariffa del 1887 e, nonostante le numerose richieste, si arrivò a introdurre un dazio solo dopo la guerra. Il conflitto mondiale, con le sue enormi conseguenze sul sistema economico, aveva avuto considerevoli ripercussioni sull'industria chimica e farmaceutica. Aveva rafforzato quella di alcuni paesi neutrali come la Svizzera,[26] ampliato enormemente la già fiorente industria americana, rilanciato quella britannica e quella francese.[27] A conferma di questo quadro mutato, nel 1926 tariffe protezioniste nei confronti dei prodotti chimici erano applicate in Francia, in Belgio, in America, in Giappone e in Italia.[28]

Quello della dipendenza dall'industria tedesca nel campo dei prodotti chimici e farmaceutici non era in verità nel 1914 un problema esclusivamente italiano. Francia, Gran Bretagna, Stati Uniti, Russia avevano dovuto tutti fronteggiare la penuria di alcuni prodotti, in particolare i coloranti, per i quali, fino allo scoppio della guerra, avevano fatto interamente conto sulle esportazioni tedesche. Nel Regno Unito si sperimentò, già alla fine di agosto del 1914, la mancanza di alcuni prodotti indispensabili per l'indu-

24. Zamagni, *L'industria chimica in Italia*, p. 96.

25. Per un quadro di questa dimensione artigianale e a titolo esemplificativo si veda il caso di Napoli in Gabriella Botti, *Sulle vie della salute: da speziale a farmacista-imprenditore nel lungo Ottocento a Napoli*, Bologna, il Mulino, 2008.

26. Cfr. su Ciba Geigy, Tobias Straumann, *Farbstoffe gegen Rohstoffe. Die Ciba und der erste Weltkrieg*, in *Der vergessene Wirtschaftskrieg: Schweizer Unternehmen im ersten Weltkrieg*, a cura di Roman Rossfeld, Tobias Straumann, Zürich, Chronos, 2008, pp. 289-313.

27. Haber, *The Chemical Industry*.

28. Ivi, p. 238.

stria nazionale (coloranti, prodotti inorganici e intermedi), e si reagì subito, avviando politiche volte a incentivare l'industria nazionale che spesso rompevano le regole e le prassi consolidate in tema di liberismo, di diritto internazionale o di proprietà, i principi giuridici che tutelavano i frutti dell'ingegno e dell'inventiva: dall'autorizzazione all'uso dei brevetti tedeschi, al divieto di esportazione dei coloranti, dall'importazione "illegale" di prodotti tedeschi attraverso i paesi neutrali fino al sostegno attivo alla costruzione di un'industria nazionale dei coloranti.[29] In Francia, dove le scorte erano più consistenti, la reazione dello stato fu più lenta e si dovette aspettare il 1916 inoltrato perché fossero prese misure rivolte a contrastare la scarsità di prodotti: dal sequestro delle industrie tedesche alla costruzione di nuove fabbriche.[30] In Russia, a scorte consistenti si accompagnò un tentativo di allargare l'industria locale grazie al contributo di imprenditori svizzeri; tentativo in buona parte vanificato dagli effetti della guerra civile. Anche qui, sequestri, confische e requisizioni la fecero da padroni in barba al diritto internazionale e a quello di proprietà. Negli Stati Uniti, a causa della lunga neutralità, le cose andarono diversamente. Qui, infatti si assistette all'inizio a un'espansione delle fabbriche tedesche impiantate su suolo americano: dalla Bayer alla Cassella fino alla H.A. Metz, rappresentanti in America della Hoechst, tutte si trovarono a fare consistenti affari. La crescita degli investimenti diretti tedeschi rese più complesso, anche se non lo impedì affatto, il sequestro di queste aziende quando, finita la neutralità, entrò in vigore la normativa sulla *alien property*. L'entrata in guerra mise l'America tra le molte altre cose anche di fronte al problema di gestire una presenza tedesca complessa e ramificata fatta di capitali, di brevetti, di macchinari oltre che di persone. Molti sequestri si risolsero in confische e in liquidazioni (la Century color and co. fu acquistata da National aniline & chemical e la Bayer inglobata dalla Grasselli chemical co. per fare solo qualche esempio[31]) mentre il processo di "americanizzazione", nella sola industria chimica, colpì ben 4.500 brevetti tedeschi.[32]

La situazione italiana era però assai diversa. Se infatti gli inglesi potevano potenziare quel nucleo di industria chimica e farmaceutica di

29. Ivi, pp. 188-189.
30. Ivi, p. 194 e ss.
31. Ivi, p. 184 e ss.
32. Sull'americanizzazione dell'industria chimica tedesca cfr. *Alien Property Custodian Report* (1919), p. 25 e ss.

cui disponevano e gli americani potevano "appropriarsi" della chimica tedesca, presente in forze sul loro territorio, "americanizzandola", l'Italia si trovava nella svantaggiosa e svantaggiata situazione di non potere percorrere nessuna di queste strade. Alla vigilia dell'entrata in guerra, Giulio Fenoglio, segretario generale della Camera di commercio italiana in Germania, pubblicava un breve pamphlet in cui faceva il punto della situazione economica italiana e degli effetti che la guerra stava avendo sul paese ancora in stato di neutralità. Nel capitolo dedicato all'industria chimica, Fenoglio non esitava a dire che nel campo dei prodotti farmaceutici e in generale dei derivati del catrame la Germania era di fatto l'unico fornitore.[33] Gli investimenti diretti, come già ricordato, mancavano perché i tedeschi, diversamente che in America, non vi avevano visto alcuna convenienza. La mancanza di materie prime, di *know-how* e un sistema tariffario che penalizzava l'importazione di materie prime invece che il prodotto finito[34] facevano il resto. L'Italia faticò ancor più degli altri paesi a uscire dalla dipendenza e la sostituì con un'altra, quella nei confronti della Svizzera, che divenne il paese leader nell'export di prodotti chimici durante la guerra,[35] cominciando a produrre in proprio solo a partire dal 1917-1918.[36] Che la situazione andasse però in qualche modo affrontata e che di questo ci fosse una certa consapevolezza sia nell'opinione pubblica che tra le élite dirigenti italiane che stavano gestendo l'emergenza bellica lo provavano diversi elementi: i molti articoli di giornale apparsi durante il conflitto sulla spinosa questione e, soprattutto, l'inchiesta sull'industria chimica e farmaceutica che trovava spazio sulle pagine de «Il Sole» tra il gennaio e l'aprile del 1917; i due convegni di industriali, commercianti, professori di chimica e funzionari dei ministeri competenti organizzati dal Ministero per l'industria, il commercio e il lavoro tenutisi nel novembre 1915 e nell'aprile 1916, sfociati nella formazione di un Comitato permanente per le industrie chimiche che si limitò tuttavia ad avanzare qualche proposta e a pubblicare, a guerra finita, un «Annuario per le industrie chimiche e farmaceutiche».

33. Giulio Fenoglio, *Die volkswirtschaftlichen Folgen des Weltkrieges in Italien während der ertsen zehn Monate*, Berlin, Puttkammer & Mühlbrecht, 1915, p. 25.

34. Su questo si vedano le critiche dell'industriale Roberto Lepetit riportate in Davide Giungi, *Per un'industria nazionale di sostanze coloranti*, in «Il Resto del Carlino», 22 giugno 1916.

35. Haber, *The Chemical Industry*, p. 197.

36. Ivi, p. 195.

Nazionalismo economico e autarchia: il dibattito sulle colonne de «Il medico italiano»

Come l'inchiesta de «Il Sole», condotta intervistando i protagonisti dell'industria chimica e farmaceutica e cioè gli imprenditori, metteva in luce, c'era coscienza tra industriali e professionisti della esiguità dell'industria italiana sia nel settore chimico che in quello farmaceutico e della forte dipendenza italiana dall'estero e c'era soprattutto coscienza che questa dipendenza rendeva l'Italia particolarmente vulnerabile nel momento dello sforzo bellico. Questa consapevolezza, in realtà manifestatasi a guerra piuttosto avanzata, si traduceva in proposte diverse che avevano alcuni elementi unificanti: la richiesta da una parte di una maggiore presenza dello stato nell'economia e, dall'altra, di un ruolo più attivo dei consumatori.

Allo stato si chiedeva d'intervenire attraverso la raccolta d'informazioni sul settore chimico-farmaceutico, i dazi e le protezioni doganali, una politica dei brevetti e delle privative che obbligasse gli stranieri titolari di quei brevetti e quelle privative a produrre in Italia, i trattati commerciali, imponendo condizioni di reciprocità,[37] e naturalmente anche attraverso incentivi diretti.[38] C'era naturalmente anche chi si spingeva oltre, auspicando un regime autarchico nel quale l'Italia si sarebbe resa autosufficiente, o chi ipotizzava una sorta di divisione del lavoro con i paesi alleati.[39]

Ai consumatori si chiedeva invece di comprare italiano e di vigilare affinché tutti lo facessero. In questa direzione non si muovevano soltanto organi di stampa esplicitamente nazionalisti come «L'Idea Nazionale» o «Il Fronte Interno» o «Il Popolo d'Italia», ma anche riviste di settore come

37. Si esprimeva in questo senso Onorato Dompè, direttore dello Stabilimento chimico Dompè Adami, nell'intervista pubblicata sotto il titolo *Le nostre industrie chimiche* rilasciata a «Il Sole», il 26 gennaio 1917. Cfr. anche *Tutela dei prodotti nazionali d'uso sanitario – (relazione del Dott. Vittorio Ronchetti)*, in «Il medico italiano», 5-12 maggio 1918, pp. 8-12.

38. *Vita industriale – I problemi del dopoguerra – Colori d'anilina*, in «Il Popolo d'Italia», 22 giugno 1916. Cfr. anche Filippo Carli, *L'indipendenza economica dell'Italia e le industrie meccaniche e chimiche*, in «Rivista delle società commerciali», 6 (1915), pp. 761-769; Emilio Lepetit, *Ostacoli fiscali all'industria chimica*, ivi, 12 (1915), pp. 1013-1018; Giovanni Morselli, *Riflessi economici dell'industria chimica e considerazioni sulla difesa doganale della produzione chimica italiana*, ivi, 1 (1916), pp. 14-21; Matilde Branchini, *Per la immediata riforma della tariffa doganale. I prodotti chimici*, ivi, pp. 202-213.

39. Su questo si veda l'articolo di Vittorio Ronchetti del 18 gennaio 1918, *infra*.

la «Rivista delle società commerciali». Quest'ultima, già nell'aprile del 1915, aveva pubblicato un articolo, a firma Carlo Tarlarini, dal titolo *Il nazionalismo del consumo*, nel quale si presentava come modello agli italiani il «patriottismo ammirabile ed incrollabile, che è la pietra angolare della potenza tedesca, e la principale molla motrice della meravigliosa espansione di quella razza». Tesseva quindi le lodi di quel

> patriottismo germanico, il quale si prefigge e si vanta, di non trovare al di fuori dei confini del *Vaterland*, niente di più bello e di più buono di quello che trova al di dentro; patriottismo che nel campo del pensiero tende a rivendicare o almeno a germanizzare tutto ciò che il genio dell'umanità crea o trova sotto tutti i cieli; e che, nel campo economico, si tramuta in una vera fratellanza, che protegge e predilige tutto ciò che è opera di compatrioti, anche quando non sia ciò che di migliore si fa sulla terra.[40]

La campagna de «Il medico italiano» si inseriva in questa scia. Il principale protagonista e animatore ne fu il dottor Vittorio Ronchetti (1874-1944). Primario dell'Ospedale maggiore di Milano, naturalista e alpinista,[41] nel corso del 1918, Ranchetti pubblicò numerosi articoli sulla questione e fu soprattutto autore della relazione sull'argomento, nel maggio 1918, al I Congresso nazionale dell'Unione dei medici italiani per la resistenza interna tenutosi a Genova (cfr. appendice). Accanto a quelli di Ronchetti, il periodico ospitò quindi gli interventi di cattedratici come Giusto Coronedi, Riccardo Luzzatto, Domenico Barduzzi, Ferruccio Schupfer, o di esperti del ramo e imprenditori come Giovanni Morselli, Ruggiero Ravasini o Roberto Lepetit.

Gli articoli che compaiono ne «Il medico italiano» furono unanimi nel proporre la resistenza alla farmacopea tedesca e nell'esaltarla come un gesto patriottico, oltre che utile anche sul piano pratico, a fiaccare le forze del nemico. Ispirati dall'amor patrio e dal bisogno di fornire il proprio contributo allo sforzo bellico i medici nazionalisti confidavano nella pos-

40. Carlo Tarlarini, *Il nazionalismo del consumo*, in «Rivista delle società commerciali», 4 (1915), p. 396.

41. Il nome di Vittorio Ronchetti è ricordato più che per questa campagna per le ripetute spedizioni nel Caucaso da cui riportò una collezione di fotografie oggi consultabile presso la sezione del Cai di Milano e soprattutto per la donazione del suo intero patrimonio a favore del Museo di storia naturale della stessa città dopo la distruzione nel bombardamento del 1943. Cfr. Lorenzo Revojera, *Vittorio Ronchetti e le sue cinque spedizioni nel Caucaso centrale*, in «CaiMilanonews», 4 (2008), p. 9.

sibilità per l'Italia di far fronte rapidamente ai farmaci mancanti e soprattutto facevano assegnamento su quel misto di genialità e sentimento che rappresentava da sempre, a loro dire, uno dei tratti principali del carattere degli italiani.[42] Ma se l'industria italiana si era data da fare per produrre esplosivi e materiale bellico, non sembrava, a 1918 inoltrato, essersi ancora incamminata sulla strada della produzione di farmaci equivalenti. A differenza che in altri paesi europei altrettanto dipendenti dai farmaci tedeschi, come per esempio la Gran Bretagna, che riuscì a rilanciare la propria industria farmaceutica e a produrre farmaci equivalenti anche ricorrendo allo strumento emergenziale della abolizione dei diritti sui brevetti e sui nomi commerciali.[43]

Una voce fuori dal coro

Nell'acceso dibattito in cui i vari protagonisti non disdegnarono il ricorso a parole forti e ad argomenti razzisti,[44] l'unica voce fuori dal coro fu quella di Augusto Murri. Personaggio di spicco della medicina italiana del tempo, professore di clinica medica all'Università di Bologna, rettore di quello stesso ateneo negli anni Ottanta dell'Ottocento, deputato al parlamento, positivista, repubblicano e anticlericale, Murri intervenne, con una lettera venata di antimilitarismo e antinazionalismo, per ristabilire il primato della salute dei cittadini e per opporsi al dilagante "nazionalismo farmaceutico" come ai danni che esso avrebbe potuto provocare. Dichiarava di non essere «un fautore incondizionato dei prodotti farmaceutici nazionali», benché non si ritenesse «secondo a nessuno nel culto di questa cosa sublime che è l'Italia Ideale» e ribadiva che l'unica distinzione possibile tra i farmaci «è quella che li divide in utili od inutili, e non quella, che li classifica in italiani o stranieri». Il patriottismo, secondo Murri, andava lasciato alla nazione, mentre ai medici spettava il compito di offrire ai malati «il consiglio che meglio tuteli la loro salute, sia che giovi o non giovi agl'industriali d'Italia. Il nostro più sacrosanto dovere è quello di fare per chi ci chiede aiuto il meglio che per noi si possa». Invece, quindi

42. Cfr. *infra*, doc. n. 3.

43. *British Equivalents for German Medical Supplies. I*, in «The British Medical Journal», 1918, pp. 593-594; Jeffreys, *Aspirina*, p. 110 e ss.

44. Cfr. *infra*, doc. n. 3.

di «denigrare ogni prodotto straniero ed esaltare ogni prodotto nazionale, bisognerebbe [...] isterilire questa mefitica fungaia di pseudo chimici, che inonda di farmaci insensati le farmacie e le quarte pagine».[45] Era un discorso scomodo e coraggioso quello di Murri, che non si faceva irretire dagli argomenti nazionalisti e razzisti e metteva al centro, da buon positivista fiducioso nel progresso, l'imparzialità scientifica. Ma era anche un discorso destinato a rimanere isolato.

Nella congiuntura dell'ultimo anno di guerra, e soprattutto dopo Caporetto, proteggere i prodotti nazionali e impedire il consumo di quelli tedeschi furono un'urgenza e una priorità che agli occhi dei più accesi interventisti si spiegavano e si legittimavano sia sul piano economico e finanziario, che su quello del discorso nazionale e patriottico e del buon esito della guerra. Per medici e farmacisti non direttamente impegnati sul fronte della battaglia la campagna era anche un modo per segnalare la propria partecipazione al conflitto. Nei mesi successivi, le pagine de «Il medico italiano» come quelle di gran parte della stampa nazionale continuarono a dare spazio agli argomenti antitedeschi attingendo a piene mani sia all'armamentario del nazionalismo e del patriottismo che a quello, che poi ne costituiva l'altra faccia, del protezionismo. Si trattava di un discorso sul presente, ma anche sul futuro: nell'ultimo anno di guerra la preoccupazione che serpeggiava nei commenti e nelle prese di posizione era quella che il dopoguerra facesse ripiombare il paese nella dipendenza e che la Germania, benché prossima alla sconfitta e stremata dal blocco economico, tornasse a farla da padrone.

45. Cfr. *infra*, doc. n. 4.

Documenti
Medicinali, coscienza e nazione

1. «Il Medico Italiano», 28 aprile 1918, p. 3.
Medicinali italiani e medicinali tedeschi. Un dovere nazionale da compiere

Presso al letto dei nostri ammalati noi ci imbattiamo ancora troppo spesso in tubetti di autentica aspirina Bayer, sia pure in veste spagnuola; di atophan Schering pervenuti per la compiacente via della Svizzera: di Stiptolo Knoll, di adalina o di medinal Bayer passati chi sa da dove. Non abbiamo dimenticato l'impressione penosa riportata quando una ditta torinese dichiarò pubblicamente, nei primi mesi di guerra, di essersi messa in grado di provvedere ai clienti suoi qualsiasi medicinale tedesco. Ed ancora, quando scriviamo una ricetta, non sappiamo garantire che il farmacista, invece di ottima urotropina, novocaina, eroina di fabbrica nazionale, non spedirà dei prodotti Schering, Meister Lucius, Bayer. Prodotti che dovrebbero essere sistematicamente rifiutati, perché o pervenuti per via di contrabbando, o, in caso diverso, dopo aver giaciuto ormai per tanto tempo nelle bacheche dei negozii di farmacia, da ritenersi discutibilmente commerciabili. Vale la pena a questo proposito di ricordare come in Francia, a seguito di proposta del prof. Alberto Robin, è ora abitudine personale fra i medici *nello scrivere una ricetta di mettere accanto al nome del medicinale la sigla f. ch. (formula chimica), oppure pr. p. (prodotto paris), oppure pr. n. (prodotto nazionale)*: si spera così che il farmacista, la cui attenzione viene ad essere formalmente fissata sulla necessità di sostenere l'industria chimico-farmaceutica nazionale, fornisca un prodotto di origine nazionale, e non mai un prodotto di origine tedesca.

Ora che i tedeschi han fatto quel che han fatto, ora che l'ingenuo credenzionismo sull'alta superiorità della super-razza tedesca, chi si ostinasse a persistervi, dovrebbe essere classificato con termini… ben significativi, ora che tutti capiscono (per quanto un po' tardi!) di dover provvedere coi proprii mezzi, colle proprie forze a farsi valere, pena il finire sommersi, è urgente darci attorno per promuovere, e rafforzare, sempre meglio organizzare l'industria in casa nostra, per modo da non restare più alla merce dello straniero. Ma il lavoro, perché approdi a buon frutto, deve essere condotto con sani e illuminati criterii. Attardarsi a ricopiare il digalen od il pantopon Roche, innondando il mercato di troppi prodotti similari, mentre più utilmente si potrebbe produrre dividendo il lavoro, porta ad uno spreco di energia. Attardarsi a scimmiottare il somatose Bayer, ora che si sa come questo tanto magnificato prodotto non fosse altro che un artificio per utilizzare i ritagli assolutamente inutilizzabili delle macellerie, mentre ancora non siamo che ai primi tentativi per la produzione del 606 o del 914, e manca il guaiacolo, non è cosa poco seria? […]

A noi sembrerebbe opportuno, e, ci proponiamo di fare opera a che ciò sia fatto, che [...] si trovi modo di mettere assieme con sollecitudine *un elenco il più possibilmente completo di medicinali di uso comune, coll'indicazione delle ditte italiane che li fabbricano (ed in mancanza di queste delle specialità medicinali messe in commercio da ditte dei paesi a noi alleati*. Tale elenco, se ben compilato, rappresenterebbe certamente un'utile guida per il medico pratico, e forse potrebbe fornire qualche indicazione giovevole anche agli industriali.

Non si perda di vista la necessità di fare e di far presto; e si badi soprattutto a non tenere... il letto caldo per i tedeschi nel dopo guerra.

Milano, 18 aprile 1918

Dr. Vittorio Ronchetti

2. «Il Medico Italiano», 23 giugno 1918, p. 7.
I Tedeschi nella realtà

Confessiamolo ingenuamente: molti di noi medici, non conoscono nel suo vero spirito i Germani, nella loro idea di superiorità di razza e di diritto assoluto al dominio della civiltà, e quindi del mondo. Eravamo stati attratti, trascinati dalle scuole ad un culto impostoci in ogni guisa dalla servilità scientifica e pratica italiana.

Oramai tutte le storie dei popoli antichi erano soppresse, l'idea nuova doveva dominare, lanciata da Fichte, ed affermata poscia solennemente da Teodoro Momsen, che fece balzare un popolo nuovo, che iniziava il secolo nuovo. [...]

Ora non vi è equivoco maggiore infiltrato in tutti i tedeschi che quello fondamentale dell'–homo–dolico–biondo perché come affermò lo stesso Virchow, il tipo autentico germanico è in Germania realmente in grande minoranza.

Anzi questo tipo non è neppure di origine puramente tedesca, eroe autoctono, ma forse di origine dolicocefala antichissima ligure e forse anche scandinava.

È pertanto assolutamente contrario al vero che la storia della moderna civiltà sia la storia della stirpe germanica, la quale avrebbe tanto influito sulla grandezza e sulla decadenza dell'Italia da pretendere che il nostro rinascimento si debba riguardare d'origine tedesca....!

Non si è osato persino sostenere che i nostri grandi genii di quell'epoca gloriosa erano oriundi tedeschi per i loro casati, per la discendenza da nomi originariamente tedeschi?!

Per tal procedimento artificioso si è arrivati a sostenere che la scienza non poteva essere compresa e fatta che dal tedesco, che solo aveva la capacità di osservare e insieme di creare il vero scientifico, come se questo fosse monopolio di una razza che pone la sua potenza maggiore nella forza bruta, nella violenza barbara, nella invasione medioevale.

Ora che codesta guerra si è svelata per ciò che è realmente, non si può più indugiare a ripudiarla in tutte le sue arti subdole conquistatrici; ad odiarla perché l'odio contro di essa è amore per la Patria.

Prof. Barduzzi

3. «Il Medico Italiano», 7 luglio 1918, p. 4.
Scienza italiana e «Kultur» tedesca

Le ragioni materiali e ideali della nostra guerra non consistono solamente nella redenzione delle terre italiane soggette all'Austria e nel raggiungimento dei fini supremi di libertà e di giustizia internazionale; ma comprendono anche, e non meno, la conquista della nostra indipendenza economica e la liberazione dell'Italia dal giogo che il germanesimo le aveva imposto, quale immensa piovra stendente gli innumerevoli tentacoli sopra a tutti i rami della nostra vita nazionale.

Perciò salutiamo con viva soddisfazione la nazionalizzazione delle industrie, che, come le *Officine Elettriche Genovesi*, erano il covo del tedeschismo più autentico e malvagio, e ci compiacciamo che potenti istituti finanziari, come la Banca Commerciale, diventino anche di fatto italiani.

Ma l'opera nostra di emancipazione dallo straniero deve essere estesa anche ad altri campi: dobbiamo liberare il campo scientifico italiano dalla opprimente invadenza della «Kultur» teutonica.

Questo argomento è stato svolto magistralmente nella dotta conferenza con cui l'on. prof. Bossi ha chiuso il corso di Ostetricia e Ginecologia presso la Clinica Universitaria, dimostrando e documentando la superiorità della nostra Chirurgia prevalentemente conservatrice, sulla brutalmente demolitrice Chirurgia tedesca.

Le conseguenze di questa disparità di criteri saranno palesi dopo la guerra, perché vedremo come la Germania avrà un numero di mutilati immensamente superiore a quello dei paesi dell'Intesa.

La cura conservativa di un arto richiede maggiore genialità che non l'amputazione. E la diversità d'indirizzo della nostra scienza è basata sulla superiorità del nostro sentimento; perché pure nei momenti in cui maggiormente opera il nostro cervello, noi non dimentichiamo di avere un cuore.

Il prof. Bossi ricorda come, visitando le cliniche tedesche, avesse constatato nelle donne germaniche una minore sensibilità dolorifica, che egli dapprima stimò dipendente da virtuoso stoicismo, ma che invece dovette poi riconoscere per quella insensibilità propria degli esseri inferiori o anormali.

Alla minore sensibilità fisica corrisponde, nella donna tedesca, una minore sensibilità psichica. [...].

Molti e molti altri argomenti l'oratore ha addotto a sostegno della nobilissima tesi, ed ha dimostrato nel modo il più convincente come la nostra emancipazione dalla «Kultur» sia non soltanto necessaria, ma anche utile, conchiudendo che bisogna detestare chiunque non senta questo elementare dovere, perché se il tedesco traditore è cattivo, l'italiano prestanome è peggiore.

4. «Il Medico Italiano», 7 luglio 1918, suppl. str., pp. 3-4.
Una lettera del Prof. Augusto Murri

Collega chiarissimo,

dell'aver provocato anche in quest'occasione il mio giudizio io la ringrazio, benché dubiti che sia per riuscir benefico a qualche cosa. Nondimeno io non lo manifesto a malincuore, poiché concerne pur sempre due cose eccelse, come sono l'Italia e la Medicina. E il mio voto è che fra esse non nascano conflitti. L'argomento, intorno al quale ella mi invita a dire la mia opinione, non è scevro di pericoli sotto questo rispetto. Io non sono punto un fautore incondizionato dei prodotti farmaceutici nazionali, quantunque non mi creda secondo a nessuno nel culto a questa cosa sublime, ch'è l'Italia Ideale. Favorire l'industria italiana sta benissimo e io son tutto con lei. Ma come? Io ricevei lettere che mi rimproveravano di prescriver farmaci non italiani. Naturalmente io non risposi a nessuno, perché non riconosco ad alcuno il diritto di giudicare la mia coscienza di medico. D'altra parte era anche troppo facile lo scorgere, che non potevano essere che interessati o semimbecilli coloro, che non s'accorgevano che la vera distinzione dei farmaci è quella, che li divide in utili o inutili, e non quella, che li classifica in italiani o stranieri. Il nazionalismo senza limiti bisogna lasciarlo alla nazione, che pretende Trieste, Ostenda, o Calais, che dichiara di voler rubare i bacini minerari francesi, che ha inventato gli assassini marittimi, perché tutto ciò è *utile* alla Germania. Noi siamo discepoli di Mazzini e alleati di Wilson; noi combattiamo soprattutto per uno scopo morale, per far valere il diritto di noi e degli altri. *Che c'entra questo?* Ella dirà. C'entra, perché ci sono i malati, i quali hanno diritto d'avere da noi il consiglio che meglio tuteli la loro salute, sia che giovi e non giovi agl'industriali d'Italia. Il nostro più sacrosanto dovere è quello di fare per chi ci chiede aiuto il meglio che per noi si posa.

La Dio mercé, possiamo benissimo servire a quest'ordine supremo della nostra coscienza di medici ed aiutare anche il sorgere e il prosperare dell'industrie chimiche e farmaceutiche italiane. Ma per giungere a questo è tutt'altro che opportuno il denigrare ogni prodotto straniero ed esaltare ogni prodotto nazionale. Bisognerebbe invece isterilire questa mefitica fungaia di pseudochimici, che inonda di farmaci insensati le farmacie e le quarte pagine. Costoro invece fanno ottimi affari perché nessuno dice che la salute e la vita degli uomini non sono una merce qualunque da sfruttare per arricchire qualcuno. Al più umile farmacista, che spesso ignora anche dove si trovi lo stomaco dell'uomo, non pochi medici si prestano a rilasciare certificati, più laudativi per qualche suo intruglio, in cui l'arsenico, lo iodio e il ferro (*non si sa perché*) sono obbligati a stare insieme e in cui un battesimo greco o grecizzante basta perché sia proclamato ristoratore di poteri biologici.

Questi sedicenti benefattori dell'uman genere speculano con assoluta sicurezza su quella pestifera piaga dell'anima umana ch'è la credulità.

Per aiutare l'industria chimico-farmaceutica italiana bisogna purgarla, elevarla, sceverarla: bisogna fondare un tribunale supremo di Chimici, di Farmacisti, di Clinici non solo insigni, ma incorruttibili, il quale esamini i prodotti italiani colla più severa imparzialità scientifica e ne additi i pregi. Questo, certamente, non svellerà dalla terra la mala pianta della credulità: ci sarà sempre, se non l'ignorante, almeno lo stupido che accetta bambinescamente l'ignoto, l'oscuro, il miracoloso. Ma i buoni medici italiani, quando saran sicuri che, prescrivendo un farmaco nazionale, serviranno (quanto più è loro concesso) al bene dei loro malati non penseranno mai più ai farmaci degli altri paesi. Ed io sarò il primo ad obbedire alle sentenze di persone competenti, che abbiano il culto del vero e non la fame dell'oro o, per lo meno un concetto errato dei doveri che un medico ha verso l'industria del suo paese e verso la salute de' propri infermi.

M'abbia sempre, caro e stimatissimo collega per suo aff.mo

A. Murri

4. Stranieri nemici e sudditi coloniali al confino e nei campi di concentramento

Amelie Posse-Brázdová: da straniera amica a straniera nemica

> L'internamento ci fece fare tutte le più strane esperienze, mettendoci a contatto con gente e situazioni che non avevamo mai sperimentato nei nostri precedenti vagabondaggi. Tutta roba per niente piacevole: ma eravamo determinati a sopportare i vari inconvenienti con la massima pazienza possibile e a non farci scoraggiare qualunque cosa dovesse succederci.
> All'inizio non fu difficile perché il peggio che ci capitò furono lanci di fichi e di pomodori marci da parte dei monelli all'indirizzo dei miei abiti bianchi, o un topo morto che ci dondolava sulla testa mentre camminavano per le viuzze del centro. Ma dopo un paio di volte che i responsabili furono presi in flagrante e severamente multati, cominciarono a capire che le autorità non apprezzavano quella particolare forma di patriottismo. Ad ogni modo la gente del posto si abituò presto a vederci in circolazione e parve giungere alla conclusione che dopo tutto eravamo inoffensivi, per cui smise di darci fastidio.
> Ma c'erano altri problemi, non causati da esseri umani, di gran lunga più seri. Il primo fu la malaria che si aggravò sensibilmente con l'avanzare dell'autunno.
> Ma persino questo rischio era un problema minore, che si poteva evitare stando attenti e con un po' di fortuna. C'erano altri pericoli ben peggiori [...] sentimmo parlare a bassa voce di tifo e in vari punti della città fummo colpiti da un acuto odore di acido fenico [...].
> Si diffuse un terribile senso di insicurezza, insieme a voci allarmanti che riguardavano sia la popolazione locale che gli internati.

A scrivere queste parole è Amelie Posse-Brázdová, una scrittrice di cittadinanza svedese, in un volume di ricordi pubblicato in Svezia nel 1931 con un titolo traducibile come "L'incomparabile cattività", che raccontava l'esperienza di internamento in Sardegna tra il luglio del 1915 e il giugno 1916. Il libro uscì subito in inglese nel 1932, ricevendo recensioni entusiastiche, e solo nel 1998 in italiano.[1] Sia nella traduzione inglese che in quella italiana la cattività scompariva dal titolo per essere trasformata in *sideshow*, in parentesi, in *interludio*. L'esperienza del confino veniva così derubricata a esotizzante memoria di viaggio. La lettura delle memorie di un anno di internamento di Amelie in Sardegna, per quanto edulcorata e scritta con arguzia e un tono spesso leggero e carico di humor, rivela aspetti interessanti del confinamento cui il governo italiano sottopose qualche migliaio di civili di nazionalità nemica in Italia tra il 1915 e il 1918.

Ma perché una cittadina di un paese neutrale come la Svezia si trovò a essere confinata in Sardegna? Al momento dello scoppio della Prima guerra mondiale, Amelie viveva a Roma da circa quattro anni. Durante il suo soggiorno, e una vita bohémienne trascorsa nell'ambiente cosmopolita degli artisti e intellettuali stranieri che avevano fatto di Roma la loro casa e la loro patria elettiva, sposò Oskar (detto Oki) Brázda, un pittore di nazionalità ceca e suddito austro-ungarico. Come accadeva a quel tempo pressoché in tutto il mondo, sposandosi Amelie non solo acquisì il cognome del marito, ma anche la di lui cittadinanza, perdendo contestualmente la propria, e sperimentando quel consecutivo processo di denaturalizzazione e rinaturalizzazione descritto da Helen Irving.[2] Infatti, l'istituto della doppia cittadinanza non solo non era giuridicamente riconosciuto, ma era visto con grande sospetto, e le donne, in nome del mantenimento dell'unità della famiglia e del tentativo di eliminare i potenziali conflitti di legislazione, derivavano la cittadinanza da quella del padre o da quella del marito. Perdendo la nazionalità di uno stato neutrale e diventando per matrimonio suddita austro-ungarica, per lo stato italiano, a partire dal 24 maggio 1915, Amelie si trasformò da cittadina di un paese neutrale in straniera nemica.

1. Posse-Brázdová, *Interludio di Sardegna*, p. 67. Le notizie biografiche su Amelie oltre che dal suo stesso racconto sono ricavate dalle prefazioni di Eva Strömberg Kranz e di Manlio Brigaglia alla prima edizione italiana del volume, Cagliari, Tema, 1998. La versione originale apparve come *Den oförlikneliga fångenskapen*, Stockholm, Natur o. kultur, 1931, riedita nel 1933 e nel 1946. Per la traduzione inglese cfr. *Sardinian Sideshow*, London, G. Routledge & Sons, 1932 e New York, E. P. Dutton & Co., 1933. Recensioni delle traduzioni inglese e americana apparvero in vari giornali, tra cui il «New York Herald Tribune», «The Spectator», lo «Hartford Courant», «The Scotsman», «The Irish Times», per fare solo qualche esempio.

2. Helen Irving, *Citizenship, Alienage, and the Modern Constitutional State. A Gendered History,* Cambridge, Cambridge University Press, 2016.

Le sue origini e i sentimenti dichiaratamente antiaustriaci del marito, che presto diventò uno dei principali referenti in Italia di Edvard Beneš e di Tomáš Masaryk,[3] le avevano probabilmente fatto guardare con ottimismo alla possibilità di continuare a vivere indisturbata nella capitale nonostante i pressanti consigli a partire del console austriaco a Roma.[4] Certo era stata a un passo dal rinviare il matrimonio per le conseguenze che l'automatica acquisizione della cittadinanza austro-ungarica avrebbe comportato, e una volta presa la decisione si era preoccupata di nascondere il suo nuovo stato civile e la sua nuova nazionalità alle vicine di casa, ma più per tema di possibili sequestri e confische di beni che per la preoccupazione di essere espulsa, deportata o, peggio ancora, internata o confinata: «Finché non si svolgeva [il matrimonio], l'appartamento e tutto il mobilio erano di mia proprietà e, in quanto svedese, non correvo il rischio di confisca o di saccheggio, com'era accaduto a parecchi austriaci negli ultimi tempi».[5] Come si deduce dalle sue memorie, Amelie era certo a conoscenza delle misure contro i beni nemici che non erano ancora state assunte in Italia ma che erano già entrate in vigore nel primo anno di guerra in Francia, in Gran Bretagna, nell'Impero russo, in Germania e nell'Impero ottomano.[6] Non le erano sicuramente neanche sfuggite le notizie sui disordini provocati in mezzo mondo dall'affondamento del *Lusitania*[7] e le stavano arrivando ovviamente all'orecchio le notizie e gli echi dei disordini, delle sassaiole contro negozi con insegne straniere e dei saccheggi avvenuti da una parte e dall'altra del fronte nell'ultima settimana di maggio a Trieste, a Milano e quindi a Genova e nella stessa Roma.[8] E infatti,

3. Il tema del sentimento antiaustriaco torna costantemente nelle memorie. Cfr. Posse-Brázdová, *Interludio, passim* e soprattutto pp. 74 e ss. Sul ruolo svolto da Brázda nel movimento per l'indipendenza ceca, cfr. Mark Cornwall, *The Undermining of Austria-Hungary: The Battle for Hearts and Minds,* New York, Macmillan-St. Martin's Press, 2000, p. 116.

4. Posse-Brázdová, *Interludio*, p. 19.

5. Ivi, p. 69.

6. Caglioti, *War and Citizenship,* pp. 160-171.

7. Sui disordini del maggio 1915 in varie parti del mondo cfr. Panayi, *Anti-German Riots in Britain*; Lohr, *Patriotic Violence and the State*; Gullace, *Friends, Aliens, and Enemies*; Frank Trommler, *The Lusitania Effect: America's Mobilization against Germany in World War I,* in «German Studies Review», 32, 2 (2009), pp. 241-266; Tilman Dedering, *'Avenge the Lusitania': The Anti-German Riots in South Africa in 1915*, in «Immigrants & Minorities», 31, 3 (2013), pp. 256-288; Paul Thompson, *The Lusitania Riots in Pietermaritzburg 13–14 May 1915*, in «War & Society», 36, 1 (2017), pp. 1-30.

8. Lucio Fabi, *Trieste 1914-1918: una città in guerra,* Trieste, MGS Press, 1996, pp. 43-60; La Lumia, *«Un chiarore sinistro»*; Bianchi, *Nella terra di nessuno*, pp. 42-44.

come scrive nelle sue memorie, nei giorni che precedettero la dichiarazione di guerra dell'Italia e quindi l'internamento, con il marito e gli amici giravano per le strade di Roma portando «all'occhiello i colori svedesi e quelli slavi», per evitare di «essere presi per spie», perché «in quel tempo il sangue italiano si avvicinava giorno dopo giorno al punto di ebollizione, ed era facile passare dalle parole alle vie di fatto».[9] E tuttavia, diversamente dai molti austro-ungarici e tedeschi che nei mesi della neutralità si erano affrettati a lasciare l'Italia, Amelie Posse e Oki Brázda erano rimasti a villa Strohl-Fern, nel cuore di villa Borghese. Non era immaginabile, scrive ancora con ottimismo, «che la folla, per quanto eccitata, potesse entrare in un parco privato, di proprietà di un francese e ben sorvegliato all'ingresso».[10]

L'illusione di poter continuare a vivere a Roma senza dare nell'occhio era tuttavia durata poco. E a poco più di un mese dalla dichiarazione di guerra Oki, il suo amico e connazionale Bohumír Chytil e la stessa Amelie, tre settimane dopo, si trovarono confinati ad Alghero a fare i conti con il mondo, per loro sconosciuto, della Sardegna.[11] Ad Alghero, dove rimase per un anno, Amelie sperimentò il confinamento in un contesto ostile, soprattutto dal punto di vista climatico («Il vento! Era quasi la più dura delle tribolazioni», scrive nel suo racconto), povero, in cui imperversava la malaria, e in cui era difficile mantenere gli agi cui la coppia era abituata. Amelie, Oki, Chytil e gli altri sudditi di nazionalità nemica, tutti slavi (cinque preti polacchi, un ceco e qualche marinaio croato), confinati ad Alghero,[12] sperimentarono però anche una discreta libertà di movimento – quella libertà di movimento che solo un'isola situata a molte miglia dal continente poteva assicurare – garantita anche dalla disponibilità economica della coppia, che poté non limitarsi a far conto solo sull'esiguo sussidio giornaliero assicurato ai confinati dall'amministrazione italiana.[13] L'anno passato sull'isola fu denso di esperienze e incontri con una popolazione locale che guardava con curiosità, sospetto e diffidenza, ma anche con interesse, gli stranieri confinati nell'isola.

Qualche anno dopo, il medesimo senso di spaesamento ed estraneità veniva raccontato stavolta dal punto di vista degli "ospiti" sardi da Sal-

9. Posse-Brázdová, *Interludio*, p. 17.

10. Ivi, p. 29.

11. Ivi, pp. 31 e 37.

12. Ivi, p. 41.

13. Il sussidio, in provincia di Sassari, consisteva in 2 lire al giorno per gli uomini e 1,20 per le donne. Ivi, p. 72.

vatore Satta nel romanzo postumo dal titolo *Il giorno del giudizio*. Satta doveva aver incontrato dei civili di nazionalità nemica da adolescente nella sua Nuoro, e così ne scriveva:

> Molti non sapevano nemmeno contro chi si combattesse, né dove si trovavano quei posti che ogni giorno venivano a galla nei bollettini che attaccavano alle vetrine del caffè Tettamanzi. Fin dai primi giorni, il governo aveva mandato al confino una ventina di persone che si erano sparse per il paese. Non si capiva chi fossero: poi si seppe che erano ebrei austriaci e tedeschi, i quali risiedevano a Milano e non avevano voluto lasciare l'Italia. Nessuno fino a quel giorno aveva mai sentito nominare gli ebrei, fuori della Bibbia: erano uomini come gli altri, ma erano signori, danarosi [...]. I soli miserabili che avevano mandato erano una famiglia di mezzi zingari, due sorelle e un fratellino di dodici anni.[14]

Le parole di Satta rivelano un misto di stupore, diffidenza, fastidio speculare a quello provato da Amelie Posse ad Alghero e soprattutto il senso di assurdità per una guerra lontana e incomprensibile che arrivava nelle case degli isolani non solo attraverso le lettere dei soldati, la propaganda del governo o le notizie luttuose, ma anche attraverso delle presenze strane e incongrue: ebrei tedeschi e austriaci, zingari, slavi, civili di nazionalità nemica, che non si capiva bene per quale motivo fossero finiti in un posto così lontano dal teatro di guerra.

Confinare e internare gli stranieri nemici

Per quanto trasfigurata dal passare del tempo (il libro di Posse-Brázdová fu pubblicato a quindici anni dal confinamento ma non sappiamo quando fu scritto con precisione) quella raccontata nelle pagine di *Interludio di Sardegna* è una storia e un'esperienza che accomuna Amelie e Oki agli ebrei tedeschi e austriaci evocati nel *Giorno di giudizio* di Satta e ad alcune centinaia di migliaia di uomini e donne che in Italia come in Germania, in Francia come in Austria-Ungheria, nell'Impero britannico come nelle colonie tedesche in Africa occupate dai paesi dell'Intesa, in Serbia, in Romania o in Bulgaria, in India come in Australia furono internati o confinati perché "colpevoli" di avere la nazionalità o le origini del nemico.

14. Salvatore Satta, *Il giorno del giudizio*, Milano, Bompiani, 1982 (ed. or.: Milano, Adelphi, 1979), p. 217.

L'internamento di civili su scala globale fu una innovazione della Prima guerra mondiale.[15] I primi campi di concentramento per civili erano stati in verità creati a Cuba dal generale Valeriano Weyler durante la guerra tra la Spagna e gli Stati Uniti nel 1898. Il modello poi era stato esportato in Sudafrica dai britannici per piegare la resistenza della popolazione civile durante la guerra Anglo-Boera tra il 1899 e il 1902 e dalla Germania in Namibia in una guerra, quella contro gli Herero, che si era presto connotata come guerra di sterminio.[16] In Europa e nel cosiddetto mondo civilizzato, invece, quella del campo di concentramento per civili si presentava come un'assoluta novità. E ancora più inedito era l'internamento di donne e bambini. Proprio perché era una novità, i campi e le soluzioni individuate per internare i civili ebbero spesso un carattere improvvisato ed estemporanei appaiono agli occhi dello storico i provvedimenti assunti nelle primissime settimane di guerra contro i civili di nazionalità nemica.

La prima misura presa dai governi dei paesi belligeranti fu quella di impedire ai civili di nazionalità nemica di sesso maschile in età di reclutamento di partire per andare a ingrossare le file del proprio esercito nazionale. I primi internamenti riguardarono quindi soprattutto uomini in età compresa tra i 17 e i 45-55 anni, a seconda delle diverse legislazioni sulla coscrizione obbligatoria. La parola internamento passò presto a indicare due esperienze in realtà tra loro molto diverse: da un lato, quella della prigionia in un campo recintato e sorvegliato; dall'altro, quella, sicuramente dura ma allo stesso tempo meno traumatica, del soggiorno obbligatorio in una località designata, posta a molti chilometri di distanza dalla residenza abituale e dal fronte. Con il prolungarsi e l'inasprirsi della guerra, mentre

15. La più recente panoramica del fenomeno si trova in Stibbe, *Civilian Internment during the First World War*. Oltre al volume di Stibbe, sull'internamento nella Prima guerra mondiale si vedano *Internment during the First World War. A Mass Global Phenomenon*; Murphy, *Colonial Captivity during the First World War*; Manz e Panayi, *Enemies in the Empire*.

16. Jonathan Hyslop, *The Invention of the Concentration Camp: Cuba, Southern Africa and the Philippines, 1896-1907*, in «South African Historical Journal», 63, 2 (2011), pp. 251-276; Iain R. Smith e Andreas Stucki, *The Colonial Development of Concentration Camps (1868-1902)*, in «The Journal of Imperial and Commonwealth History», 39, 3 (2011), pp. 417-437; Sibylle Scheipers, *The Use of Camps in Colonial Warfare*, in «The Journal of Imperial and Commonwealth History», 43, 4 (2015), pp. 678-698. Sugli Herero cfr. Isabel V. Hull, *Absolute Destruction: Military Culture and the Practices of War in Imperial Germany*, Ithaca, Cornell University Press, 2005; Tilman Dedering, *Compounds, Camps, Colonialism*, in «Journal of Namibian Studies», 12 (2012), pp. 29-46.

in Gran Bretagna e nell'Impero britannico quella dell'internamento dietro il filo spinato continuava a rimanere la principale modalità di gestione dei civili di nazionalità nemica di genere maschile, altri paesi decisero di arrestare, deportare e internare anche quelle donne e quei bambini che destavano sospetto, o che avevano rifiutato il rimpatrio, che non erano stati oggetto di scambi o che si trovavano in zone occupate. In queste ultime, in particolare, le violenze e i provvedimenti contro le donne si rivelarono una pratica tanto diffusa quanto contraria alle regole stabilite dalla Convenzione dell'Aja del 1907 sul trattamento di civili in territori occupati.[17] Molte di queste donne, sospettate di affinità con il nemico, quando non furono vittime di violenze e stupri, furono oggetto di provvedimenti preventivi o di misure di rappresaglia. Sole o con i figli minori, alcune di loro si trovarono di fronte a tre diverse prospettive: il campo d'internamento per civili, dove la promiscuità, la sporcizia, la fame, le malattie infettive e spesso anche il lavoro forzato diventarono crescentemente di casa man a mano che la guerra andava avanti; il trasferimento coatto in piccoli centri lontani dai luoghi abituali di residenza dove era difficile trovare un lavoro e un'abitazione decente potendo contare spesso solo su un esiguo sussidio pubblico e dove la loro vita si svolse sotto lo sguardo più o meno occhiuto della polizia del luogo e la più o meno conclamata ostilità della popolazione locale; l'espulsione e il "rimpatrio", magari dopo decenni trascorsi nel paese che ora le scacciava, in una patria che spesso non era la loro o non percepivano come tale e nella quale non c'erano né una casa né una famiglia ad accoglierle.

Secondo la stima più recente fatta da Matthew Stibbe, circa 800.000 civili in Europa e una cifra compresa fra 50.000 e 100.000 nel resto del mondo fecero l'esperienza dell'internamento.[18] La stragrande maggioranza di questi civili che finì in cattività, e per lo più per ragioni a loro oscure, era costituita da stranieri nemici, di entrambi i sessi (ma è difficile fare un calcolo preciso della composizione di genere). A questi si aggiungevano persone considerate come potenziali nemici per via delle origini, del luogo di nascita o spesso anche solo del cognome, individui appartenenti a minoranze nazionali considerate inaffidabili, abitanti di regioni di confine prossime alla linea del fronte che venivano sospettati di affinità con

17. *Convention (IV) respecting the Laws and Customs of War on Land and its annex: Regulations concerning the Laws and Customs of War on Land. The Hague, 18 October 1907*, in particolare gli articoli 44-46.

18. Stibbe, *Civilian Internment during the First World War*, p. 1.

il nemico anche per il loro bilinguismo e per il loro trans-nazionalismo. C'erano poi i residenti in zone occupate, sospettati di collaborazionismo o preventivamente internati per piegarne l'ostilità e la resistenza, e infine i cittadini accusati di spionaggio, disfattismo o temuti perché anarchici, pacifisti, socialisti.[19] Le logiche che caratterizzarono i provvedimenti possono essere ricondotte a motivi essenzialmente strategici (sicurezza, prevenzione, rappresaglia) e di consenso (rassicurare e al tempo stesso blandire l'opinione pubblica che agitava gli spettri dello spionaggio, del sabotaggio, ecc.). Tuttavia, non si può escludere anche, almeno in taluni casi, l'intento di punire collettivamente interi gruppi o minoranze, come dimostra il caso degli armeni nell'Impero ottomano, l'esempio più eclatante. E così campi di concentramento vennero aperti sin da primissimi mesi di guerra non solo in Gran Bretagna, in Francia, in Germania e in Austria-Ungheria, ma anche nei *dominions* e nelle colonie dell'Impero britannico (Canada, Australia, Sudafrica, India, Birmania), così come nelle colonie francesi (Marocco). Man mano poi che nuovi paesi entravano in guerra si aprivano nuovi campi di concentramento nelle colonie portoghesi (Mozambico, Azzorre), in Romania, in Serbia, in Bulgaria, in Brasile, negli Stati Uniti. I campi si dimostrarono la punta dell'iceberg di un complesso sistema di provvedimenti adottati contro i civili di nazionalità nemica. Questi provvedimenti andavano dall'obbligo di registrazione al rimpatrio o alla deportazione, dal confino al sequestro di beni, dal divieto di ricorrere in tribunale a quello di parlare la propria lingua.[20] Nonostante la sua ampia diffusione, il campo di concentramento non fu però il solo modello adottato nei paesi belligeranti per sorvegliare potenziali spie e sabotatori, per impedire all'esercito nemico di ingrossare i propri ranghi, o per piegare il nemico usandone i cittadini come ostaggi. Con modalità diverse, in Italia e in Austria-Ungheria, ad esempio, si fece massiccio ricorso all'istituto del domicilio coatto in località lontane dai confini, mentre altri paesi belligeranti fecero ampio uso dell'istituto della deportazione, come accadde in quell'Impero russo dove centinaia di migliaia di civili di nazionalità nemica, di ebrei, di tedeschi etnici e più in generale di "nemici interni" furono deportati verso le zone impervie e isolate dell'Asia centrale o della Siberia,[21] o nell'Impero

19. Proctor, *Civilians in a World at War*.

20. Per una panoramica generale cfr. Caglioti, *War and Citizenship*, *passim*.

21. Sull'Impero russo cfr. Peter Gatrell, *A Whole Empire Walking: Refugees in Russia during World War One*, Bloomington, Indiana University Press, 1999 e Lohr, *Nationalizing the Russian Empire*.

ottomano, dove la deportazione degli armeni rappresentò solo il preludio al loro sterminio.[22]

Come ha sostenuto Matthew Stibbe a proposito dell'Impero asburgico, «there was no single model of internment but several different systems that interacted and overlapped with each other».[23] Può dirsi lo stesso anche per altre parti d'Europa. L'Italia diede il suo contributo a questa differenziazione e all'interazione tra i vari modelli. Fin dall'inizio della guerra, nel giugno 1915, il governo italiano convogliò i suoi sforzi sulla guerra economica contro gli stranieri nemici[24] e, diversamente da altri paesi belligeranti, non concentrò i civili di nazionalità nemica che si trovavano sul suo territorio dietro il filo spinato. Al contrario, adottò una più mite politica di confinamento, isolando e controllando da lontano i pochi stranieri nemici sotto la sua giurisdizione.[25] Le autorità italiane non crearono una macchina d'internamento *ad hoc* ma ricorsero a strumenti già presenti nella legislazione italiana e ampiamente rodati. Attuarono cioè misure amministrative che erano state ripetutamente usate nei cinquant'anni precedenti di esistenza del Regno italiano per frenare il brigantaggio, il dissenso politico e più recentemente la resistenza in Tripolitania e in Cirenaica, dove l'Italia conduceva una guerra di conquista.

Le scelte adottate dal governo italiano vanno analizzate e comprese nel contesto di una serie di fattori, tra cui il modo in cui l'Italia entrò in guerra, la cronologia e l'evoluzione della guerra, l'esiguo numero di stra-

22. Per un quadro recente cfr. Ronald Grigor Suny, *"They can live in the desert but nowhere else": A History of the Armenian Genocide,* Princeton, Princeton University Press, 2015.

23. Stibbe, *Enemy Aliens*, citazione a p. 496 («non ci fu un modello unico di internamento, bensì diversi sistemi che interagivano e si sovrapponevano l'uno all'altro», trad. mia).

24. Sulle misure economiche assunte dai governi italiani contro gli stranieri nemici cfr. ora i capp. 1-3 in questo volume. Sulla recezione delle misure tra i giuristi cfr. La Lumia, *Giuristi all'attacco* e Id., *From Protection to Liquidation.*

25. Sull'internamento in Italia si vedano anche Procacci, *L'internamento di civili*; Ead., *La limitazione dei diritti di libertà durante la prima guerra mondiale: il piano di difesa (1904-1935), l'internamento dei cittadini nemici e la lotta ai 'nemici interni' (1915-1918)*, in «Quaderni fiorentini per la storia del pensiero giuridico moderno», 38 (2009), pp. 601-652; Matteo Ermacora, *Le donne internate in Italia durante la Grande guerra*, in «Dep. Deportate, esuli, profughe. Rivista telematica di studi sulla memoria femminile», 7, 7 (2007), pp. 1-32; Id., *Assistance and Surveillance: War Refugees in Italy, 1914-1918*, in «Contemporary European History», 16, 4 (2007), pp. 445-459; Bianchi, *Nella terra di nessuno*, pp. 137-145.

nieri nemici sul suo territorio, le dinamiche internazionali innescate dalla partecipazione italiana, l'atteggiamento adottato dal governo e dall'esercito austro-ungarico nei confronti dei sudditi italiani residenti nell'Impero asburgico e dei sudditi austro-ungarici di lingua italiana, i conflitti e gli scontri tra il governo e l'esercito austro-ungarico i conflitti e gli scontri tra le autorità civili e militari in Italia, le divisioni e le tensioni tra i partiti politici e la pressione esercitata dall'opinione pubblica nazionalista sul fronte interno, l'atteggiamento dello stato italiano liberale verso le "classi pericolose" e gli strumenti legali tradizionalmente usati per affrontare emergenze e disordini civili. Infine, motivo non meno importante, il caso italiano deve essere collocato anche nel contesto dell'altra guerra, in qualche modo parallela, che l'Italia stava combattendo nell'Africa del Nord dal 1911.

Per comprendere l'approccio italiano alla prigionia dei civili durante la Prima guerra mondiale, questo capitolo analizza innanzitutto il modo in cui il governo italiano trattò gli stranieri nemici (soprattutto gli austro-ungarici e, solo dopo l'agosto 1916, anche alcuni tedeschi), sia quelli in territorio italiano che quelli deportati dalle zone del Friuli che l'esercito italiano occupò nei primi mesi della guerra dall'ingresso in guerra e fino alla sconfitta di Caporetto. In secondo luogo, considera il caso degli stranieri nemici anche alla luce della deportazione e dell'internamento di sudditi coloniali, cioè i libici che continuarono a resistere al dominio italiano dopo la fine della guerra italo-turca del 1911-12. Si occupa quindi dello speculare trattamento degli italiani (regnicoli) e italofoni (sudditi austro-ungarici di lingua italiana) nell'Impero asburgico. In ultimo, esamina la parziale ridefinizione delle politiche d'internamento e confinamento dopo la sconfitta di Caporetto.

Sfollamenti e confinamenti nei primi mesi di guerra

La decisione di entrare in guerra il 24 maggio 1915 a fianco di Gran Bretagna, Francia e Impero russo non solo cambiò le strategie del governo italiano per gestire i movimenti di popolazione dentro e fuori l'Italia, ma influenzò immediatamente e profondamente la vita di vari gruppi di persone che vivevano sul suolo italiano e nell'Impero asburgico. Le politiche italiane verso gli stranieri nemici si allinearono a quelle attuate dagli alleati e a quelle adottate dalle Potenze centrali. Come nella maggior parte degli altri paesi combattenti, anche se in tempi diversi e con intensità diverse, anche in Italia i civili di nazionalità nemica su suolo italiano – cioè gli austro-ungarici (dal 24 maggio 1915 in poi), gli ottomani (a partire dal 21 agosto 1915) e i tedeschi (dal 28 agosto 1916) – furono sottoposti a restrizioni della loro libertà e a varie altre forme di discriminazione in maniera incrementale.[26] Reciprocamente, e più o meno nello stesso lasso di tempo anche se con alcune eccezioni, gli italiani – e gli italofoni sudditi dell'Impero asburgico – sperimentarono forme diverse di discriminazione in Austria-Ungheria, nell'Impero ottomano, in Germania e nelle sue colonie africane.[27] La logica che guidò le disposizioni italiane in tema di stranieri di nazionalità nemica si basava su considerazioni strategiche, di sicurezza, prevenzione e rappresaglia. Le misure erano innanzitutto progettate per rassicurare un'opinione pubblica ossessionata dallo spionaggio, da possibili sabotaggi di infrastrutture e dal dominio economico straniero. La politica di internamento non era isolata ma rientrava in un articolato sistema di misure contro gli stranieri nemici. Queste misure andavano dall'obbligo di registrarsi, al rimpatrio forzato, all'espulsione, al divieto di ricorrere in tribunale, al sequestro delle proprietà e quindi all'internamento.[28]

L'entrata tardiva dell'Italia in guerra, tuttavia, mise il paese in una posizione insolita rispetto ai paesi che combattevano fin dall'estate del 1914. Durante il periodo di neutralità le frontiere erano rimaste aperte. Un numero significativo di persone era entrato e uscito dal paese, con il risultato che il numero di civili di nazionalità nemica residenti nella penisola si era ridotto a poche migliaia, soprattutto donne, bambini e anziani. Il movimento era stato bidirezionale. Da un lato i sudditi tedeschi e austro-

26. Anche se l'Italia entrò in guerra contro la Bulgaria il 19 ottobre 1915, le politiche verso gli stranieri nemici non toccarono i bulgari che vivevano in Italia, dato il loro numero estremamente ridotto (cfr. *infra*, cap. 1).

27. Sugli italiani nell'Impero austro-ungarico cfr. Stibbe, *Enemy Aliens*; sugli italiani in Germania cfr. Jahr, *Keine Feriengäste*; sul trattamento degli stranieri nemici nell'Impero Ottomano cfr. Oğuz, *Practicing National Hegemony*. Quanto al contesto coloniale, è interessante notare come il 26 maggio 1915 le autorità coloniali tedesche, nonostante l'assenza di uno stato di guerra con l'Italia, e nonostante gli accordi siglati da Jagow e Bollati (cfr. *infra*, capp. 1 e 2) internassero una cinquantina di italiani residenti nell'Africa orientale tedesca, inaugurando un conflitto a bassa intensità che continuò fino alla dichiarazione ufficiale di guerra nell'agosto 1916. Su questo episodio e le sue implicazioni si veda Simona Behre, *«Forse che il nero aveva prima di oggi comandato a bianchi?». Gli internati italiani nell'Africa Orientale Tedesca (1915-1916)*, in «Contemporanea. Rivista di storia dell'800 e del '900», XX, 1 (2017), pp. 87-108.

28. Cfr. *infra*, capitoli 1 e 2.

ungarici in età di coscrizione erano tornati in patria per unirsi ai rispettivi eserciti. Dall'altro, migliaia di *Reichsitaliener*, e tra loro molti stagionali, erano fuggiti dall'Impero austro-ungarico durante il periodo della neutralità italiana e circa 3.000 di loro si erano offerti volontari per servire come soldati nell'esercito italiano.[29] Inoltre, un numero significativo di lavoratori stagionali italiani – più di 500.000 persone – aveva lasciato la Germania, la Svizzera e la Francia per paura di essere travolto dalla guerra.[30] Quasi tutti i migranti che lasciarono precipitosamente l'Europa centrale avevano case e famiglie a cui tornare ma non un lavoro ed erano soprattutto bisognosi di assistenza. Ciò contribuiva ad aumentare le tensioni sociali e le preoccupazioni di autorità nazionali e locali circa l'ordine pubblico.[31]

Non solo la decisione di entrare in guerra nel maggio 1915 cambiò da un giorno all'altro le politiche sulla gestione dei confini e sul controllo delle migrazioni, ma ebbe anche ripercussioni immediate sulla vita di diversi gruppi di persone, tra cui i pochi sudditi austro-ungarici e, dal 1916, anche i pochissimi tedeschi che erano rimasti in Italia, gli italiani e i sudditi asburgici di lingua italiana che vivevano nell'impero austro-ungarico e in quello ottomano e, più tardi, gli italiani che erano rimasti in Germania. Il governo italiano era pienamente consapevole delle ripercussioni potenzialmente negative della guerra sui suoi sudditi all'estero. Tre giorni prima di muovere guerra all'Austria-Ungheria, cercò di separare il destino degli italiani che vivevano in Germania da quello di coloro che vivevano nel territorio dell'Impero asburgico firmando un accordo che cercava di salvaguardare i primi. Il patto impegnava l'Italia e la Germania a rispettare le libertà personali e i beni dei sudditi dei due stati che si trovassero sul territorio dell'altra, proteggendoli così dalla discriminazione. Anche se l'accordo Bollati-Jagow, firmato il 21 maggio 1915,[32] divenne presto solo un inutile pezzo di carta e i tedeschi sospesero per esempio il pagamento delle pensioni, esso fornì pur sempre un quadro legale che poteva essere richiamato per proteggere gli italiani

29. Manfried Rauchensteiner, *The First World War and the End of the Habsburg Monarchy,* Wien, Böhlau, 2014, p. 389. Per il rientro degli stagionali cfr. Neva Biondi, *Regnicoli. Storie di sudditi italiani nel litorale austriaco durante la prima guerra mondiale*, in *Un esilio che non ha pari: 1914-1918*, p. 52 e ss.

30. Roberto Michels, *Cenni sulle migrazioni e sul movimento di popolazione durante la guerra europea*, in «La Riforma Sociale», 24, 28 (1917), pp. 1-60, p. 20 in particolare.

31. Cfr. Ermacora, *Assistance*, pp. 48-49.

32. Sull'accordo Bollati-Jagow si veda Muhr, *Die deutsch-italienischen Beziehungen.*

in Germania e i tedeschi in Italia, e agì come deterrente nella guerra di rappresaglie e ritorsioni almeno fino allo scontro ufficiale tra i due paesi nell'agosto 1916. Nessun trattato simile fu invece firmato con l'Austria-Ungheria, e quando iniziò la guerra l'Italia adottò misure severe contro i sudditi dell'Impero asburgico. Il 24 maggio 1915, all'inizio delle operazioni militari, il governo proibì il commercio tra i due paesi, mentre un altro decreto impedì ai sudditi austro-ungarici di vendere beni immobili posseduti in Italia. Qualche mese dopo, le stesse disposizioni colpirono i sudditi dell'Impero ottomano di nazionalità turca.[33]

Con l'inizio della guerra le frontiere italiane furono chiuse e divenne obbligatorio denunciare alla polizia o alle autorità militari gli stranieri che vivevano in Italia. Iniziò una "pulizia" delle frontiere con il duplice obiettivo di garantire la sicurezza dei sudditi italiani che vivevano vicino al fronte e di bloccare azioni di spionaggio o sabotaggio. La minaccia dell'evacuazione e l'evacuazione stessa provocarono una crisi di rifugiati, causando lo spostamento di migliaia di persone. Più di 86.000 cittadini del Regno d'Italia affluirono in Italia dalla zona del fronte austriaco e altri 55.000 dovettero allontanarsi dal fronte italiano nelle settimane successive alla dichiarazione di guerra.[34] Mentre la guerra andava avanti, questa massa di rifugiati si mescolò con sudditi nemici e sospetti politici.[35] I civili di nazionalità nemica erano sparsi per tutto il paese e si concentravano soprattutto nelle città principali. A questi si aggiungevano soggetti austro-ungarici che risiedevano nelle aree occupate già nelle prime settimane di guerra. Nelle zone del Friuli e del Trentino invase dalle truppe italiane, l'esercito italiano iniziò a rastrellare uomini e donne accusati di sostenere la dinastia asburgica, sospettati di essere spie o di fare propaganda per l'esercito austro-ungarico. Tra questi Giovan Battista, detto Tita, Birchebner, amministratore dei beni dei conti Pace a Udine, che fu dapprima trattenuto nella prigione locale di Palmanova il 27 giugno 1915, poi trasferito nella cittadella di Alessandria (un edificio fortificato trasformato in un campo temporaneo per prigionieri

33. DL 697, 24 maggio 1915 (GU, 130, 25 maggio 1915); DL 902, 24 giugno 1915 (GU, 158, 24 giugno 1915); DL1755, 25 novembre 1915 (GU, 309, 20 dicembre 1915); e 103, 30 gennaio 1916 (GU, 36 14 febbraio 1916); DL 320, 12 marzo 1916 (GU, 69, 23 marzo 1916).

34. Eugene M. Kulischer, *Europe on the Move. War and Population Changes, 1917-47,* New York, Columbia University Press, 1948, p. 208.

35. Sulla difficoltà di distinguere tra rifugiati, rimpatriati, esuli e internati si veda Ceschin, *Gli esuli di Caporetto*, pp. 209-219.

di guerra) e infine internato a Felizzano in provincia di Alessandria, insieme ad altri trentuno corregionali.[36]

L'Italia aveva iniziato a prepararsi alla guerra con mesi di anticipo. Nel marzo 1915, la Camera dei Deputati aveva approvato un disegno di legge contro lo spionaggio. Questo disegno di legge fu seguito da un decreto emesso il 2 maggio 1915 che impediva agli stranieri di entrare nel paese senza un passaporto valido e un visto; obbligava tutti gli stranieri, sia quelli in transito che quelli residenti sul territorio italiano, a registrarsi; imponeva ai datori di lavoro di notificare alle autorità l'assunzione di stranieri; ordinava ai proprietari terrieri di comunicare alle autorità la vendita di beni immobili urbani o rurali a stranieri e dava istruzioni agli alberghi di segnalare la presenza di stranieri. La legislazione d'emergenza fu completata il 20 maggio 1915, quando la Camera dei Deputati approvò un disegno di legge in un solo articolo che trasferiva al governo sia i poteri legislativi che quelli esecutivi.

Nonostante questo quadro normativo, il governo italiano entrò in guerra senza piani dettagliati su come trattare civili di nazionalità nemica, rifugiati, sfollati e sospetti politici. Il numero ridotto di stranieri nemici sul suolo italiano, tuttavia, non rendeva la questione meno urgente. Da un lato l'esecutivo si comportò come se la questione degli stranieri nemici in Italia fosse urgente e avesse bisogno di una risoluzione rapida e decisiva.[37] Dall'altro, consapevole del fatto che qualsiasi misura presa contro i civili di nazionalità nemica avrebbe immediatamente esposto gli italiani all'estero a ritorsioni analoghe, il governo italiano adottò un approccio molto cauto. Cercò di placare i nazionalisti più radicali che chiedevano misure draconiane senza cedere però alla tentazione di scatenare una guerra totale contro gli stranieri nemici.[38] Tuttavia, la politica verso gli stranieri non fu una prerogativa esclusiva dell'esecutivo. Anche le autorità militari giocarono un ruolo cruciale nella gestione di rifugiati, internati e sudditi nemici. Ciò diede luogo a competizioni, conflitti di attribuzione e politiche contraddittorie, come d'altra parte stava succedendo nella parte austriaca dell'Impero asburgico, in Germania e nell'Impero russo dove pure vigeva un dualismo decisionale tra governo ed esercito.[39]

36. Tita Birchebner e Remigio Blason, *Due friulani internati (1915-1918),* Udine, La nuova base, 1974, pp. 39-51.

37. Cfr. *infra*, capitolo 1.

38. Ventrone, *La seduzione totalitaria.*

39. Sui conflitti tra governo ed esercito si veda per l'Impero austro-ungarico, Matthew Stibbe, *The Internment of Enemy Aliens in the Habsburg Empire, 1914-18*, in *Internment*

A differenza di altri stati belligeranti, però, il governo italiano non ricorse ai campi di concentramento per neutralizzare gli stranieri nemici che si trovavano sul suo territorio. Questa fu una scelta importante e ciò che maggiormente differenziò l'Italia tanto dai suoi alleati quanto dai suoi nemici. Piuttosto che internare i civili di nazionalità nemica in campi, si decise di distribuirli in tutto il paese e isolarli. Ovviamente c'erano campi di prigionia in Italia ma questi erano usati per i soldati catturati e non per i civili.[40] I civili venivano allontanati dalle loro case e obbligati a vivere in un luogo designato, a presentarsi regolarmente alle stazioni di polizia locali e a chiedere il permesso se volevano viaggiare al di fuori dell'area loro assegnata. Non mancarono tuttavia i casi di coloro a cui fu consentito di scegliere il luogo in cui essere confinati, come ricorda la stessa Amelie Posse.[41]

Italiani e italofoni in Austria-Ungheria

Cosa succedeva agli italiani e agli italofoni dall'altra parte del fronte nello stesso periodo? Quando l'Italia entrò in guerra, per l'Impero austro-ungarico il conflitto era già in corso da dieci mesi. Sia l'amministrazione austriaca che quella ungherese avevano già definito politiche specifiche nei confronti dei serbi, montenegrini, britannici, francesi e russi che si trovavano sul territorio imperiale, ed avevano adottato politiche discriminatorie nei confronti dei sudditi imperiali appartenenti a minoranze nazionali considerate inaffidabili, con l'effetto di alienarle dalla mobilitazione patriottica.[42] Le frontiere erano state chiuse, erano state introdotte misure di sorveglianza e si era subito dato il via all'internamento di uomini di cittadinanza nemica in età di coscrizione considerati potenzialmente pericolosi. Secondo un prospetto riassuntivo del 12 febbraio 1915, gli internati per motivi di sicurezza, quelli cioè che il *Kriegsüberwachungsamt* (KÜA),

during the First World War. A Mass Global Phenomenon, pp. 61-84; sull'Impero russo, Gatrell, *A Whole Empire Walking*, p. 16 e Joshua A. Sanborn, *Imperial Apocalypse: The Great War and the Destruction of the Russian Empire,* Oxford, Oxford University Press, 2014, pp. 39-41.

40. Sui campi per prigionieri di guerra si veda Alessandro Tortato, *La prigionia di guerra in Italia 1915-1919,* Milano, Mursia, 2004.

41. Posse-Brázdová, *Interludio*, p. 31 e 40-41.

42. Cornwall, *The Undermining*, p. 18 e *passim.*

un organismo di nuova formazione a cui era demandato di occuparsi delle questioni relative alla sicurezza nella parte austriaca dell'Impero,[43] definiva come *Kriegführung gefärliche internierten Personen* (persone pericolose internate per motivi strategici) erano già 12.628, mentre i profughi ammontavano a 210.000.[44] In linea di massima, tuttavia, i pochi francesi e britannici che risiedevano nel territorio dell'Impero erano stati inizialmente lasciati liberi di muoversi (anche se non liberi di lasciare il territorio), mentre più restrittive si erano rivelate da subito le politiche nei confronti dei sudditi russi per lo più ebrei, polacchi e ucraini, dei serbi e dei sudditi austro-ungarici di nazionalità rutena, serba o bosniaca.[45] I confini che avevano fino a quel momento maggiormente attratto le preoccupazioni del governo austro-ungarico erano quelli con la Serbia e con l'Impero russo, ed era su quei confini che si era prodotta la crisi dei rifugiati, la fuga di intere famiglie e la deportazione di persone appartenenti a minoranze sospette come per l'appunto ebrei, serbi e ruteni, indipendentemente dalla loro cittadinanza.[46] In Galizia le misure si erano soprattutto concentrate sui ruteni e sui polacchi. Quelli considerati più infidi tra loro, accusati di russofilia, erano stati internati già a partire dal settembre 1914 in vari campi di concentramento, e in particolare in quello di Thalerhof nei pressi di Graz: un campo in cui si registrò un'elevata mortalità e che funzionò fino a metà del 1917, ospitando in media tra le 5.500 e le 7.000 persone.[47]

Man a mano che la guerra andava avanti, e soprattutto come reazione alle politiche di internamento adottate da britannici e francesi nei confronti degli austro-ungarici che risiedevano in Francia o nell'impero britannico, anche la politica nei confronti dei sudditi francesi e britannici in Austria-Ungheria si fece più restrittiva, anche se non si arrivò mai all'internamento generalizzato. I numeri di britannici e francesi residenti in Austria-Ungheria erano troppo bassi rispetto a quelli degli austro-ungheresi residenti in Francia e Gran Bretagna perché una qualsiasi politica di rappresaglia da parte dell'Impero asburgico potesse avere una

43. Cfr. Tamara Scheer, *Die Ringstrassenfront: Österreich-Ungarn, das Kriegsüberwachungsamt und der Ausnahmezustand während des Ersten Weltkrieges,* Wien, Heeresgeschichtliches Museum, 2010.

44. ÖStA, KA-KÜA, Karton 283.

45. Cfr. Stibbe, *Enemy Aliens*; Id., *The Internment of Enemy aliens*; Id., *Civilian Internment during the First World War*, p. 46 e ss.

46. Stibbe, *Enemy Aliens*, p. 490.

47. Vedi ÖStA, KA-KÜA, Karton 283 e *Thalerhof 1914-1936*.

qualche efficacia. L'Austria-Ungheria giocò quindi la carta del confino, un trattamento più umanitario rispetto all'internamento, invece che quella della reciprocità, sperando nel rilascio e nel rimpatrio dei propri sudditi. Britannici e francesi, uomini e donne, furono così per lo più confinati in località designate mentre a pochi di loro, e per lo più a partire dal 1917, spettò l'internamento in un campo di concentramento per civili.[48]

Con l'entrata in guerra dell'Italia si aprirono nuovi problemi per l'amministrazione austro-ungarica, sia quella civile che quella militare. C'era un nuovo confine da sorvegliare e da "ripulire"; un nuovo gruppo, quello dei *Reichsitaliener* residenti in Austria-Ungheria, si aggiungeva alla lista degli stranieri nemici; soprattutto, un'altra minoranza dell'Impero, i sudditi di lingua/nazionalità italiana, veniva considerata inaffidabile e inserita nella categoria dei *gefärliche Inländer* (sudditi pericolosi)[49] Le soluzioni adottate nei confronti degli italiani furono varie – espulsione/rimpatrio, internamento in campi di concentramento e confino – e più simili a quelle più severe adottate nei confronti dei russi che a quelle più morbide usate per gestire francesi e inglesi. A essere espulsi attraverso la Svizzera, nei primi giorni di guerra, furono oltre 42.000 italiani, per lo più donne, bambini e anziani.[50] Contestualmente all'espulsione, anzi in anticipo di qualche giorno rispetto alla dichiarazione di guerra, cominciò l'internamento.[51] La privazione della libertà personale colpì innanzitutto i sudditi del Regno d'Italia, ma colpì contestualmente, com'era accaduto con i ruteni, anche i sudditi dell'impero austro-ungarico di lingua/nazionalità italiana e in generale i sudditi, anche di altri stati, come per esempio gli Stati Uniti, il cui cognome suonava come italiano.[52] La politica adottata nei confronti dei sudditi austro-ungarici di lingua italiana proseguiva e intensificava quella già adottata nei confronti dei nemici interni. Al tempo stesso, la più cor-

48. Per dare un'idea delle proporzioni, nel solo distretto di Waidhofen an der Thaya, il 25 maggio 1915, risultavano internati 1.186 russi, 256 serbi, 74 inglesi, 51 francesi, 4 montenegrini e 3 belgi. ÖStA, KA-KÜA, Karton 283.

49. Ivi, *Internierungstation in Göllersdorf*, 13 settembre 1915; cfr. anche Stibbe, *Enemy Aliens*, p. 491.

50. Ermacora, *Assistance*, p. 447.

51. *Relazioni della Reale commissione d'inchiesta sulle violazioni del diritto delle genti commesse dal nemico, vol. III. Trattamento dei prigionieri di guerra e degli internati civili*, Milano-Roma, Casa Editrice d'arte Bestetti & Tuminelli, 1919, pp. 569 e 570.

52. Su questi ultimi cfr. NARA, RG81-DP-IT, vol. 275, *Note verbale*, December 13, 1916.

posa presenza di sudditi italiani nell'Impero, rispetto a quella di francesi e inglesi, faceva fare un ulteriore passo nel senso di un suo irrigidimento alla politica di internamento dei *feindliche Ausländer*.

Nella parte ungherese della monarchia, a settembre del 1915, un rapporto della Croce Rossa registrava 5.486 internati, 8.866 confinati e 2.028 rimpatriati. Gli italiani erano rispettivamente 449, 4.474 e 383.[53] La maggior parte degli internati italiani (377 su 449) tra cui 13 donne, per lo più irredenti, si trovava nel campo di Tapio-Süly. Qui, secondo un rapporto della Croce Rossa, c'erano «conditions matérielles suffisantes, mais confort plutôt médiocre»; quanto poi alle «conditions morales» esse erano «aussi bonnes que peut le comporter l'internement de civils qui [...] se considèrent comme des victimes innocents de circonstances auxquelles il se sont absolument étrangers».[54]

I sudditi italiani e i sudditi austro-ungarici di lingua italiana si trovavano nella parte austriaca dell'Impero e vennero confinati nei campi di Steinklamm, Drosendorf, Karlstein, a Weyerburg, a Rashla, a Sitzendorf, Waidhofen an der Thaya ecc.[55] e soprattutto a Katzenau, vicino a Linz.[56] Inizialmente campo per civili russi, Katzenau, fu trasformato in un campo per italiani a partire dal 23 maggio 1915. E tale rimase sostanzialmente fino al maggio 1917, quando divenne un campo di internamento per sudditi nemici di varia nazionalità. A settembre 1915 vi risiedevano 4.000 persone, tra *Reichsitaliener* e *verdächtige Inländer* (sudditi austro-ungarici sospetti), per la maggior parte provenienti dal Trentino e da Trieste (circa 800) con poche donne in attesa di rimpatrio.[57] Sottrat-

53. Comité International de la Croix Rouge (CICR), *Rapports de MM. G. Ador, Dr F. Ferrière, Dr de Schulthess-Schindler sur leur visites à quelques camps des prisonniers en Autriche-Hongrie*, Genève, Librairie Georg & C.ie-Librairie Fischbacher, 1915, p. 25.

54. Ivi, p. 41 («condizioni materiali sufficienti ancorché scarsamente confortevoli», «lo stato d'animo era invece quello di chi si considera vittima innocente di circostanze alle quali si è completamente estranei», trad. mia).

55. NARA, RG81-DP-IT, vol. 259, American Embassy Vienna, *Report on Civilian Prisoners Camp at Steinklamm by T.D.M. Cardeza, August 9, 1915*; *Report on Civilian Prisoners Camp at Karlstein by T.D.M. Cardeza, August 18, 1915*; *Report on Civilian Prisoners Camp at Drosendorf by U. Grant-Smith and T.D.M. Cardeza, October 19, 1915*; Vedi anche il prospetto in ÖSta, KA-KÜA, Karton 283. Ora anche Stibbe, *Civilian Internment during the First World War*, pp. 102-112.

56. Su Katzenau come campo per sudditi austro-ungarici italofoni cfr. Palla, *Il Trentino orientale e la Grande guerra* e Ambrosi, *Vite internate: Katzenau.*

57. CICR, *Rapports*, p. 38.

ti alle loro famiglie e alle loro case senza conoscerne il motivo, questi internati «errent dans le camp, oisifs et inoccupés et font une profonde pitié».[58] E tuttavia, secondo il rapporto del Comitato internazionale della Croce Rossa, nel novembre del 1915 le condizioni, anche qui come a Tapio-Süly, potevano considerarsi soddisfacenti («les conditions matérielles sons suffisantes et la direction nettement humanitaire») e non tali da giustificare le numerose lamentele sui campi per civili in Austria-Ungheria giunte a Ginevra al Comitato Internazionale della Croce Rossa.[59]

A Katzenau, come nella maggior parte dei luoghi di internamento, la composizione di coloro che vi erano detenuti cambiò più volte nel corso della guerra. Vi furono internati anche donne e bambini, e fu al centro di un sistema di lavoro forzato in agricoltura e nelle costruzioni che coinvolse oltre il 50 per cento degli uomini che lo popolavano. Dal maggio 1917, dopo cioè l'amnistia decretata dal nuovo imperatore Carlo I d'Austria che mise fine all'internamento dei sospettati politici,[60] e fino alla fine della guerra, Katzenau accolse solo civili di nazionalità nemica, italiani e rumeni soprattutto, ma anche francesi, inglesi e serbi. Al massimo della sua capienza, il 16 marzo 1918, arrivò a contenere 9.855 civili di nazionalità nemica (9.431 uomini, 211 donne e 213 bambini). Gli italiani, 9.003 in tutto tra cui 150 donne, costituivano il gruppo di gran lunga più numeroso, seguito dai serbi (345 di cui 12 donne), dai rumeni (211 tra cui 18 donne), dai francesi (123 di cui 22 donne) e dagli inglesi (112 tra cui 7 donne).[61]

Katzenau fu al centro di una guerra di propaganda che si svolse durante il conflitto e proseguì con le testimonianze raccolte e pubblicate nell'immediato dopoguerra. I racconti degli internati mettevano di volta in volta in evidenza la fame che vi si pativa, la sporcizia, la diffusione delle malattie infettive, l'elevata mortalità, la condizione miserrima delle baracche, il freddo, le umiliazioni e le vessazioni subite dalle donne.[62] A questi facevano però spesso da contraltare i rapporti della Croce Rossa o

58. Ivi, p. 24 («si aggirano per il campo, inattivi e privi occupazione, e suscitano profonda pietà», trad. mia).

59. Ivi, p. 41.

60. Cornwall, *The Undermining*, p. 34.

61. ÖStA, KA-KÜA, Karton 282. Le statistiche sugli internati nel campo sono disponibili in serie pressoché continua dall'8 agosto 1915 al 26 ottobre 1918. I dati suddivisi per nazionalità sono disponibili a partire dall'11 giugno 1917.

62. Tra le testimonianze cfr. quelle edite di Giuseppe Chini, Maria Antonietta Clerici, Romano Joris, Maria Concetta Chludzinska; quelle inserite nelle *Relazioni della Comissio-*

dei delegati dell'ambasciata americana, dai quali emergeva un quadro a tinte meno fosche.[63]

Come Thalerhof per i ruteni, Katzenau divenne il simbolo della repressione dei sudditi austro-ungarici di nazionalità italiana.[64] E ciò anche se la loro presenza nel campo, che oscillò tra un minimo di 711 persone dell'agosto del 1916 e un massimo di 1.269 nell'ottobre 1916, fu mediamente dalla metà a un quinto di quella dei "regnicoli" e degli stranieri in genere. Certamente però, se nei confronti dei sudditi italiani la logica dell'internamento rimaneva preventiva e strategica, quella verso i sudditi austro-ungarici assumeva un chiaro carattere punitivo-repressivo, come dimostrano le annotazioni sulle loro schede personali. I dati settimanali sugli internati, e in particolare quelli relativi alle donne, contribuiscono a consolidare questa interpretazione. Se infatti il numero delle cittadine italiane internate cambiò di settimana in settimana confermando l'idea che Katzenau fosse per le donne di nazionalità nemica soprattutto un campo di transito in attesa del rimpatrio, quello delle *Inländerinnen* fu invece in costante, moderata crescita dall'agosto del 1915 (77 internate) al marzo del 1917 (368). Per questa categoria di donne le accuse furono analoghe a quelle registrate per gli uomini, a conferma di una politicità dell'azione femminile che la guerra portava ancora di più allo scoperto: Ida Albertini, Maria Altadonna, Aloisia Loos, Maria Maffei, Maria Mantovani, e le altre erano tutte nel campo perché associate a un qualche circolo irredentista, per essersi espresse in favore della guerra italiana, per aver inviato soldi per la causa italiana, e così via

Complessivamente, sulla base delle liste della Croce Rossa austriaca, la Relazione della Reale Commissione indicava in 11.916 il numero dei sudditi italiani internati in Austria-Ungheria, aggiungendo tuttavia che si trattava di un numero approssimato per difetto.[65] A questi poi dovevano

ne d'Inchiesta (cfr. *infra* nota 51). Cfr. anche le lettere su Katzenau in ACS, PCM-GE], b. 132, fasc. 19.11.5/281 e MI A5G-PGM, b. 69, f.139/5/3.

63. *Internati civili a Katzenau*, 21 marzo 1917, in ACS, PCM-GE, b. 132, fasc. 19.11.5/281; cfr. anche sugli stessi toni il *Rapport sur la visite au camp de Katzenau le 8 fevrier 1918 par M. le Dr. Benziger accompagné de M. le Consul Z. d'Okecki du Ministère des Affaires Étrangères*, *ibidem*.

64. Oswald Haller, *Das Internierungslager Katzenau bei Linz: die Internierung und Konfinierung der italienischsprachigen Zivilbevölkerung des Trentinos zur Zeit des Ersten Weltkrieges*, Dipl. Arb., Universität Wien, 1999, pp. 32 e 34.

65. *Relazioni*, vol. 3, p. 579.

essere aggiunti i 16.000 deportati dalle regioni italiane occupate dopo la disfatta di Caporetto.[66] Gli "italiani" erano tuttavia solo una porzione di un sistema articolato che nelle due parti dell'Impero aveva colpito con il provvedimento dell'internamento decine di migliaia di "nemici interni" tra l'agosto 1914 e il maggio 1917. Man a mano che il fronte della guerra si allargava con l'aggiunta di altri paesi e popoli nemici, come accadde nel corso del 1916 anche con la Romania, e in una situazione di crescente difficoltà militare, politica ed economica, l'Impero austro-ungarico si adattava a gestire nuovi soggetti.

Il domicilio coatto: gestire l'emergenza con strumenti ordinari

Tornando in Italia, emerge nettamente la differenza con la situazione austro-ungarica, perché non c'erano, come si è detto, campi di concentramento. L'amministrazione italiana era invece impegnata ad adottare provvedimenti più sulla base della legislazione ordinaria che di quella d'eccezione per neutralizzare, sparpagliandoli lungo la penisola e nelle isole, sudditi nemici, rifugiati, ma anche sudditi italiani sospettati di pacifismo, "disfattismo" o di "austriacantismo", anarchici e socialisti.[67] Un altro elemento che contraddistinse la politica italiana fu infatti il mancato varo, almeno fino al gennaio 1918, di una vera e propria legislazione di emergenza sull'argomento.[68] Nell'ordinamento italiano era in effetti già presente da tempo un istituto, quello del domicilio coatto, che si adattava molto bene alle esigenze della guerra e che poteva essere quindi immediatamente attivato per gestire sia la popolazione delle zone vicine al fronte, sia quella delle zone occupate nelle prime settimane di guerra, sia gli stranieri nemici che si trovavano disseminati sul territorio nazionale, e soprattutto nelle principali città della penisola.[69]

Come dispositivo di repressione, il domicilio coatto aveva una lunga storia. Era presente nei codici penali di alcuni stati preunitari come il Regno delle Due Sicilie ed era entrato nella legislazione del Regno d'Italia

66. Ivi, p. 587.

67. Sull'internamento di cittadini italiani si veda Procacci, *La limitazione dei diritti*, p. 640 e ss.

68. Cfr. *infra*, cap. 1.

69. Sullo strumento del confino cfr. Daniela Fozzi, *Tra prevenzione e repressione: il domicilio coatto nell'Italia liberale,* Roma, Carocci, 2010.

dopo il 1861. Dal banditismo alla legislazione antisocialista introdotta da Francesco Crispi, dalla crisi di fine secolo alle imprese coloniali, il domicilio coatto si era dimostrato uno strumento flessibile nelle mani delle autorità per gestire situazioni di emergenza e reprimere gli oppositori politici. Nel 1925, l'avvocato penalista e socialista Enrico Ferri lo aveva definito una mostruosità giuridica, un «tumore maligno» che porta con sé «il veleno dell'arbitrio, del sospetto e del sopruso». Questo tumore, scriveva ancora Ferri, si presentava «come una piccola chiazza livida» nella legge del 1859 sulla pubblica sicurezza, e si era poi «allargato e abbarbicato» nella legislazione italiana come si poteva evincere dalle leggi eccezionali che si erano susseguite tra il 1863 e il 1865.[70] A partire dalla fine del XIX secolo il suo campo d'azione fu ampliato, così che invece di essere usato solo in situazioni eccezionali, divenne parte della normale amministrazione, anche in ambito coloniale. Questa metamorfosi fu forse il caso più esemplare di quello che Mario Sbriccoli ha chiamato «il *paradosso del fallimento* della legislazione d'emergenza, in forza del quale le leggi eccezionali, di regola introdotte in via provvisoria, vengono di regola prorogate o rinnovate per la sorprendente ragione che il problema per il quale erano state pensate è rimasto irrisolto. Il loro scacco è la giustificazione della loro conferma».[71]

Nel primo decennio del XX secolo, in media 6.000 persone furono confinate con la forza in luoghi remoti dallo stato italiano.[72] La guerra italo-turca del 1911-12, tuttavia, aveva provocato un cambiamento di direzione e introdotto un nuovo elemento nel sistema che fu poi rafforzato dall'entrata dell'Italia nella Prima guerra mondiale: la pratica di limitare la libertà fu estesa dagli individui ai gruppi, diventando così una misura di repressione e punizione collettiva. Le risposte del governo e dell'esercito italiano alla resistenza libica, oltre alla violenza e alla repressione attuata in loco, comportarono infatti anche la deportazione e l'internamento di migliaia di uomini, donne e bambini arabi. Invece di seguire altri esempi, come quello britannico in Sudafrica o quello tedesco in Namibia, e probabilmente a causa del debole controllo ancora esercitato sul territorio della Tripolitania e della Cirenaica, il governo e le autorità militari italiane non

70. Citato in Carlotta Latini, *Cittadini e nemici: giustizia militare e giustizia penale in Italia tra Otto e Novecento,* Firenze, Le Monnier, 2010, pp. 267-268.

71. Mario Sbriccoli, *Caratteri originari e tratti permanenti del sistema penale italiano (1860-1990)*, in *Storia d'Italia. Annali 14. Legge, Diritto, Giustizia*, a cura di Luciano Violante, Torino, Einaudi, 1998, pp. 487-551, la citazione è a p. 489.

72. Fozzi, *Tra prevenzione e repressione*, Tabella 1, p. 305.

istituirono, in questa prima fase, campi di concentramento in Africa del Nord, ma preferirono la deportazione e l'internamento con funzione punitiva degli oppositori sul territorio italiano.

In realtà la deportazione e il confino di sudditi coloniali erano iniziati decenni prima della guerra italo-turca. Almeno cento persone provenienti da Eritrea, Etiopia e Somalia sperimentarono la deportazione e il confino in Italia dal 1886 al 1892, nel corso della prima ondata dell'espansione coloniale italiana.[73] Durante e dopo la guerra italo-turca, l'esercito italiano ricorse più frequentemente alla deportazione e all'internamento come misura punitiva allo scopo di fiaccare la resistenza della popolazione libica e in particolare della sua élite.[74] La deportazione e l'internamento dei sudditi coloniali libici raggiunsero l'apice in tre periodi diversi: tra il 1911 e il 1912, tra il 1913 e il 1918, e quindi tra il 1918 e il 1936.[75] L'episodio più rilevante di deportazione e internamento avvenne dopo la sconfitta italiana all'oasi di Sciara-Sciat il 23 ottobre 1911 e a El-Messri, dove perirono 600 italiani messi in trappola dalle forze turco-libiche. L'esercito italiano guidato dal generale Carlo Caneva reagì e, nella rappresaglia, furono fucilati o impiccati circa 1.800 individui su una popolazione di 30.000 abitanti.[76] Inoltre, venne ordinata la deportazione di quei ribelli che non erano stati immediatamente giustiziati.[77] Per fare spazio ai libici in arrivo, i sudditi italiani al domicilio coatto furono allontanati dalle isole e confinati altrove.[78] Si stima che tra la fine di ottobre 1911 e gennaio 1912 un numero di libici compreso tra 1.500 e 5.000 fu deportato e internato nelle isole Tremiti, a Ustica, Ponza e Favignana. I libici internati sopravvissuti furono poi liberati alla fine del 1912 come conseguenza del trattato di pace che poneva fine al conflitto tra Italia e Impero ottoma-

73. Marco Lenci, *Prove di repressione, deportati eritrei in Italia (1886-1893)*, in «Africa», LVIII, 1 (2003), pp. 1-34, in particolare pp. 4-5.

74. Ivi, p. 10.

75. Nicola Labanca, *L'internamento coloniale italiano*, in *I campi di concentramento in Italia. Dall'internamento alla deportazione (1940-1945)*, a cura di Costantino Di Sante, Milano, FrancoAngeli, 2001, pp. 40-67. Sul periodo 1911-1919 si veda la raccolta di documenti *The Libyan Deportees in the Prisons of the Italian Islands: Documents, Statistics, Names, Illustrations*, a cura di Mohamed al-Jefa'iri *et al.*, Tripoli, Libyan Studies Centre, 1989.

76. Nicola Labanca, *Oltremare: storia dell'espansione coloniale italiana,* Bologna, il Mulino, 2002, p. 115.

77. Anna Baldinetti, *The Origins of the Libyan Nation: Colonial Legacy, Exile and the Emergence of a New Nation-State,* London, Routledge, 2010, p. 36.

78. Fozzi, *Tra prevenzione e repressione*, p. 243.

no.[79] La fine delle ostilità aveva conferito uno status speciale alla Tripolitania e alla Cirenaica. Non facevano più parte dell'Impero ottomano ma non erano nemmeno completamente sotto il controllo italiano. Pertanto, dopo il trattato di Ouchy (18 ottobre 1912), l'esercito italiano iniziò una lunga e sanguinosa guerra di annientamento per portare quelle regioni sotto la piena sovranità italiana. Le deportazioni e l'internamento di quelli che ormai erano considerati sudditi coloniali e non più nemici arabi ripresero nel marzo 1913, quando un gruppo di libici fu inviato sull'isola di Ponza,[80] e terminarono solo nel 1918. Nel maggio 1915, quando l'Italia entrò in guerra contro l'Austria-Ungheria, erano almeno 1.512 gli arabi imprigionati.[81] Benché alcuni funzionari italiani fossero consapevoli dell'illegalità della deportazione, l'opposizione alla costruzione di un sistema di internamento in Libia, probabilmente anche per via dei costi più alti che avrebbe comportato,[82] continuò a renderla lo strumento più flessibile e adatto a controllare l'élite locale che resisteva al dominio coloniale italiano (la resistenza della popolazione libica continuò però almeno fino al 1932). In presenza di un limitato radicamento del dominio coloniale, infatti, la deportazione e l'internamento avevano soprattutto l'obiettivo di infliggere punizioni esemplari per piegare la resistenza araba e domarla.

Una nuova ondata di deportazioni di sudditi coloniali dalla Libia verso le isole italiane sparse nel Mediterraneo iniziò nel maggio 1915 e continuò fino al gennaio 1916, coinvolgendo 1.560 persone.[83] Ulteriori e meno consistenti ondate si verificarono nei mesi e negli anni successivi,[84] insieme

79. Simone Bernini, *Documenti sulla repressione italiana in Libia agli inizi della colonizzazione (1911-1918)*, in *Un nodo: immagini e documenti sulle repressione coloniale italiana in Libia*, a cura di Nicola Labanca, Bari, P. Lacaita, 2002, pp. 117-202, qui pp. 127-128.

80. Luigi Nisticò, *Libici esiliati in Italia*, in *Primo convegno su Gli esiliati libici nel periodo coloniale: 28-29 ottobre 2000, Isole Tremiti*, a cura di Francesco Sulpizi e Salaheddin Hasan Sury, Roma-Tripoli, Istituto italiano per l'Africa e l'Oriente – Centro libico per gli studi storici, 2002, pp. 95-118.

81. Bernini, *Documenti*, in particolare p. 141.

82. Francesco Carfora, *Domicilio Coatto*, in *Digesto Italiano*, Torino, Unione tipografico editrice, vol. 9, 1898-1901, scriveva che una giornata di presenza dei domiciliati coatti ad Assab costava 7.971 lire a fronte delle 741 in una delle destinazioni italiane. Citato in Labanca, *L'internamento coloniale italiano*, p. 48, nota 22.

83. Bernini, *Documenti*, pp. 151-152.

84. Francesca Di Pasquale, *I deportati libici in Sicilia (1911-1933)*, in *Terzo convegno su Gli esiliati libici nel periodo coloniale: 30-31 ottobre 2002, Isola di Ponza*, a cura

alla decisione di impiegare i sudditi coloniali sul fronte di battaglia nord-orientale nell'agosto 1915 e di utilizzare la forza lavoro coloniale nelle aziende mobilitate per lo sforzo bellico.[85]

Così, quando l'Italia entrò nella Prima guerra mondiale, poteva contare oltre che su una pluridecennale esperienza di confinamento di soggetti considerati "pericolosi" sull'esperienza d'internamento che aveva appena sviluppato trattando gli arabi delle regioni su cui stava cercando di imporre il suo dominio coloniale. In realtà l'internamento di civili di nazionalità nemica e di sudditi coloniali sin da subito non condivisero le stesse caratteristiche né si svolsero nelle stesse stazioni di confinamento. Il governo italiano e l'esercito sparsero i primi in località diverse della penisola (comprese le grandi isole della Sicilia e soprattutto, come già visto, della Sardegna) per disperderli e isolarli, mentre concentrarono i secondi in piccole isole lontane dalla costa. La sorveglianza sui libici fu quindi dal primo momento più occhiuta e severa di quella sugli stranieri nemici che, sebbene limitati nella loro libertà, erano per lo più lasciati a loro stessi. Usando gli stessi strumenti – deportazione e domicilio coatto – il governo italiano cercò non solo di rendere inoffensivi i civili di nazionalità nemica e coloro che si opponevano al dominio coloniale, ma anche e soprattutto di ribadire la capacità dello stato di imporre il suo controllo sia sui territori metropolitani che coloniali tramite un'affermazione di sovranità. Tuttavia, mentre nel caso degli stranieri nemici l'internamento fu la conseguenza per molti versi inevitabile delle politiche adottate da altri paesi belligeranti e in particolare dall'Austria-Ungheria, l'internamento dei sudditi coloniali assunse un carattere strettamente punitivo.

L'internamento dei sudditi coloniali coesisteva quindi con quello di stranieri nemici, dissidenti politici e rifugiati dalle zone di guerra. Le due storie corrono in parallelo e i due tipi di internamento non si intrecciano mai veramente nelle fonti. La brutalità del trattamento dei primi fu poi

di Salaheddin Hasan Sury e Carla Ghezzi, Roma, Istituto italiano per l'Africa e l'Oriente, 2004, pp. 137-147, in particolare p. 144.

85. Nell'agosto del 1915, 2.554 individui eritrei accompagnati da 1.800 parenti sbarcarono in Sicilia per essere addestrati a combattere. L'esercito non li impiegò mai al fronte e li lasciò bloccati in Sicilia per quasi un anno prima di rimpatriarli. Labanca, *L'internamento coloniale italiano*, pp. 53-54. Per quanto riguarda l'impiego di libici come forza lavoro in fabbrica in sostituzione di operai italiani arruolati nell'esercito si veda Piero Di Girolamo, *Dalla colonia alla fabbrica. La manodopera libica a Milano durante la Prima guerra mondiale*, in «Studi piacentini», 15 (1995), pp. 115-156.

sicuramente maggiore di quella attuata nei confronti dei secondi. L'internamento dei libici e quello degli austro-ungarici possono però essere letti come due esempi delle diverse capacità di gestire gli stranieri o gli "altri" sotto la pressione della guerra in diversi contesti. Non è poi improbabile che il fatto che Ponza e le isole della Sicilia come Ustica e Favignana in particolare, fossero già al completo quando l'Italia entrò in guerra contro l'Austria-Ungheria nel 1915, abbia influenzato la decisione di inviare gli austro-ungarici per lo più in Sardegna.

Mentre si cercava di far cadere il silenzio sull'internamento degli arabi,[86] almeno nei primi mesi di guerra, l'atteggiamento del governo nei confronti degli stranieri nemici fu cauto e moderato rispetto a quello dei militari e dell'opinione pubblica. Se i militari nel giugno del 1915 chiedevano l'allontanamento dalla zona di guerra di «tutti i sudditi della Monarchia austro-ungarica ed Impero germanico», nonché dei «sudditi austriaci e germanici che abbiano comunque ottenuto cittadinanza italiana»,[87] Salandra rispondeva che non aveva «nulla da opporre quando il Comando Militare lo ritenga necessario al divieto di soggiorno nelle Provincie dichiarate zone di guerra per tutti indistintamente i sudditi austro-ungarici, né all'internamento in determinate località (salvo eccezioni individuali) a titolo di rappresaglia di tutti i maschi dai 18 ai 50 anni», visto che «un provvedimento di questo genere è stato adottato infatti dal Governo austro-ungarico a carico dei nostri connazionali». Si dichiarava però contrario a estendere i provvedimenti ai naturalizzati di origine nemica, sia perché «secondo i principi del nostro diritto pubblico sono come tali equiparati per tutti gli effetti ai cittadini di origine», sia perché un provvedimento del genere avrebbe finito per colpire molti irredenti. Allo stesso modo era contrario a estendere gli effetti delle misure ai tedeschi, con i quali non si era ancora in guerra.[88] Ciò nonostante, fu proprio nei primi mesi del conflitto che si registrò, come inevitabile, il maggior numero di provvedimenti di internamento. A disporre dei provvedimenti di confino/internamento concorrevano polizia e prefetti.[89]

86. Qualche protesta della popolazione delle isole si affacciò su qualche giornale locale. Vedi gli articoli pubblicati su «L'ora» di Palermo nel novembre del 1911 e riprodotti in *The Libyan Deportees*, a cura di al-Jefa'iri *et al.*, pp. 88-91.

87. ACS, PCM-GE, b. 123, fasc. 19.8.3/1, Telegramma, 17 giugno 1915.

88. Ivi, Telegramma, 20 giugno 1915.

89. Procacci, *La limitazione dei diritti,* in particolare p. 640.

Divergenze di opinioni tra governo e vertici militari, e tra questi ultimi e l'amministrazione civile costellarono una politica dell'internamento che, a giudicare dalla documentazione disponibile, era improvvisata. Appelli alla moderazione arrivavano in verità in alcuni casi anche dall'esercito. In una circolare firmata da Carlo Porro, sottocapo di stato maggiore dell'esercito, si specificava per esempio che

> Specialmente nel territorio del Regno gl'internamenti devono essere determinati esclusivamente da *ragioni di carattere militare*. Ragioni di pubblica sicurezza o contravvenzioni alle norme e ordinanze di polizia non possono dare luogo all'internamento quando non concorrano fondati motivi [...]. 2 Quando in seguito ad accusa di spionaggio l'istruttoria si chiuda con dichiarazione di non luogo a procedere per inesistenza di reato, o per insufficienza di prove a carico dell'imputato, l'internamento non può aver luogo. 3 Cessate le ragioni che dettero luogo all'internamento o quando, tenendo conto della età, del sesso, delle condizioni di salute o famigliari dell'internato, si ritenga raggiunto lo scopo del provvedimento, l'internamento dovrà senz'altro essere revocato. 4 Se per necessità militari o per la impossibilità di scoprire l'autore di fatti criminosi si debba procedere all'immediato internamento di gruppi di persone, si dovranno senza indugio iniziare accurate indagini per accertare quale degl'internati debbano ritenersi scevri da ogni sospetto, e per essi l'internamento dovrà essere sollecitamente revocato. 5 La accusa di devozione al cessato regime non può dare luogo all'internamento [...]. Le indagini richieste dal comando supremo dovranno essere eseguite con la massima sollecitudine [...].[90]

In Sardegna

La politica di internamento, così come l'intera gestione dei civili di nazionalità nemica, di profughi e rifugiati, venne applicata a seconda delle situazioni locali e della personalità dei funzionari che ne assunsero la gestione. Le persone colpite da provvedimenti di internamento provenienti dalle zone occupate e di confine furono, già nell'autunno 1915, sostanzialmente equiparate ai profughi e confuse con la massa di rifugiati che si riversò nell'Italia centrale e meridionale nei primi mesi della guerra, e in

90. ACS, PCM-GE, b. 123, fasc. 19.8.3/1, *Circolare riservata del Comando Supremo del R. Esercito Italiano*, 5 agosto 1916.

maniera più consistente dopo la sconfitta di Caporetto e l'invasione asburgica dei territori italiani del Friuli e della Venezia Giulia, quindi di parte del Veneto: «la categoria dei prigionieri civili, ostaggi e simili più non esiste da tempo, neanche di nome; e le persone che impropriamente sotto tale qualifica erano state comprese dall'autorità militare, vengono oggi trattate come tutte le altre allontanate dalla zona di guerra».[91] Dopo una prima ondata di provvedimenti, giudicata caotica dalle stesse burocrazie che dovevano attuarli,[92] cominciarono infatti le revisioni. Sia il Segretariato per gli affari civili che le amministrazioni periferiche furono sommersi da istanze di revisione. Al 31 maggio 1916, su 3.270 domande inviate al Segretariato, 1.428 erano state accolte, 973 respinte, mentre altre 869 erano in attesa di essere esaminate.[93]

Per i sudditi austro-ungarici maschi in età compresa tra i 18 e i 45 anni fu invece deciso l'internamento in Sardegna. L'isola era una delle regioni più povere e meno popolate del Regno d'Italia. I suoi abitanti, 800.000 persone circa, erano sparsi in 371 piccoli villaggi e città. Malaria, tubercolosi e tracoma affliggevano quest'isola insieme alla scarsità d'acqua e agli alti livelli di criminalità.[94] Per la sua lontananza dal fronte della battaglia e dal continente, l'isola sembrò alle autorità italiane essere il luogo ideale per esiliare gli stranieri nemici, soprattutto perché i luoghi tradizionali per il *domicilio coatto* – isole italiane più piccole sparpagliate nel Mediterraneo come Ustica, Favignana, Ponza e così via – erano in parte occupati, come già visto, da confinati politici e da criminali comuni ma soprattutto dagli arabi che vi erano stati deportati dalla Tripolitania e dalla Cirenaica in diverse ondate a partire dal 1911-12 e fino al 1919.

Questa scelta, come molte altre, fu ripetutamente giustificata con il meccanismo della reciprocità, come scriveva Salandra il 20 giugno 1916 quando ribadì che il provvedimento di internamento in Sardegna «è [...]

91. Ministero degli interni a Ministero degli affari esteri, 9 settembre 1915, in ACS, A5G-PGM, b. 69, f. 139/3.

92. Nota del Commissariato Civile pel Distretto Politico di Monfalcone, 13 dicembre 1915, in ACS, Comando Supremo Regio Esercito Italiano – Segretariato Generale per gli Affari Civili, b. 233.

93. *Ibidem.*

94. Sulla demografia e le condizioni sanitarie della Sardegna, si veda Anna Maria Gatti e Giuseppe Puggioni, *Storia della popolazione dal 1847 a oggi*, in *La Sardegna, Storia d'Italia: Le regioni dall'Unità a oggi*, a cura di Luigi Berlinguer e Antonello Mattone, Torino, Einaudi, 1998, pp. 1039-1079.

essenzialmente politico, fondato sul titolo della reciprocità» e che le «eccezioni per raccomandazioni, sia pure autorevoli, ridurrebbero l'efficacia del provvedimento soltanto a poca e povera gente».[95]

Sebbene la procedura amministrativa dell'invio in Sardegna fosse tecnicamente più un confino che un internamento, le fonti italiane usano sempre il termine "internamento" per descrivere la condizione di questo particolare tipo di prigionia. È difficile stabilire perché le autorità civili e militari usassero il termine, ma è probabile che fosse una parola "ombrello" che rendeva le misure italiane comparabili con quelle prese in altri paesi, sia alleati che nemici. In Sardegna gli internati erano abbandonati a sé stessi. Dovevano trovare un alloggio adeguato e, a meno che non avessero risorse finanziarie e relazionali, come nel caso di Amelie Posse e Oki Brázda, dovevano trovare un lavoro per integrare il magro sussidio giornaliero che ricevevano. Potevano muoversi liberamente solo in un'area designata, erano costretti a chiedere il permesso ogni volta che volevano andare in un villaggio o città vicina, dovevano presentarsi ogni giorno all'ufficio di polizia locale e la loro corrispondenza era sottoposta a censura e limitazioni.[96]

Nei fatti la politica italiana di internamento si mantenne coerente per tutta la guerra. Dispersione e isolamento ne furono i principali criteri ispiratori, che si trattasse di stranieri nemici, di "austriacanti", di cittadini italiani accusati di disfattismo o sospettati perché socialisti o anarchici. Un esempio tra tanti è quello di Remigio Blason. Giovane socialista di Gradisca arrestato perché "austriacante", il 3 settembre 1917, dopo essere stato denunciato da un vicino, Blason fu inizialmente internato a Firenze. Con i suoi documenti da rifugiato, viaggiava abbastanza liberamente per la città e condivideva i suoi pasti con un gruppo eterogeneo di sospetti di spionaggio, un disegnatore padovano, un'alsaziana, una veneta di 55 anni internata per aver pronunciato «frasi illecite».[97] A metà ottobre fu trasferito in Sardegna, a Lodè in provincia di Nuoro, un minuscolo paese dove c'era solo un altro internato e dove, grazie alla sua istruzione, entrò nel servizio civile comunale fino alla sua morte per malaria pochi giorni prima dell'armistizio.[98]

95. Telegramma classificato al Ministero degli affari esteri, 20 giugno 1916 e Telegramma, 21 giugno 1916, in ACS, PCM-GE, b. 123, fasc. 19.8.3/2.

96. Vedi Posse-Brázdová, *Interludio*, p. 90.

97. Birchebner e Blason, *Due friulani internati*, p. 77.

98. Ivi, pp. 108-109.

All'interno di questa strategia di dispersione e isolamento, le isole si rivelarono particolarmente adatte. La Sardegna e altre isole più piccole come Lipari, Favignana e Ustica erano luoghi perfetti per segregare gli stranieri nemici. Come scriveva il Ministero degli esteri Sidney Sonnino all'ambasciata spagnola il 14 agosto 1918:

> Comme il n'existe pas en Italie des camps d'internement pour les sujets ennemis, tel qu'en Autriche-Hongrie, le choix de l'Ile de Lipari et d'autres petits îles de la Méditerranée s'est rendu nécessaire pour une plus stricte surveillance. Du reste les sujets austro-hongrois y demeurant en pleine liberté, sous un régime qui est certainement beaucoup moins sévère que celui des camps d'internement, et peuvent y trouver une occupation s'ils la désirent. Ils sont soumis au même traitement que les réfugiés italiens qui s'y trouvent assez nombreux.[99]

La preferenza per il confino invece che per il campo di concentramento aveva anche altri vantaggi: riduceva i costi non indifferenti della gestione dei campi e sottraeva il sistema di internamento italiano alla vigilanza istituita dal Comitato internazionale della Croce Rossa sui paesi che avevano più o meno accettato di applicare anche ai civili la Convenzione dell'Aja del 1907.

Come in Austria-Ungheria, benché destinate a colpire soprattutto gli uomini in età di coscrizione, le misure di internamento riguardarono da subito anche donne, anche se in numero di gran lunga inferiore.[100] Bastava veramente poco per essere sospettati e internati. Leopoldine Pellican, di Gradisca, aveva 21 anni quando si presentò il 30 agosto 1915 all'ambasciata spagnola di Roma per ottenere un documento che le consentisse il ritorno in patria. Leopoldine era stata arrestata dalla polizia italiana alla stazione di Macerata alla fine di maggio con l'accusa di essere una spia assieme a Filiberto Mosone, che un giornale di Ancona definiva come

99. ÖStA-HHStA, AR, F36-591-2 («Poiché in Italia non esistono campi di internamento per gli stranieri nemici, come in Austria-Ungheria, la scelta dell'isola di Lipari e di altre piccole isole del Mediterraneo si è resa necessaria per attuare una sorveglianza più rigorosa. Inoltre, i sudditi austro-ungarici vi rimangono in piena libertà, sotto un regime certamente molto meno severo di quello dei campi di internamento, e possono trovarvi un'occupazione se lo desiderano. Sono soggetti allo stesso trattamento dei rifugiati italiani, che sono piuttosto numerosi», trad. mia).

100. Ermacora, *Le donne*.

industriale milanese e suo compagno.[101] Era stata giudicata dal tribunale militare di Ancona che, pur avendola assolta «per inesistenza di reato», le aveva comunque dato un «foglio di via obbligatorio» per Lucca. Qui Leopoldine aveva vissuto vicina a molti altri connazionali e, dopo essere stata impiegata presso una famiglia italiana, era tornata in libertà. Il diplomatico spagnolo al quale si era rivolta approfittò di questa opportunità per raccogliere notizie dettagliate sulla vita quotidiana degli internati in quel di Lucca. Secondo il racconto di Leopoldine, circa 500 sudditi austro-ungarici erano internati in due monasteri, il Convento dei Servi e quello di Santa Maria Bianca, dove vivevano in promiscuità senza che venissero rispettate le differenze di genere ed età. Per dormire, nei primi mesi, solo un sacco di paglia, senza lenzuola, coperte o cuscini. La pulizia dei luoghi era affidata agli stessi internati, mentre del controllo della struttura si occupavano due soli carabinieri di giorno e un imprecisato numero di militari la notte. Gli internati erano liberi di girare per la città, ma non di lasciarla. Il cibo veniva descritto come sufficiente, ma monotono e privo di gusto: latte e pane al mattino; zuppe di legumi, formaggio e pane a pranzo; brodo, patate e formaggio la sera; carne e un bicchiere di vino due volte la settimana.[102] Per una Leopoldine che tornava in patria, alcune centinaia di altre persone restavano in internamento a Lucca, a Benevento, a Caserta in strutture improvvisate affittate o sequestrate dalle autorità locali come monasteri, alberghi, scuole o edifici privati. In Sardegna invece gli internati erano sistemati in stanze o appartamenti privati. Questo tipo di internamento (o meglio confinamento) non provocò negli internati quell'insieme di sintomi nervosi e di reazioni psichiche che il medico svizzero Adolf Lukas Vischer aveva denominato "malattia del reticolato" studiando prigionieri in cattività.[103] Né diede luogo alla creazione di quelle comunità chiuse, spesso interamente maschili, al tem-

101. *La scarcerazione di supposte spie*, in «L'Ordine», Ancona, 10/11 agosto 1915, ritaglio di giornale in ÖStA-HHStA, AR, F36-591-2.

102. ÖStA-HHStA, AR, F36-591-2, *Embajada de España en Italia an das k. k. Ministerium des k. und. K. Hauses und des Äussern, note verbale*, Roma, 31 agosto 1915.

103. Vischer, *La malattia del reticolato*. Il lavoro di Vischer, apparso in tedesco nel 1918, con il titolo *Die Stacheldraht-Krankheit. Beiträge zur Psychologie des Kriegsgefangenen*, era stato subito tradotto anche in inglese con il titolo di *Barbed-Wire Disease: A Psychological Study of the Prisoner of War*, a testimonianza della gravità del problema affrontato. Varie pagine sulla genesi delle analisi di Vischer in Stibbe, *Civilian Internment during the First World War*, in particolare p. 211 e ss.

po stesso solidali e conflittuali impegnate a resistere alla noia e all'incertezza mettendo in piedi le più disparate attività nel ristretto perimetro del campo di internamento come accadde ai prigionieri civili inglesi a Ruhleben o agli internati tedeschi sull'Isola di Man.[104]

Il confinamento era soprattutto isolamento, sradicamento dalla comunità di provenienza. E fu soprattutto in Sardegna, un'isola di 24.100 Km^2, che gli internati sperimentarono in maniera più acuta questi sentimenti. L'isolamento, il disagio di essere lontani dalla propria casa, dalla famiglia, dal lavoro, e l'ostilità della popolazione locale sono temi ricorrenti nelle testimonianze e nelle lettere di sudditi austro-ungarici che imploravano l'aiuto dell'ambasciata di Spagna che, in quanto rappresentante di un paese neutrale, era stata incaricata dall'Austria-Ungheria della protezione degli interessi dei sudditi austro-ungarici in Italia. Nel marzo del 1916, quando l'ambasciatore spagnolo Rámon Piña y Millet si recò sull'isola per relazionare sulla situazione dei confinati, trovò 1.019 persone sparpagliate in piccolissimi gruppi in 94 comuni, 59 nella provincia di Cagliari e 35 in quella di Sassari. Piña y Millet raccolse meticolosamente le lamentele e le richieste sia collettive che individuali. Tra le prime quelle relative all'esiguità del sussidio giornaliero, la difficoltà a corrispondere con i propri familiari e amici, la scarsità di vestiario, il clima, la mancanza di chinino per combattere l'imperversante malaria; tra le seconde le richieste di rimpatrio o quanto meno di trasferimento sul continente o in centri abitati più grandi dove fosse possibile trovare un'occupazione per non morire di fame o di inedia.[105]

Anche sull'internamento in Sardegna, come per quello nel campo di Katzenau, si combatté una guerra di parole. Per un Richard Benesch, boemo e suddito austro- ungarico, che il 2 settembre 1915 scriveva da Senis un'accorata lettera al Ministero degli interni italiano «per attirare l'attenzione [...] sulla dolorosa e precaria situazione in cui si trovano i pochi sudditi austriaci internati in questo villaggio», sulla malaria che imperversava, sulle «assai cattive» qualità dell'aria e dell'acqua.[106] Si poteva altresì

104. Su Ruhleben cfr. Stibbe, *British Civilian Internees in Germany*; sulla vita nei campi di prigionia britannici cfr. Panayi, *Prisoners of Britain*.

105. ÖStA-HHStA, AR, F36-591-2, Rapporto del 18 marzo 1916.

106. ÖStA-HHStA, AR, F36-591-2, Copia della lettera in allegato a *Embajada de España en Italia an das k. k. Ministerium des k. und. K. Hauses und des Äussern, Verbalnote*, Rom, 14.XI.1915, *ibidem*.

trovare un Bellach, rappresentante della ditta Reisch di Vienna a Milano e a Napoli, che raccontava della libertà di movimento di cui i 300 internati in Sardegna (a metà settembre 1915) godevano e del comportamento amichevole della popolazione.[107]

L'internamento raggiunse l'apice nei primi mesi di combattimento, ma già dal settembre 1915 era difficile distinguere chiaramente tra internati, profughi, rifugiati e "sovversivi". La politica fu rivista quando l'Italia dichiarò guerra alla Germania, ma le disposizioni per i sudditi tedeschi iniziarono ad avere effetto solo nel 1918. Lo squilibrio numerico – c'erano molti più italiani in Germania che tedeschi in Italia – costituì probabilmente un elemento risolutivo nella decisione di non procedere all'internamento o al confino di massa nell'agosto 1916 e di ritardarlo il più possibile.[108] La politica verso i pochi tedeschi rimasti sul suolo italiano si concentrò più sulle loro attività economiche e proprietà che sulla loro libertà di movimento. Ciò avvenne soprattutto dopo il fallimento dell'accordo italo-tedesco del 21 maggio 1915 innescato dal rifiuto della Germania di pagare le pensioni ai lavoratori italiani,[109] e dopo le proteste e gli interventi di avvocati e giuristi che contribuirono a riorientare le politiche del governo italiano sui sequestri di proprietà nemiche e a dar loro una legittimità sul piano giuridico.[110] Tuttavia, le condizioni "migliori" di cui godevano i tedeschi, nonostante la germanofobia che aveva travolto il paese e la sua opinione pubblica dal primo giorno di guerra, erano ricambiate. A differenza dei civili inglesi, francesi, russi, portoghesi, rumeni e siamesi, gli italiani che si trovavano su suolo tedesco non furono mai sistematicamente internati.[111] Gli italiani in Germania costituivano una preziosa forza lavoro e le autorità locali si dimostrarono più interessate a continuare a usarne la forza lavoro piuttosto che doverli sostenere in un campo protetto dal filo spinato.[112]

107. *Le coorti degli esiliati austriaci in Sardegna,* in «Piccolo giornale d'Italia», 18 settembre 1915.

108. Si veda, per esempio, Archives du Comité International de la Croix-Rouge, Ginevra, CG1-18-01, 8 novembre 1916.

109. Cfr. *infra* capitolo 1.

110. La Lumia, *From Protection to Liquidation.*

111. Jahr, *Keine Feriengäste.*

112. Si veda la documentazione sulla questione degli italiani in Germania in BABL, R901/83518 e R901/85439.

Da Caporetto alla fine della guerra

La sconfitta di Caporetto nell'autunno del 1917 fu uno spartiacque nella condotta italiana della guerra e segnò una discontinuità anche nelle politiche rivolte agli stranieri nemici, internamento compreso. Non a caso, quest'ultimo toccò un nuovo picco a partire dal gennaio 1918. Il decreto emanato il 18 gennaio 1918 chiarì infatti che gli stranieri nemici potevano risiedere solo in aree designate dalla polizia.[113] Tuttavia il governo continuò ad attenersi alla sua posizione relativamente liberale, evitando l'istituzione di campi di concentramento e altre forme di dura sorveglianza, liquidando *de facto* l'opinione pubblica nazionalista che chiedeva l'internamento generalizzato degli stranieri nemici. Le crescenti preoccupazioni per la sicurezza portarono quindi a un nuovo decreto, quello del 6 marzo 1918, che demandava al ministro dell'Interno il compito di «determinare l'elenco delle località interessanti vivamente la difesa militare dello Stato», e dava ai prefetti il potere di «vietare il soggiorno nelle medesime a determinati individui, per ragioni di pubblico interesse».[114]

L'opinione pubblica nazionalista considerava insignificanti e poco tempestive le misure del 1918, e iniziò un'accesa campagna per denunciarne l'indulgenza. I nazionalisti premevano per l'incarcerazione, l'internamento generalizzato e, infine, l'espulsione dei civili di nazionalità nemica.[115] Condannavano il sistema di residenza forzata come un privilegio piuttosto che una punizione[116] e chiedevano l'epurazione di società di volontariato, accademie e società colte, l'italianizzazione di tutto ciò che era straniero e la revoca delle naturalizzazioni concesse a persone di origine nemica.[117] Le associazioni nazionaliste di Milano e il *Corriere della Sera*

113. DL 36, 18 gennaio 1918 (GU, 20, 24 gennaio 1918).

114. DL 305, 6 marzo 1918 (GU, 62, 14 marzo 1918).

115. Si veda, per esempio, *Per l'internamento dei nemici*, in «Il Fronte Interno», 20-21 settembre 1917; *Sudditi nemici*, in «Il Popolo d'Italia», 2 dicembre 1917; *L'organizzazione nemica ai danni dell'Italia*, in «L'Idea Nazionale», 3 gennaio 1918; o ancora *Non internare: isolare*, in «L'Idea Nazionale», 4 gennaio 1918.

116. Si vedano, per esempio, gli articoli: *Contro i sudditi nemici. 1500 internati e 300 espulsi*, in «Il Messaggero», 5 gennaio 1918 e *Beni e sudditi nemici. Si fa sul serio? Oltre 1800 internati in Italia,* in «Il Popolo d'Italia», 6 gennaio 1918.

117. *Epurazione necessaria*, in «L'Idea Nazionale», 1° ottobre 1916; *Accademia di San Luca*, in «Il Fronte Interno», 6 maggio 1917; *Per l'italianità degli alberghi. Occorre intervenire*, in «L'Idea Nazionale», 3 novembre 916; *Sudditi nemici*, in «Il Popolo d'Italia», 2 dicembre 1917.

furono tra i principali protagonisti di questo movimento. [118] Di fronte a tante pressioni, anche i pochi tedeschi rimasti in Italia furono a questo punto confinati, come dimostra il caso delle tedesche residenti a Napoli citato nel capitolo 2.

Richieste e posizioni xenofobe coesistevano tuttavia con atteggiamenti e comportamenti più tolleranti. La reazione della popolazione sarda fu indicativa. Da un lato c'era l'ostilità iniziale ricordata da Amelie Posse, favorita da giornali come «La Nuova Sardegna», e gli episodi di violenza culminati nell'uccisione di un internato.[119] Dall'altra parte, invece, c'erano le espressioni di solidarietà, soprattutto da parte della borghesia urbana, riferite dalla stessa Posse e Salvatore Satta, e la generosità e la mancanza di sospetto ricordate da Remigio Blason.[120]

Sul continente invece l'ostilità verso gli stranieri nemici fu alimentata da associazioni nazionaliste che probabilmente più per manifestare il loro patriottismo che per altre ragioni tendevano a ingigantire l'entità del fenomeno. A Firenze, nel luglio 1917, il Comitato delle associazioni politiche e patriottiche parlava di «abbondante invasione dei sudditi di stati nemici trasferiti in Firenze e nella Toscana dall'Italia settentrionale», di «offesa [...] ai sentimenti patriottici della città e della regione», di «gravi pericoli che, come mostra l'esperienza di ormai tre anni di guerra, reca con sé l'agglomeramento di sudditi di stati nemici in mezzo alla nostra popolazione dove difficilmente sorvegliati servono come meglio possono i loro paesi, seminando allarmi e notizie false, facendo opera di spionaggio e di propaganda disgregatrice».[121] E l'Università di Siena chiese che alla città fosse risparmiata «l'onta di essere designata sede di villeggiatura degli internati nemici», opponendosi in particolare al confinamento in quella città del demografo e storico classico tedesco Julius Beloch che insegnava dal 1879 all'Università di Roma e che era stato messo in pensione d'ufficio nel gennaio del 1918 mentre casa e libri ve-

118. *Per l'internamento dei nemici dimoranti in Italia*, in «Corriere della Sera», 3 gennaio 1918.

119. Un resoconto dell'episodio si trova in una lettera firmata da Rudolf Wickenburg, da Bono, 23 aprile 1917 e nella trascrizione di un articolo apparso su «La Nuova Sardegna» intitolato *Un delitto di sangue* entrambi in ÖStA-HHStA, AR, F36-591-2

120. Posse-Brázdová, *Interludio*, pp. 41, 48-50, 105 e ss. e Birchebner e Blason, *Due friulani internati*, pp. 93-94.

121. ACS, PCM-GE, b. 124, fasc. 19-8-5/50.

nivano posti sotto sequestro.[122] Più che di internati, in realtà, città e paesi lontani dal fronte si erano riempiti e si andavano riempiendo di profughi in ondate corrispondenti ai momenti più drammatici della guerra: i primi mesi del conflitto nel 1915, le fughe in coincidenza della *Strafexpedition* del maggio 1916 e quelle conseguenti alla sconfitta di Caporetto avevano provocato lo spostamento di oltre 600.000 persone.[123] Tra questi, gli internati, secondo le stime di Giorgio e Sara Milocco, erano 5.000, metà dei quali finiti in Sardegna.[124]

Dalla primavera-estate del 1917 tra Italia e Austria-Ungheria erano cominciate, complice anche la Francia, le trattative diplomatiche volte a scambiare i prigionieri civili. Trattative lente, complicate dalla disparità dei numeri – 2.000 gli austro-ungheresi internati in Italia a fronte di 20.000 italiani in Austria-Ungheria[125] – e da varie altre preoccupazioni. Innanzitutto quella che nella massa di rimpatriati si potessero nascondere «elementi infidi o addirittura guadagnati al nemico».[126] Separare i nazionali italiani dagli italofoni, i sudditi asburgici di lingua italiana, non era affatto facile, come si era visto anche nel caso dei prigionieri di guerra austro-ungarici di lingua italiana nell'Impero russo che l'Italia non aveva voluto scambiare per paura che tra loro molti fossero potenziali spie.[127] Quindi quelle relative ai territori occupati e rivendicati dall'Italia sulla base dell'accordo di Londra del 1915, che il governo italiano non desiderava vedere svuotati da quella popolazione italofona e filo-italiana la cui presenza avrebbe invece legittimato la richiesta di annessione al tavolo delle trattative di pace.

122. *Voto dell'assemblea generale dell'Università degli Studi di Siena*, 12 gennaio 1918, in ACS, PCM-GE, b. 132, fasc. 19.11.5/275. Cfr. anche Arnaldo Momigliano, *Beloch, Karl Julius o più comunemente Julius*, in *Dizionario biografico degli italiani,* Roma, Istituto dell'Enciclopedia Italiana, 1966, vol. 8 ora anche online al seguente URL: http://www.treccani.it/enciclopedia/beloch-karl-julius-o-piu-comunemente-julius_(Dizionario-Biografico)/ [ultima consultazione 12 giugno 2022].

123. Kulischer, *Europe on the Move*, p. 208; Ceschin, *Gli esuli.*

124. Milocco e Milocco, *Fratelli d'Italia*, p. 70; Petra Svoljšak, *L'occupazione italiana dell'Isontino dal maggio 1915 all'ottobre 1917 e gli sloveni*, in «Qualestoria», 1/2 (1998), pp. 33-63.

125. Sullo scambio di prigionieri, si veda ACS, PCM-GE, b. 129, fasc. 19.11.5/240. Cfr. anche Stibbe, *The Internment of Enemy Aliens*, pp. 74-75.

126. Telegramma firmato dal Presidente del Consiglio Vittorio Emanuele Orlando, 26 settembre 1918, in ACS, PCM-GE, b. 129, fasc. 19.11.5/288.

127. Su questo tema si veda Simone Attilio Bellezza, *Tornare in Italia: come i prigionieri trentini in Russia divennero italiani (1914-1920),* Bologna, il Mulino, 2016.

Una storia incrociata e di genere

La storia dell'internamento, come si è provato a illustrare attraverso i casi degli italiani e degli italofoni in Austria-Ungheria e degli austro-ungarici e dei tedeschi in Italia, si comprende meglio se la si studia come una storia incrociata. Le sorti dei civili di nazionalità nemica e di quelli di origine, lingua o etnia nemica furono dettate non solo dalle politiche e dalle dinamiche interne ai singoli stati, ma anche e precipuamente dagli argomenti della reciprocità e della rappresaglia che dominarono il discorso pubblico e furono usati da governi, alti gradi dell'esercito, burocrazie per giustificare e legittimare le politiche e la loro applicazione e dall'opinione pubblica per chiedere l'inasprimento delle misure. Guardare quindi al quadro più ampio e agli intrecci è indispensabile per mettere nella giusta luce le misure adottate e la loro applicazione, per interpretarne le fasi e le svolte.

Oltre che in base agli incroci, la storia dell'internamento può essere letta anche attraverso la prospettiva del genere e non solo perché l'esperienza della cattività o del confino coinvolse, pur se in misura diversa, uomini e donne; ma perché essa ne modificò, anche se temporaneamente, i ruoli, incidendo in maniera differente sui loro corpi e sulla loro psiche. L'internamento costrinse soprattutto gli uomini alla omosocialità nella segregazione per genere dei campi, una segregazione che non di rado si tradusse in una negazione dei ruoli tradizionali, nel loro ribaltamento, nella crisi della mascolinità e della divisione di genere del lavoro.[128] L'internamento si rivelò però anche un'esperienza fondamentale per le donne. L'internamento e il confinamento di donne e bambini fu una delle tante infauste innovazioni della Grande guerra. Esso fu uno dei segni inequivocabili che la guerra stava diventando totale toccando allo stesso tempo soldati e civili, e non risparmiando donne, bambini e anziani. Fu anche, allo stesso tempo, un segno dell'impossibilità di continuare a negare la soggettività politica delle donne. La politica dell'internamento nello stesso momento in cui coinvolgeva le donne rivelava un paradosso: mentre si continuavano a negare alle donne la titolarità della cittadinanza e la sua trasmissibilità, la capaci-

128. Su questi temi esiste ormai una letteratura ampia e impossibile da citare in una nota. Cfr. tra gli altri Iris Rachamimov, *Tempo ibernato e trasgressioni di genere. Il mondo liminale dei campi di internamento della Prima guerra mondiale*, in «Genesis», XII, 2 (2013), pp. 141-170.

tà giuridica, il diritto di voto e un'*agency* politica, ponendole in cattività, però, se ne riconosceva il potenziale politico. Se una parte delle donne internate lo furono per seguire i propri mariti o perché non c'era una patria altra verso cui espellerle, altre furono invece a tutti gli effetti riconosciute come soggetti pericolosi, potenzialmente capaci di fomentare agitazione, di opporre resistenza, di collaborare con il nemico, di prendere parte attiva alla mobilitazione bellica sul "fronte interno", tutte azioni eminentemente politiche.

Lo studio di confinamento e internamento mette poi in luce un'altra innovazione della Grande guerra e cioè l'enorme espansione delle funzioni dello stato e del ricorso alle pratiche di tipo amministrativo. Il confinamento fatto ricorrendo all'istituto del domicilio coatto rimase lo strumento principale della politica italiana di internamento fino alla fine della guerra, una politica che fu caratterizzata da un'elevata flessibilità. Internamenti e confinamenti costituivano solo un aspetto e non sempre il più importante della politica relativa agli stranieri nemici, che si basò su una combinazione di fattori. Tra questi fattori giocarono un ruolo la necessità di allinearsi alle decisioni di Francia e Gran Bretagna, la preoccupazione per il trattamento degli italiani all'estero, il desiderio di placare una vociferante opinione nazionalista senza fare troppe concessioni alle sue richieste e la possibilità di controllare gli stranieri nemici senza investire troppe risorse finanziarie e umane nell'attività.

La mancanza di internamento generalizzato e di campi di concentramento – che era la caratteristica precipua rispetto ad altri paesi belligeranti – permise poi al governo e all'esercito italiano di differenziare la politica in base alla nazionalità degli stranieri nemici. Mentre in risposta alla politica asburgica, gli austro-ungarici e gli "austriacanti" sperimentarono l'internamento più frequentemente e per un periodo più lungo, i tedeschi vennero internati in misura minore mentre soffrirono in modo più consistente per la privazione dei loro beni. Una politica di internamento incoerente dava anche libertà d'azione ai funzionari per quanto riguardava il sesso e l'età. Come si è detto, l'internamento colpiva le donne non solo come mogli dgli stranieri nemici, ma anche come individui potenzialmente pericolosi,[129] e non risparmiava bambini e persone che avevano superato da tempo l'età del reclutamento.

129. Ermacora, *Le donne*, p. 19.

Nelle mani di funzionari locali spesso imprevedibili, l'internamento si rivelò uno strumento estremamente adattabile e flessibile per trattare con sospetti, stranieri nemici, nemici interni, sudditi coloniali. Flessibilità e adattabilità alle circostanze e alle contingenze della guerra caratterizzarono anche la politica verso questi ultimi che si basò sull'intreccio tra deportazione e confinamento. Man a mano che il coinvolgimento italiano nella Prima guerra mondiale aumentava, il coinvolgimento in Libia diminuiva. Benché la guerra sul fronte coloniale continuasse, la fine della neutralità italiana comportò un impegno ridotto di soldati e risorse in Libia.[130] Questo impegno ridotto, da un lato, incentivò le speranze ottomane e tedesche di riprendere il controllo della sponda meridionale del Mediterraneo, dall'altro produsse un cambiamento nell'atteggiamento italiano verso i sudditi coloniali che ora potevano essere visti non solo come oppositori del regime italiano da internare, ma anche come risorse utili in termini di reclute o forza lavoro a basso costo per industrie mobilitate.

Dopo essere stato usato per affrontare il brigantaggio e gli oppositori politici durante il cosiddetto periodo liberale, il confino superò così la prova sia della guerra coloniale che della Prima guerra mondiale e fu pronto per iniziare una nuova vita nelle mani di Mussolini e del fascismo.[131]

130. Simona Behre, *Neutralità in Italia e guerra in colonia: il primo conflitto mondiale in Libia (1914-1915)*, in *L'Italia neutrale*, a cura di Giovanni Orsina e Andrea Ungari, Roma, Rodrigo, 2016, pp. 345-355.

131. Camilla Poesio, *Il confino fascista. L'arma silenziosa del regime,* Roma-Bari, Laterza, 2011.

Indice dei nomi

Abbenhuis, Maartje, 10n, 19n
Ador, Gustave, 138n
Agamben, Giorgio, 15n, 69n
Aglietti, Marcella, 11n, 30n
Akçam, Taner, 31n
al-Jefa'iri, Mohamed, 143, 146
Albertini, Ida, 140
Altadonna, Maria, 140
Amato, Flavia, 75n
Amatori, Franco, 85n
Ambrosi, Claudio, 30n, 44n, 138n
An-Ski, S. vedi Ansky, S.
Andina, Maria, 25n, 44n
Ansky, S., 25n
Arbocò, Salvatore Ernesto, 54n
Argast, Regula, 49n
Ariel, vedi Osta Cottini, Amelia
Aselmeyer, Carl, 6, 67n, 69n, 71n, 89 e n, 96
Aselmeyer, famiglia, 90n
Aselmeyer, Friedrich Julius, 91
Audoin-Rouzeau, Stéphane, 19n
Auslander, Leora, 29n

Bacci, Baccio, 54n, 105n
Bacciarello, Alberico, 57n
Bade, Klaus J., 7n
Balbo, Ivan, 47n
Baldacchino, Paolo, 35n
Baldinetti, Anna, 143n
Banti, Alberto Mario, 48n, 49n
Barclay, David E., 52n
Barduzzi, Domenico, 112, 117
Bartoloni, Stefania, 35
Beaumont, Joan, 26n
Becker, Annette, 38n, 79n
Becker, Jean-Jacques, 19n
Behre, Simona, 131n, 159n
Bellach, 153
Bellezza, Simone Attilio, 156n
Beloch, Julius, 64n, 155, 156n
Beneš, Edvard, 123
Benesch, Richard, 152
Benton-Cohen, Katherine, 14n
Bentwich, Norman, 20
Berlinguer, Luigi, 148n
Bernini, Simone, 144n
Bersani, Carlo, 48n
Beşikçi, Mehmet, 14n
Bevilacqua, Piero, 75n
Bezza, Bruno, 85n
Bianchi, Bruna, 10n, 28n, 123n, 129n
Biondi, Neva, 132n
Birchebner, Giovan Battista (detto Tita), 133, 134n, 149n, 155n
Bird, J. C. (John Clement), 27 e n
Bissoli, Luigi, 65n
Black, Jeremy, 48n
Blason, Remigio, 134n, 149 e n, 155 e n
Boemeke, Manfred F., 98n
Bollati, Riccardo, 60, 61, 65n, 80, 132 e n
Borchard, Edwin M., 20, 21e n, 26n, 83n
Bossi, Luigi Maria, 117
Botti, Gabriella, 108
Branchini, Matilde, 111n
Brandolini, Brandolino, 49 e n

Brändström, Elsa, 26n, 30n
Brázda, Oskar (detto Oki), 122, 123n, 124, 149
Brigaglia, Manlio, 122n
Brilli, Attilio, 48n

Caestecker, Frank, 12n, 14n, 31n
Caglioti, Daniela Luigia, 10n, 12n, 14n, 15n, 16n, 25n, 30n, 31n, 32n, 41n, 47n, 75n, 89n, 95n, 123n, 128n
Canepa, Giuseppe, 53
Caneva, Carlo, 143
Caplan, Joan, 11n
Carfora, Francesco, 144n
Carli, Filippo, 111n
Carlo I d'Austria, 139
Cassin, René, 21
Cattaruzza, Marina, 51n, 72n
Cecotti, Franco, 29n, 44n
Cermelji, Lavo, 72n
Ceschin, Daniele, 19n, 29n, 133n, 156n
Chandler, Alfred, 106 e n
Chini, Giuseppe, 139n
Chludzinska, Maria Concetta, 139n
Chytil, Bohumír, 124
Cian, Vittorio, 46n
Ciccotti, Ettore, 42n, 54 e n, 55
Clerici, Maria Antonietta, 139
Clunet, Edouard, 21
Cohen, Israel, 22 e n
Cohen-Portheim, Paul, 25n
Cohn, George, 21
Coletti, Francesco, 47 e n
Colonna di Cesarò, Giovanni Antonio, 49, 53n, 103n
Confalonieri, Antonio, 85n
Cooper, Caroline Ethel, 23 e n
Cornwall, Mark, 123n, 135n, 139n
Coronedi, Giusto, 112
Crépin, Annie, 14n
Crispi, Francesco, 142
Croce, Benedetto, 56n, 57 e n

D'Annunzio, Gabriele, 68
Daniels, Roger, 13n
De Benedetti, Augusto, 67n, 96n, 97n
De Clementi, Andreina, 75n
Dedering, Tilman, 123n, 126n
Del Boca, Angelo, 70n
Della Torre, Luigi, 86n
Delle Crianzelle, V., 56n
De Lollis, Cesare, 57 e n
Del Vecchio, G., 58n
De Rosa, Luigi, 85n
Di Girolamo, Piero, 145n
Di Pasquale, Francesca, 144n
Dohrn, Anton, 93, 95
Dohrn, Reinhard, 95
Dompè, Onorato, 111n
Doria, Marco, 85n
Durand, Jean-Dominique, 25n

Einstein, Lewis, 24 e n
Ellero, Elpidio, 29n, 44n, 65n
Ermacora, Matteo, 28n, 129n, 132n, 137n, 150n, 158n

Fabi, Lucio, 123n
Fahrmeir, Andreas, 12n
Falchero, Anna Maria, 52n, 84n
Farcy, Jean-Claude, 28n, 38n, 79n
Faron, Olivier, 12n
Feldman, David, 14n
Feldman, Gerald D., 98n
Fell, Alison S., 30n
Fenoglio, Giulio, 110n
Fergonzi, Flavio, 35
Ferrara, Antonio, 13n
Ferrière, Frédéric, 38n, 62, 138n
Fichte, Johann Gottlieb, 116
Fink, Carole, 71n
Fischer, Gerhard, 8n, 27 e n
Fischer, Theobald, 55
Fitzpatrick, Matthew P., 12n
Fozzi, Daniela, 141n, 142n, 143n
Francis, Andrew, 28n
Franzina, Emilio, 75n
Friedlander, famiglia, 90n
Friedlander, Immanuel, 90n
Frizzera, Francesco, 29n

Galli della Loggia, Ernesto, 85n, 86n, 87n
García Sanz, Carolina, 11n
Garner, James W., 21, 22 e n, 38n, 39n, 44n, 61n, 63n, 104n
Garruccio, Roberta, 85n
Gasperini, Luigi, 107n
Gathings, James A., 21n, 26n
Gatrell, Peter, 128n, 135n
Gatti, Anna Maria, 148n
Gentile, Emilio, 40n
Georgiadès, P. A., 22 e n
Gerard, James W., 23 e n, 24
Gerwarth, Robert, 18n
Ghezzi, Carla, 145n
Gibelli, Antonio, 55n
Gilbert, Martin, 19n
Ginsborg, Paul, 48n
Giolitti, Giovanni, 39, 53
Gironda, Vito Francesco, 12
Giungi, Davide, 110n
Glaser-Schmidt, Elisabeth, 52n
Glaser, Elisabeth, 98n
Gnoli, Domenico, 57e n
Golini, Antonio, 75n
Goll, Nicole-Melanie, 30n
Gosewinkel, Dieter, 12n, 30n, 49n
Gray, Ezio M., 54n, 105n
Graziosi, Andrea, 18n, 35, 53n, 73n
Gruber, Adolf, 96
Guidi, Laura, 56n
Gullace, Nicoletta, 58n, 123n

Haber, Ludwig Fritz, 106 e n, 110n
Halévy, Élie, 18n
Haller, Oswald, 140n
Harz, Augusto von, 48n
Hendrick, Burton J., 24n
Hershey, Amos S., 21 e n
Hertner, Peter, 39n, 53n, 54n, 67n, 73n, 77 e n, 85n, 86n, 105n, 107 e n
Higham, John, 13n
Hinther, Rondha L., 27n
Hirschfeld, Gerhard, 19n
Hoerder, Dirk, 7n
Hoffmann, Georg, 30n
Horne, John, 19n, 104n
Hull, Isabelle V., 126
Hürter, Johannes, 40n
Hyslop, Jonathan, 126n

Irving, Helen, 122 e n
Isnenghi, Mario, 19n, 40n, 51n

Jagow, Gottlieb von, 60, 61, 65n, 80, 132 e n
Jahier, Piero, 51n, 54
Jahr, Christoph, 28n, 29n, 45n, 131n, 153n
Jeffreys, Diarmuid, 102n
Jeličić, Ivan, 31n
Jemolo, Arturo Carlo, 57 e n
Job, Jakob, 91
Joel, Otto, 85 e n
Jones, Heather, 18n
Joris, Romano, 44n, 139n

Ketchum, John Davidson, 23n
Klibanski, Hermann, 21
Kohler, Josef, 21
Konstantinović, Kosta, 23 e n
Kowner, Rote, 30n
Kordan, Bohdan S., 28n, 29n
Krafft, Gustave, 24, 25n
Kramer, Alan, 45n, 52n, 104n
Krumeich, Gerd, 19n
Kulischer, Eugene M., 133n, 156n
Kuncz, Aladár, 26n
Kuprian, Hermann J. W., 29n

Labanca, Nicola, 143n, 144n, 145n
La Lumia Cristiano, 28n, 30n, 31n, 35, 123n, 129n, 153n
Ladas, Stephen P., 13n
Latini, Carlotta, 42n, 142n
Lenci, Marco, 143n
Leonhard, Jörn, 14n, 18n, 19n
Lepetit, Emilio, 111n
Lepetit, Roberto, 110n, 112
Lesiak, Philipp, 30n
Lohr, Eric, 9n, 27 e n, 31n, 38n, 42n, 58n, 73n, 74n, 105n 123n, 128n
Loos, Aloisia, 140

Lucci, Arnaldo, 42n
Luebke, Frederick C., 27 e n, 38n
Luzzatto, Riccardo, 112

Macartney, C. A. (Carlile Aylmer), 71n
Maffei, Maria, 140
Maier, Charles S., 13n
Maier, Michael S., 21n
Malaparte, Curzio, 66
Malatesta, Maria, 102n
Malni, Paolo, 44n
Manela, Erez, 18n
Mantovani, Maria, 140
Manz, Stefan, 8n, 27n, 28n, 30n, 35n, 126n
Marin, Francesco, 57n
Martignone, Cinzia, 47n
Martiny, fratelli, 69n
Masaryk, Tomáš, 123
Mathias, Peter, 84n
Mattone, Antonello, 148n
Mazzini, Giuseppe, 118
McCarthy, Daniel J., 25 e n
McKeown, Adam, 7n
Meda, Filippo, 42n
Melograni, Piero, 40n, 41n
Menzinger, Guido, 89
Meriggi, Marco, 102n
Meriwether, Lee, 24 e n
Meuricoffre, John, 67n, 92n
Michels, Roberto, 132n
Milocco, Giorgio, 29n, 44n, 66 e n, 156 e n
Milocco, Sara, 29n, 44n, 66 e n, 156 e n
Missiroli, Mario, 57n
Mochoruk, Jim, 27n
Momigliano, Arnaldo, 156n
Momsen, Theodor, 116
Mondini, Marco, 19n
Monticone, Alberto, 84n
Morgenthau, Henry, 23 e n, 24
Mori, Giorgio, 54n, 85n
Morino, Tito, 57n
Morselli, Giovanni, 111n, 112
Moschella, Giuseppe, 90n, 92n, 93n
Mosone, Filiberto, 150
Muhr, Josef, 80n, 132n
Mulder, Nicholas, 31n, 34n
Murphy, Mahon, 29n, 126n
Murri, Augusto, 113, 114, 118, 119

Nagler, Jörg, 9n, 27 e n, 38n, 52n, 73n, 104n
Netto, Lila, 71n
Ngai, Mae M., 13n
Nisticò, Luigi, 144n
Nitti, Francesco Saverio, 53, 54n, 77 e n, 88n, 97, 98, 105 e n
Nolde, Boris, 21

O'Brien, Ilma M., 26n
O'Rourke, Kevin H., 11n
Obenaus, Eduard, 91
Oğuz, Çiğdem, 30n, 131n
Orelli, Max von, 49n, 96 e n
Orlando, Vittorio Emanuele, 53, 88n, 99, 156n
Orsina, Giovanni, 159n
Osta Cottini Amelia, 54n, 105n
Overmans, Rüdiger, 28n

Page, Walter Hines, 24e n
Palla, Luciana, 44n, 138n
Panayi, Panikos, 17n, 19n, 27 e n, 28n, 29n, 30n, 35, 38n, 58n, 73n, 123n, 126n, 152n
Pantaleoni, Maffeo, 53 e n, 54 e n, 103
Pasquali, Giorgio, 57
Pasqualino-Vassallo, Rosario, 45
Pastore, Ferruccio, 49n
Pellican, Leopoldine, 150
Perrone, fratelli, 52
Perrone, Mario, 84
Perrone, Pio, 84
Pianciola, Niccolò, 13n
Piña y Millet, Rámon, 152
Pino, Francesca, 77n, 85n
Pirenne, Henri, 22 e n
Pistol, Rachel, 27n
Poesio, Camilla, 159n
Polatel, Mehmet, 31n, 74n
Pollard, Sidney, 84n
Porro, Carlo, 147

Posse-Brázdová, Amelie, 5, 26n, 121 e n, 123n, 124n, 125, 135n, 149n, 155n
Preziosi, Giovanni, 53 e n, 54 e n, 103n, 105n
Procacci, Giovanna, 28n, 45n, 62n, 65n, 129n, 141n, 146n
Proctor, Tammy, 18n, 73n, 128n
Prost, Antoine, 20n
Puggioni, Giuseppe, 148n
Pyke, Geoffrey, 22n

Rachamimov, Iris, 157n
Raffaele, Federico, 95
Randi, Dante, 44n
Rappoport, Shloyme Zanvl vedi Ansky, S.
Rascio, Viviana, 92n
Rattazzi, Giacomo, 56n, 57n
Rauchensteiner, Manfried, 132n
Ravasini, Ruggiero, 112
Redlich, Josef, 42n
Reill, Dominique Kirchner, 31n
Reinecke, Christiane, 12n
Reiss, Rodolph Archibald, 24 e n
Renz, Irine, 19n
Revojera, Lorenzo, 112n
Robin, Albert, 115
Robinson, Greg, 26n
Roccucci, Adriano, 28 e n, 50n
Rochat, Giorgio, 40n
Rocker, Rudolf, 25n
Roeck, Bernd, 48n
Rolandi, Francesca, 31n
Romagnoli, Ettore, 54 e n, 104n
Ronchetti, Vittorio, 111n, 112 e n, 116
Root, Elihu, 11n
Rosental, Paul-André, 13n
Rossfeld, Roman, 108n
Rossiter, Clinton, 15n, 42n
Rovinello, Marco, 14n, 35
Roxburgh, Ronald, 21
Rubin, Barnett R., 16n
Rusconi, Gian Enrico, 40n, 41n
Rusinow, Dennison I., 72n

Saint-Saëns, Camille, 57n
Salandra, Antonio, 66, 146, 148
Salis, Robert von, 96
Salter, Mark B., 11n
Salvatorelli, Luigi, 57
Sanborn, Joushua A., 14n, 135n
Satow, Ernest M., 21
Satta, Salvatore, 124-125 e n, 155
Sbriccoli, Mauro, 142 e n
Scheer, Tamara, 136n
Scheipers, Sibylle, 126n
Schiera, Pierangelo, 102n
Schmitz, John E., 27n
Scholz, Franz, 79n
Schulthess-Schindler, Anton, 138n
Schupfer, Ferruccio, 112
Segreto, Luciano, 54n, 67n
Sforza, Carlo, 98n, 99
Sharp, Ingrid, 30n
Signorel, Jean, 21 e n
Sironi, Vittorio A., 107n
Smith, Iain R., 126n
Snyder, Jack L., 16n
Sonnino, Sidney, 44n, 82n, 150
Soutou, Georges-Henri, 83n
Speed, Richard B., 38n
Spiropulos, Jean, 26n, 38n, 63 e n, 67n
Staderini, Alessandra, 29 e n, 49n, 50n, 58n
Stapleton-Bretherton Blücher von Wahlstatt, Evelyn Mary, 23 e n
Steuer, Kenneth, 30n
Stevenson, David, 19n
Stibbe, Matthew, 17n, 23n, 28n, 29n, 30n, 35, 38n, 44n, 62n, 70n, 82n, 126n, 127 e n, 129 e n, 131n, 134n, 136n, 137n, 138n, 151n, 152n, 156n
Strachan, Hew, 19n
Straumann, Tobias, 108n
Stringher, Bonaldo, 86n
Strömberg Kranz, Eva, 122n
Stucki, Andreas, 126n
Suckert, Erwin, 66
Sulpizi, Francesco, 144n
Suny, Ronald Grigor, 129n
Sury, Salaheddin Hasan, 144
Svoljšak, Petra, 29n, 66 e n, 156n

Tames, Ismee, 19n

Tarlarini, Carlo, 112 e n
Tasić, Dmitar, 30n, 31n
Tato, Maria Inés, 11n
Teichova, Alice, 84n
Terwey, Susanne, 17n
Thiel, Jens, 28n
Thode, Henry, 68n
Thompson, Paul, 123n
Tintori, Guido, 12n
Toniolo, Gianni, 86n
Torpey, John, 11n
Tortato, Alessandro, 135n
Toscanini, Arturo, 57n
Trinca, Mathew, 26n
Trommler, Frank, 123n
Turati, Filippo, 40, 66

Überegger, Oswald, 29n
Ungari, Andrea, 159n
Üngör, Uğur Ümit, 31n, 74n

Vacha, John E., 58n
Valery, Jules, 21, 63n
Ventrone, Angelo, 17n, 28 e n, 29n, 40n, 41n, 79n, 134n
Vinciguerra, Mario, 57
Violante, Luciano, 43n, 142n
Vischer, Adolf Lukas, 25 e n, 151 e n
Von Hagen, Mark, 16 e n
Von Oswald, Anne, 106n
Vopicka, Charles J., 24 e n

Wagner, Richard, 57 e n
Watkins, Glenn, 58n
Weil, Federico, 85
Weil, Patrick, 12n, 14n, 79n
Weitz, Eric D., 13n
Wenner, Giovanni, 91n, 97n
Wenner, Roberto, 96
Weyler, Valeriano, 126
Wickenburg, Rudolf, 155n
Williamson, Jeffrey G., 11n
Wilson, Robert R., 26n
Wilson, Woodrow, 118
Winter, Jay M., 19 e n, 2on
Wood, Eric Fischer, 24 e n
Wüstenbecker, Katja, 27n

Zahra, Tara, 29n
Zamagni, Vera, 85n, 107n, 109n
Zincone, Giovanna, 12n
Zolberg, Aristide R., 12n, 14n

Indice delle ditte e delle società

Allgeyer, L. e Amore, 93
Ansaldo, 52, 84

Banca Zaccaria Pisa, 86n
Banca Commerciale (BCI), 52, 53 e n, 77 e n, , 84, 85, 95, 117
Banca d'Italia, 86 e n
Banca Italiana di Sconto (BIS), 52, 67, 84, 85n, 86, 97
Banca Meuricoffre, 89
Bayer, 102, 109, 115
Bourbon, Hotel, 93
Brinkmann, Theo, 93

Carlo Erba, 107
Cassella, 109
Century Color & Co., 109
Cotonifici Riuniti di Salerno, 49n,, 67, 93 e n, 96, 97 e n
Credito Italiano, 52, 89

Damann & C., 93
Detken & Rocholl, 93
Dompè Adami, stabilimento chimico, 111n
Durst, Joseph, 93

Esslingen Machinen Fabrik, Officine di Saronno, 67

Grasselli Chemical & Co., 109

Hamburg-America Linie, 93
Hartstein, Eugen, 93
Hassler, Hotel, 93

Istituto nazionale medico farmacologico Serono, 107

Josephy, Max, 93

Kellner & Lampedusa, 934
Krüpper,, Venceslao e Bertha, 93

Lepetit, industria chimica, 107

Manifatture Cotoniere Meridionali, 97
Martiny, fratelli, 69n
Meister Lucius, 115
Metz, H. A., 109
Meyer, Wilhelm, 93

National aniline and chemical, 109
Norddeutscher Lloyd Bremen, 93

Officine elettriche genovesi, 117
Quisisana, Hotel, 93

Reich, S. e C., 93
Reid B, ditta, 153
Ruth, Ida, 93

S. Teresa, Hotel, 93
Schering, 102, 115
Schiapparelli, 107
Schoeber & Wiedemann, 93
Schubert & Gotthelf, 93
Società nazionale per le imprese elettriche, 86
Sverdrup & C., 93

Tubi Mannesmann, 67, 86n

Zambeletti, 107

Finito di stampare
nel mese di gennaio 2023
da The Factory s.r.l.
Roma